“十四五”职业教育国家规划教材

AR 增强现实技术
职业教育立体化教材
重视知识的应用和实践技能的培养

汽车运用与维修专业

电动汽车检修

钟绍春　总主编
李守贵　吴淑尧　杨化莉　主编

视频　动画　三维

山东科学技术出版社
·济南·

图书在版编目（CIP）数据

电动汽车检修 / 李守贵，吴淑尧，杨化莉主编 .--
济南：山东科学技术出版社，2023.9（2024.1 重印）
汽车运用与维修专业
ISBN 978-7-5723-1687-6

Ⅰ.①电… Ⅱ.①李… ②吴… ③杨… Ⅲ.①
电动汽车 - 车辆修理 Ⅳ.① U469.720.7

中国国家版本馆 CIP 数据核字 (2023) 第 124476 号

电动汽车检修

DIANDONG QICHE JIANXIU

项目策划：赵 猛 苑嗣文
项目统筹：郑淑娟 赵 旭
责任编辑：焦 卫 魏海增
装帧设计：魏 然 侯 宇

主管单位：山东出版传媒股份有限公司
出 版 者：山东科学技术出版社
地址：济南市市中区舜耕路 517 号
邮编：250003 电话：（0531）82098088
网址：www.lkj.com.cn
电子邮件：sdkj@sdcbcm.com
发 行 者：山东科学技术出版社
地址：济南市市中区舜耕路 517 号
邮编：250003 电话：（0531）82098067
印 刷 者：山东新华印务有限公司
地址：济南市高新区世纪大道 2366 号
邮编：250104 电话：（0534）2671218

规格：16 开（184 mm × 260 mm）
印张：16 **字数：**320 千
版次：2023 年 9 月第 1 版 **印次：**2024 年 1 月第 2 次印刷
定价：45.00 元

序

FOREWORD

改革开放以来，职业教育为我国经济社会发展提供了有力的人才和智力支撑，现代职业教育体系框架全面建成。随着我国进入新的发展阶段，产业升级和经济结构调整不断加快，各行各业对技术技能人才的需求越来越紧迫，职业教育的重要地位和作用越来越凸显。《国家职业教育改革实施方案》提出了“三教”改革的任务，“三教”改革中，教材是基础，教师是根本，教法是途径。该套教材开发团队深刻领悟“三教”改革的核心思想，遵循教育教学规律和人才培养规律，注重学生知识、能力和正确价值观的培养有机结合，集中优势资源、利用现代技术开发了汽车、机电、计算机类专业立体化教材，为打造部省共建国家职业教育创新发展高地树立了典范。

对于立体化教材这一概念，我个人的理解是，立体化教材是教材在教育信息化环境下的一种新形态，是现代信息技术手段、数字教育资源与教学内容有机融合的集合体，是通过 AR、VR、互联网、多媒体技术形成的以纸质教材与移动终端互动的多维立体可视化的现代教学生态模式，是可以通过教学环境、教学手段、教学评价的多样性实现教育信息化的教学应用。立体化教材的出现，切实解决了教材内容与职业标准对接不紧密、职教特色不鲜明、教材呈现形式单一、配套资源开发不足等问题。

基于立体化教材的理想课程生态系统，让教材的意义发生了翻天覆地的变化。客观地讲，当前职业院校的课堂，基本上都是老师的单向传授，学生参与度极低。立体化教材的出现，使老师能够通过精心的教学设计和丰富的信息化手段充分调动学生的学习积极性，让学生自由地利用移动终端学习知识、参与讨论、完成作业，使教材从单一知识载体的教科书到多维信息载体的学习系统，实现了传统教科书到学习系统的延伸，也实现了基础知识讲解的单向传授到高阶能力培养的双向互动，有助于学生高阶能力的培养。

我还注意到，教材集中了行业、企业、学校各自的优势，将真实生产项目、典型工作任务、案例等作为载体组织教学单元，将产业发展比较成熟的新技术、新工艺、新规范纳入教材内容。这切实践行了《国家职业教育改革实施方案》的要求，深化了产教融合协同发展，实现了专业与产业对接，率先建立了同经济社会发展需求密切对接、与加快教育现代化要求整体契合的新时代中国特色职业教育制度和模式。

锐意进取，敢为人先，大胆探索，终收硕果。教材开发团队用实际行动为中职信息化教学打造了样板工程。期待团队在信息化发展大潮中能够勇立潮头，不断进取，以务实的工作作风持续推进信息化教学工作再上新台阶，为我国职业教育的创新发展树立典范，为我国经济社会发展培养更多高素质高技能型人才。

山东省职业技术教育学会会长
山东师范大学特聘教授

前言

PREFACE

党的二十大报告提出："统筹职业教育、高等教育、继续教育协同创新，推进职普融通、产教融合、科教融汇，优化职业教育类型定位。"为贯彻《中国教育现代化2035》《国家职业教育改革实施方案》精神，依照教育部相关专业教学标准，参照行业标准和国家职业技能鉴定规范，并且根据国家职业教育改革和加快教育信息化的要求，本套教材以专业核心课程为主，汇聚行业专家、企业专家、一线优秀教师和软件开发工程师，共同开发编写了这套立体化教材。

整套教材是以文本教材为线索，利用现代信息技术手段，将数字化资源与职业院校教学内容有机融合的多维度、立体化的新形态教材。它既克服了传统教材形式的单一性，又解决了数字教学资源零散、选择和使用不便捷等难题，为学习者进行个性化、自主化、实践性的学习，教育者实现理实一体、工学结合课程改革目标，学校培养高素质创新人才提供了强有力的支撑。

本教材在编写过程中，力求体现以下特色：

（1）形式新颖，内容贴合实践需求。本教材形式活泼，图文并茂，语言表达精练、准确、科学，方便学生自主学习。本教材依据最新教学标准和课程大纲要求，定位科学、合理、准确，力求降低理论知识点的难度，正确处理好知识、能力和素质三者之间的关系，保证学生全面发展，适应培养高素质劳动者需要；对接职业标准和岗位需求，既突出学生职业技能的培养，又保证学生掌握必备的基本理论知识。

（2）模式创新，理论学习与实践操作一体化。本教材采用理实一体化的编写模式，充分体现以学生为本，按照"必需，够用，兼顾发展"的原则，循序渐进地组织教材内容。在内容编排上，本教材采取"理论知识 + 操作技能 + 实战演练 + 在线课堂"的结构框架，体现了"做中教，做中学，做中求进步"的职业教育特色，突出学生岗位能力的培养和职业核心能力的形成，能很好地满足学生职业生涯发展的需要。

（3）标准规范，注重培养学生职业意识。本教材内容严格依据国家标准，并有机地融入行业标准和企业标准，有利于培养学生的职业意识。

（4）技术先进，充分体现信息技术与教育教学的有机融合。本教材注重反映相关专业及产业的现状和发展趋势，运用先进的 AR/VR 技术，用手机扫描教材中的识别码，即可呈现对应的动画、微课或三维交互模型等数字化资源，帮助加深对相关知识点的认识、理解和掌握，使教材富有时代性、先进性、前瞻性。

（5）学习方式多元，满足学生自主探究式学习需求。教师可以课前布置学习任务，学生通过立体教材配套教学 APP 进行自主探究式学习，激发学生学习的主观能动性，切实实践“以学生为主体，以教师为主导，以能力为根本”的教育理念。

（6）教学管理精准高效，决策有据可循。教师和学校管理者可以通过立体教材后台管理大数据进行学情分析，实时了解学生的学习情况，精准施策并对学生进行个性化指导；班课功能可以实现针对知识点的随堂测试，加深学生对疑难知识点的理解，同时使过程性评价有据可循。

本书主要围绕电动汽车技术的三大核心（即“三电”——电池、电机、电控）展开，系统介绍了电动汽车基础知识、驱动电机及控制器检修、动力电池及管理系统、电动汽车的充电及故障排除、电动汽车电气系统、电动汽车维护与故障处理以及典型电动汽车车型构造检修等方面的内容。

本教材由李守贵、吴淑尧、杨化莉担任主编，杜希胜、贾艳旭、姜明克、袁瑞登、赵文延担任副主编。其中，李守贵负责全书统稿；赵文延编写了项目一和项目二的任务一至任务三；袁瑞登编写了项目二的任务四至任务六和项目三的任务一、任务二；贾艳旭编写了项目三的任务三至任务六；杜希胜编写了项目四和项目七的任务五；姜明克编写了项目五和项目七的任务一、任务二；吴淑尧编写了项目六和项目七的任务三、任务四；临沂市工业学校杨化莉负责全书课程思政内容的归纳与编排。所有参编教师开发了相对应的数字化资源，东北师大理想软件有限公司李艳真指导了全书的数字化资源建设，给出了切实可行的宝贵建议。

本教材在编写过程中，参考了大量同行的研究成果，得到了吉林交通职业技术学院教授刘胜利及其他学校汽车相关专业教师和汽车相关行业专家的大力支持，在此一并表示感谢！

由于编者水平有限，时间仓促，书中难免存在不足，欢迎广大读者提出宝贵意见。

编者

目录

CONTENTS

项目一 电动汽车概述

电动汽车（Electric Vehicle，EV）分为纯电动汽车、混合动力电动汽车、燃料电池电动汽车。

《中国制造 2025》明确提出纯电动汽车、插电式混合动力汽车、燃料电池电动汽车是国内未来重点发展的方向，继续支持电动汽车、燃料电池电动汽车发展，提升动力电池、驱动电机等核心技术，推动电动汽车同国际先进水平接轨。

本项目主要学习电动汽车的基本认识，包括 3 个任务：

任务一　电动汽车的发展背景。

任务二　电动汽车的发展必要性。

任务三　电动汽车的发展趋势。

通过以上三个任务的学习，能够了解电动汽车的定义与分类，理解我国发展电动汽车的重要意义，掌握我国电动汽车发展的现状，进而从国家战略的高度来审视。大力发展电动汽车是新一轮经济增长的突破口和实现交通能源转型的根本途径。我国必须积极行动起来，参与到这场全球性的新能源汽车的竞争中，勇于迎接挑战，才能抓住这次难得的历史机遇，实现汽车工业的跨越式发展。

任务一 电动汽车的发展背景

教学目标

知识目标

· 了解电动汽车的定义及分类。

· 能够描述电动汽车与传统燃油汽车的区别。

技能目标

· 能够止确判断电动汽车的类型。

·能够正确理解电动汽车车牌的含义。

素养目标

培养学生的环保意识和责任意识。

知识链接

电动汽车是一种可实现零排放的汽车，一般无直接排放污染物，间接污染物主要产生于非可再生能源的发电与氢气制取过程。混合动力电动汽车在纯电动行驶模式下同样具有零排放的效果，由于减少了燃油消耗，二氧化碳排放可降低 30% 以上。另外，电动汽车比同类燃油车辆噪声也低 5 dB 以上，大规模推广电动汽车将大幅度降低城市噪声。

一、电动汽车的定义

电动汽车是指由可充电式车载电源或可消耗的燃料为能量来源，用电机独立驱动或与发动机组合驱动车轮行驶，符合道路交通、安全法规各项要求的车辆。从最简单的意义上来讲，利用动力电池释放电量给电动机驱动的汽车，就叫作电动汽车。

二、电动汽车的分类

根据《新能源汽车生产企业及产品准入管理规定》，电动汽车包括插电式混合动力汽车、增程式电动汽车、纯电动汽车和燃料电动汽车。

1. 混合动力汽车（Hybrid Electric Vehicle，HEV）

（1）定义

混合动力汽车是指车辆驱动系由两个或多个能同时运转的单个驱动系联合组成的车辆，车辆的行驶功率依据实际的车辆行驶状态由驱动系单独提供或共同提供，如图 1-1-1 所示。

扫一扫

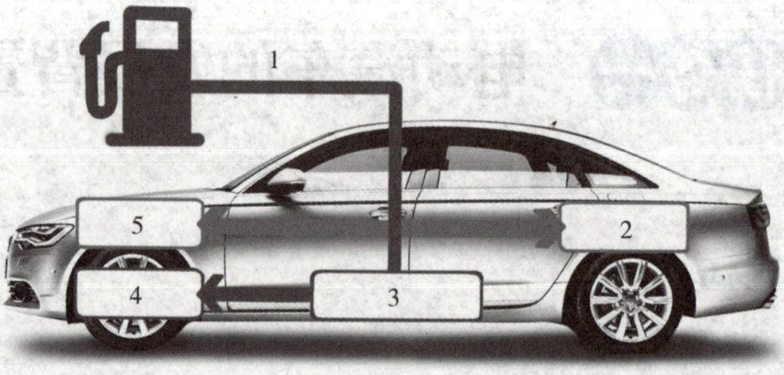

1—加油站；2—蓄电池；3—油箱；4—发动机；5—电动机。

图 1-1-1　混合动力汽车

油电混合动力车型主要有丰田的凯美瑞双擎、卡罗拉双擎、雷凌双擎，本田的雅阁锐混动、INSPIRE 锐混动、C-RV 锐混动、讴歌 CDX 混动，另外还有雷克萨斯智混动系列的 ES300h、LS500h、NX300h、RX450h，吉利博瑞 GE MHEV，林肯 MKZ H 混动，别克君越 30H 全混动等车型。

（2）特点

①采用复合动力后，可按平均需用的功率确定内燃机的最大功率，此时处于油耗低、污染少的最优工况下工作。

②有了内燃机，可以十分方便地解决纯电动汽车遇到的耗能大的空调、取暖、除霜难题。

③可以利用现有的加油站加油，不必再投资。

④可让电池保持在良好的工作状态，不发生过充、过放，延长其使用寿命，降低成本。

2. 增程式电动汽车（Extended Range Vehicle，ERV）

（1）定义

增程式电动汽车是一种在纯电动模式下可以达到其所有动力性能，而当车载可充电储能系统无法满足续航里程要求时，打开车载辅助供电装置为动力系统提供电能，以延长续航里程的电动汽车，该车载辅助供电装置与驱动系统没有传动轴（带）等传动连接。

增程式电动汽车作为一种新型的电动汽车，得到了国内外汽车企业的高度重视和政府的大力支持，纯电动汽车对增程式电动汽车在技术方面有很好的继承性，随着电池技术的不断提高，增程式电动汽车可以自然地过渡到纯电动汽车。目前国内外对增程式电动汽车车型的开发进程较快，部分已经投入量产，分别从动力总成的布置和结构、制动能量回收、能量消耗评估等方面对增程式电动汽车进行研究。

目前，增程型电动汽车代表性车型有理想 ONE（图 1-1-2）、岚图 FREE、问界 M5、别克微蓝 5 以及宝马 i3 等。

图 1-1-2　理想 ONE

（2）特点

①油耗低：因为发动机只负责充电，所以只要一个排量很小的发动机即可完成工作。

②续航有保障：电池电量消耗完毕之后，增程器变成发电机，为电动机提供电力，有效解决了当下大家普遍关心的里程焦虑问题。

③噪声极小：由于增程器排量极小，在其工作时发出的噪声非常低。

④增程式电动汽车和纯电动汽车一样，都是单纯的“电驱动”，技术难度较低：增程式电动汽车上的发动机不需要介入驱动系统，也就不用考虑复杂的模式切换。

3. 纯电动汽车（Blade Electric Vehicle，BEV）

扫一扫

（1）定义

纯电动汽车（图 1-1-3）是完全由可充电电池（如铅酸电池、镍镉电池、镍氢电池或锂离子电池）提供动力源的汽车。其以车载电源为动力，用电机驱动车轮行驶，是符合道路交通、安全法规各项要求的车辆。由于不使用汽油，行驶时不排放二氧化碳，也是目前全球新能源汽车发展的主流方向。

1—家电电源；2—蓄电池；3—电动机。

图 1-1-3　纯电动汽车

目前主流纯电动汽车续航里程一般在 400 km 左右，已经可以满足日常短途出行需求。但是，纯电动汽车充电速度和充电便利性还存在不足，充电站、充电桩等基础设施也需要逐步完善。

说到电动汽车，给人印象最为深刻的当属特斯拉。特斯拉专注纯电动汽车生产，已上市的车型有 Model S、Model X 和 Model 3 等。2020 年第一季度，特斯拉上海工厂只生产了 Model 3 标准续航升级版；2020 年 4 月，该工厂开始生产后驱长续航版和高性能版。特斯拉表示，上海超级工厂的产能爬坡进展好于预期，中国制造 Model 3 的产能在 2020 年年中达到周产 4 000 辆（年产 20 万辆）的水平。

传统跨国车企，如大众、通用、丰田等车企从 2019 年开始陆续推出插电混合动力车型，到 2020 年开始正式发力纯电动车型。

捷豹 I-PACE 已经上市，奔驰 EQC 纯电动汽车 2019 年国产，宝马的纯电动车型 iX3 和奥迪的纯电动车型 e-tron 也先行进口，2020 年开始国产，保时捷的纯电动跑车 Taycan 已经开始接受预定。

传统的自主品牌中，北汽、奇瑞、江淮的纯电动汽车更多的是在共享汽车车队里面，比亚迪的秦、元、宋、唐新能源汽车已经耳熟能详，广汽新能源的 Aion S 和吉利的 GE11 纯电动轿车 2019 年已经上市。

纯电动汽车中，更多的是一批批中国新车企在做主角，蔚来、小鹏、威马、奇点、拜腾、爱驰、车和家等，都是成立没几年的新创企业，通过资本市场的力量，将互联网和传统造车的人才集聚在一起。

目前，我国电动汽车行业已建立起较为合理的行业创新体系，取得了动力系统技术平台构建、关键零部件和新技术开发、整车产品上市、示范运行等多方面的突破，已基本形成了未来产业发展的雏形，在国家产业政策和财政补贴政策的支持下，实现了跨越发展，处于世界领先行列。

（2）特点

①无污染，噪声小：纯电动汽车不像内燃机汽车工作时产生废气，不产生排气污染，对环境保护和空气的洁净是十分有益的，几乎是“零污染”。并且，纯电动汽车无内燃机产生的噪声，电动机的噪声也比内燃机小。

②单一的电能源：纯电动汽车使用单一的电能源，电控系统比混合动力电动车大为简化，降低了成本。

③结构简单，维修方便：纯电动汽车比内燃机汽车结构简单，运转、传动部件少，维修保养工作量小。

④能量转换效率高：纯电动汽车可回收制动、下坡时的能量，提高了能量的利用效率。

⑤平抑电网的峰谷差：纯电动汽车可在夜间利用廉价“谷电”进行充电，起到平抑电网峰谷差的作用。

4. 燃料电池汽车（Fuel Cell Electric Vehicle，FCEV）

（1）定义

燃料电池汽车（图 1-1-4）是电动汽车的一种，其核心部件燃料电池通过氢气和氧气的化学作用，直接生成电能。

燃料电池汽车使氢燃料在汽车搭载的燃料电池中与大气中的氧气发生化学反应，产生电能，发动电动机，由电动机带动汽车中的机械传动结构，进而带动汽车的前后万向轴、后桥等行走机械结构，转动车轮。汽车工作过程中对外界的排出物是水，所以是真正意义上的排放零污染汽车。

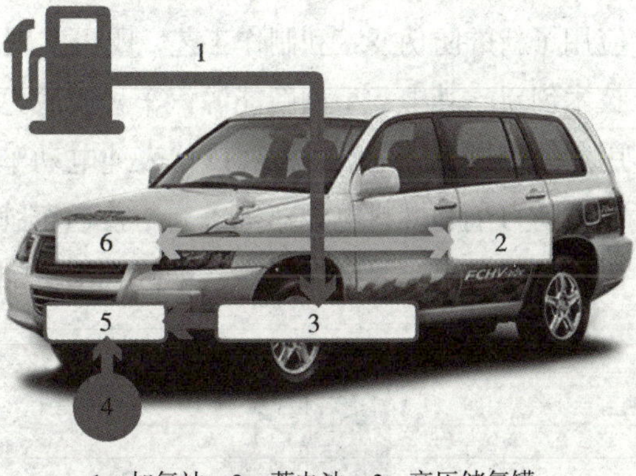

1—加氢站；2—蓄电池；3—高压储氢罐；
4—氧气；5—FC 电池组；6—电动机。

图 1-1-4　燃料电池汽车

氢燃料的加注速度可以比拟加油速度，不存在续航里程焦虑的问题。只是，氢燃料动力组件的成本还居高不下，而且高压氢气的制造、运输和储存等还存在一定的难度。

氢燃料电池汽车研发的历史也不短，但目前也只有丰田的 Mirai、本田的 Clarity、现代 ix35 等车型。

燃料电池公交车也已经在郑州、上海、苏州、成都、云浮、佛山、深圳等地正式运行。

（2）特点

①零排放或近似零排放。

②减少了机油泄漏造成的水污染。

③减少了温室气体的排放。

④提高了燃料经济性。

⑤提高了发动机燃烧效率。

⑥运行平稳、无噪声。

三、纯电动汽车车牌、新能源车牌相关介绍

对于汽车来说，“牌照”就相当于身份证，证明它们是“合法公民”。国家对于新能源汽车大力扶持，新能源汽车的不限行、不限牌政策也大大受到群众的喜爱。一些地方开始把新能源汽车的车牌从小型燃油客车的蓝牌转变成绿色的新能源汽车专用车牌。从 2017 年 12 月 1 日起，在上海、深圳、南京、无锡、济南五个城市试点启用新能源牌照，对 2017 年 12 月 1 日后申请注册登记的新能源车辆发放新能源车号牌，对 2017 年 12 月 1 日前已注册登记的新能源车辆按自愿的原则换领。目前全国各地都开始使用新能源车车牌。

1. 新能源车牌的定义

新能源车牌（图 1-1-5）体现“绿色环保”寓意。以绿色为主色调，增加了专用标识，应用了新的防伪技术和制作工艺，既可实现区分管理、便于识别，又能彰显新能源特色、技术创新。其中，小型新能源汽车号牌底色采用渐变绿色，大型新能源汽车号牌底色采用黄绿双拼色。记忆方法：D 代表纯电动车，而 F 代表非纯电动新能源车（包括插电式混合动力车和燃料电池车等）。与普通车牌相比，新能源车牌号码由 5 位升至 6 位，号码容量增大，资源更加丰富，编码规则更加科学合理，可以满足“少使用字母，多使用

图 1-1-5　新能源车牌

数字”的编排需要。

2. 新能源车牌的类别

目前新能源汽车主要分为三类：纯电动汽车、混合动力汽车、燃料电池类汽车。新能源车牌与普通小汽车车牌相比，主要有三大区别：一是颜色上的区别，以小型汽车车牌为例，是蓝底白字，而新能源小型汽车的车牌是渐变的绿色样式；二是字符数增加了，除了代表城市的字符之外，现在的小型新能源汽车号码有 6 位；另外，还有字母的区别，新能源小型汽车的号牌分为 D 和 F，D 代表纯电动车，F 代表非纯电动车。字母在数字前代表小型车，字母在数字后代表大型车，如图 1-1-6 所示。

图 1-1-6　新能源车牌的类别

3. 旧车牌的处理

2019 年 6 月 6 日，国家发展改革委、生态环境部、商务部印发《推动重点消费品更新升级畅通资源循环利用实施方案（2019—2020 年）》。该方案强调，各地不得对新能源汽车实行限行、限购，已实行的应当取消。鼓励地方对无车家庭购置首辆家用新能源汽车给予支持。鼓励有条件的地方在停车费等方面给予新能源汽车优惠，探索设立零排放区试点。新能源车普及之后，汽油车已经到达报废条件，可以将原来的车牌进行注销，再去申领一个新能源车的指标。

启用新能源车牌可以让新能源汽车有一个合法的身份，在很大程度上也是鼓励人们购买新能源汽车。

图 1-1-7　新能源车牌

四、拓展阅读

习近平总书记在党的二十大报告中明确指出："建设现代化产业体系，坚持把发展经济的着力点放在实体经济上，推进新型工业化，加快建设制造强国、质量强国、航天强国、交通强国、网络强国、数字中国。"

作为实现双碳目标的重要路径之一，在双碳目标的推动下，新能源汽车行业景气度不断上行，在政府和企业的努力以及社会各界的支持下，取得了大突破，形成了新局面。

技能实训 电动汽车的认识

准备项目	具体准备内容
防护用品准备	常规实训工装
场地准备	宽敞、明亮
工具、材料准备	车辆台架、总成，实训中心现有电动汽车，举升机

一、目的

①识别典型的电动汽车，并判断该电动汽车的类型。

②电动汽车外观特征识别。

二、实训步骤及内容

1. 通过外观特征识别电动汽车

根据实训中心的整车，从外观上判断该汽车是传统燃油汽车、纯电动汽车还是混合动力汽车。

提示：如果是纯电动汽车，通常车辆上标识有 EV 等字样，如图 1-1-8 所示。如果是混合动力汽车，在汽车的尾部标设通常有 HYBRID 或 H 类字样，如图 1-1-9 和图 1-1-10 所示；或在车身 A 柱附近标有 HYBRID 字样，如图 1-1-11所示。

图 1-1-8 纯电动汽车标识（北汽新能源）

图 1-1-9 混合动力汽车标识（丰田普锐斯尾部）

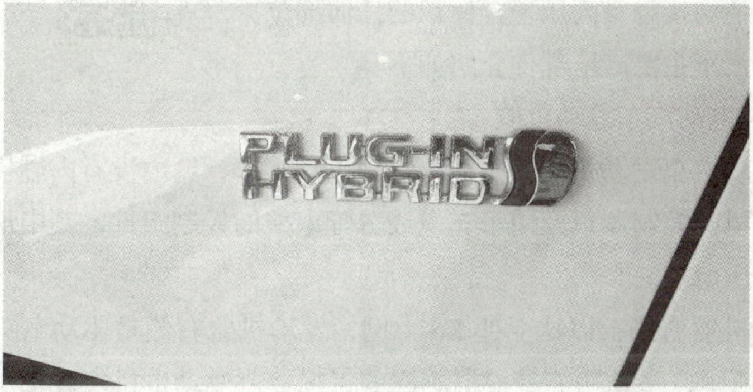

图 1-1-10 混合动力汽车标识（丰田普锐斯尾部放大）

图 1-1-11 混合动力汽车标识（丰田普锐斯标注在 A 柱附近）

纯电动汽车和插电式混合动力汽车，需要通过外部充电的方式获取电能。可以通过这个特征进行判别，如图 1-1-12 所示。

图 1-1-12　外部充电

2. 打开发动机机舱盖判断电动汽车类型

扫一扫

警告：请勿接触带高压警告标识的任何部位！

新能源汽车主要高压部件介绍如下。

（1）纯电动汽车发动机舱

打开电动汽车发动机舱盖，如果是纯电动汽车，舱内没有内燃机，取而代之的是驱动电机的控制器以及用于充电或分配电能的控制组件，其中最直观的是很多橙色的高压电缆。

①发动机舱右侧：以比亚迪 E6 为例，发动机舱右侧是驱动电机控制器，如图 1-1-13 所示，主要功能是根据不同的工况控制驱动电机实现正反转及功率、转矩、转速的变化。

图 1-1-13　发动机舱

②发动机舱左侧：以比亚迪 E6 为例，发动机舱左侧的是 DC/DC 及空调驱动器，如图 1-1-13 所示。DC/DC 负责将动力电池 316.8 V 的高压电转化为 12 V 的电源供给整车用电器工作，并且在低压蓄电池亏电时给低压电池充电。

（2）混合动力汽车发动机舱

如果是油电混合动力汽车，在内燃机的旁边还会有橙色电缆以及用于控制电机的控制器部件。

图 1-1-14 所示为比亚迪秦的发动机舱。

1—发动机；2—电动机；3—电动机控制器。

图 1-1-14　混合动力汽车发动机舱

丰田普锐斯混合动力汽车发动机舱内右侧的金属模块是变频器，主要作用是进行车内交流与直流电、高压与低压电之间的相互转换，如图 1-1-15 所示。

图 1-1-15 中的橙色电缆为连接变频器的高压线束，请勿随便触摸，防止发生触电危险。

图 1-1-15　普锐斯前机舱

3. 举升车辆或打开行李舱观察新能源汽车的结构

（1）纯电动汽车动力电池位置

举升车辆，从车辆的底部可以观察到油电类新能源汽车动力电池的位置。

一般情况下，纯电动汽车采用的动力电池体积（容量）较大，因此布置在车辆底部的较多，可以在举升车辆后直接观察到电池的位置，如图 1-1-16 所示。

（2）混合动力汽车动力电池位置

对于混合动力汽车，由于搭载的动力电池体积（容量）比电动汽车小，电池通常被布置在行李舱前部区域，如图 1-1-17 所示。打开丰田普锐斯行李舱，位于行李舱内后排座位下的是全封闭式的镍氢电池。

图 1-1-16　纯电动汽车的动力电池通常布置在车辆底部

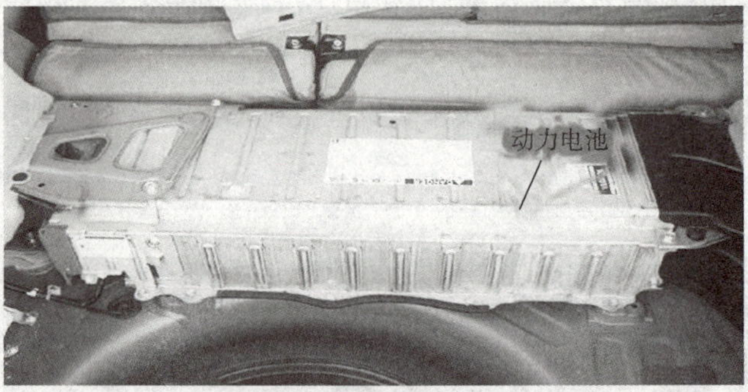

图 1-1-17　普锐斯混动汽车的动力电池

（3）电动汽车底盘的其他机构

以丰田普锐斯为例，举升车辆还可以看到底盘的其他机构。如图 1-1-18 所示，变频器的正下方是驱动桥，包含交流 500 V 的电动机、发电机、行星齿轮、减速齿轮和主减速齿轮。

图 1-1-18　普锐斯底盘的其他机构

4. 观察仪表区域，认识新能源汽车仪表的特点

大部分纯电动汽车的仪表盘上不再有发动机转速表，取而代之的一般是电机的输出功率表，如图 1-1-19 所示。混合动力汽车虽然保留了转速表，但仪表盘通常还会增加一些具有混合动力标识的特殊指示灯。

注意：混合动力汽车或纯电动汽车，在启动车辆时不再像传统汽车那样有发动机的振动和声响。确认车辆已经处于启动状态下的主要依据是仪表中的 READY 或 OK 指示灯点亮，如图 1-1-20 所示。在 READY 或 OK 指示灯点亮时，将挡位从 P 挡移出前务必确认车辆通行方向没有行人和障碍物。

扫一扫

图 1-1-19　纯电动汽车仪表盘上的输出功率表

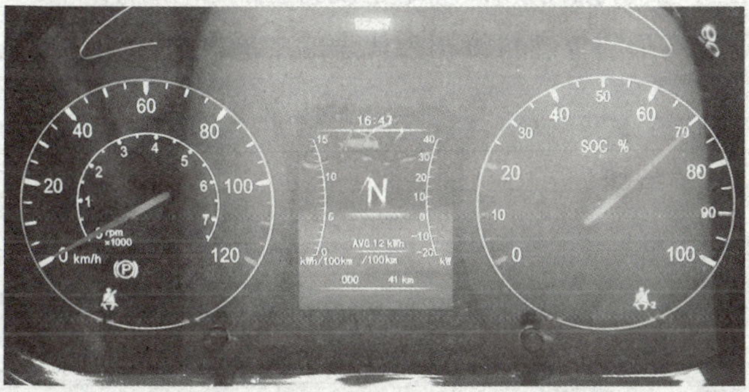

图 1-1-20　混合动力汽车仪表盘上的 READY 指示灯

学后测试

①电动汽车的定义。

②电动汽车的分类。

③电动汽车的识别。

④电动汽车的车牌与传统燃油车车牌的区分。

任务二 电动汽车的发展必要性

教学目标

知识目标

· 了解我国化石能源短缺的现状。

· 了解燃油汽车对环境的污染。

· 理解我国发展电动汽车的意义。

技能目标

能够全面阐述发展电动汽车的必要性。

素养目标

激发学生节能减排保护环境的社会责任感。

知识链接

习近平总书记在党的二十大报告中明确指出："积极稳妥推进碳达峰碳中和，立足我国能源资源禀赋，坚持先立后破，有计划分步骤实施碳达峰行动，深入推进能源革命，加强煤炭清洁高效利用，加快规划建设新型能源体系，积极参与应对气候变化全球治理。"以电动汽车和氢燃料汽车为代表的中国汽车行业，在减碳道路上，已然走在了世界前列。

一、缓解化石能源短缺

1. 缓解化石能源短缺

据公安部数据，2018 年全国新注册登记机动车 3 172 万辆，机动车保有量已达 3.27 亿辆，其中汽车 2.4 亿辆，小型载客汽车首次突破 2 亿辆；从车辆类型看，小型载客汽车保有量达 2.06 亿辆，首次突破 2 亿辆，比 2017 年增加 2 085 万辆，增长 11.56%，是汽车保有量增长的主要组成部分；私家车（私人小微型载客汽车）持续快速增长，2018 年保有量达 1.89 亿辆，近 5 年年均增长 1 952 万辆；载货汽车保有量达 2 570 万辆，新注册登记 326 万辆，再创历史新高，如图 1-2-1 所示。中国 2018 年成品油消费量 32 514 万吨。据中商产业研究院数据库显示，2017 年中国成品油进口量增长，2018 年 1~11 月中国成品油进口量为 3 024 万吨，同比增长 12.4%，如图 1-2-2 所示。

2. 缓解能源短缺的措施

据公安部数据，2018 年，全国新能源汽车保有量达 261 万辆，占汽车总量的 1.09%；增加 107 万辆，与 2017 年相比增长 70.00%。其中，纯电动汽车保有量 211 万辆，占新能源汽车总量的 80.84%。从统计情况看，2014—2018 年电动汽车保有量逐年增加，呈加快增长趋势，如图 1-2-3 所示。

从国家战略的高度来审视，大力发展电动汽车是新一轮经济增长点的突破口和实现交通能源转型的根本途径。我国汽车工业必须积极行动起来，参与到这场全球性的电动汽车发展中去，勇于迎接挑战，抓住这次难得的历史机遇，实现我国汽车工业的跨越式发展。

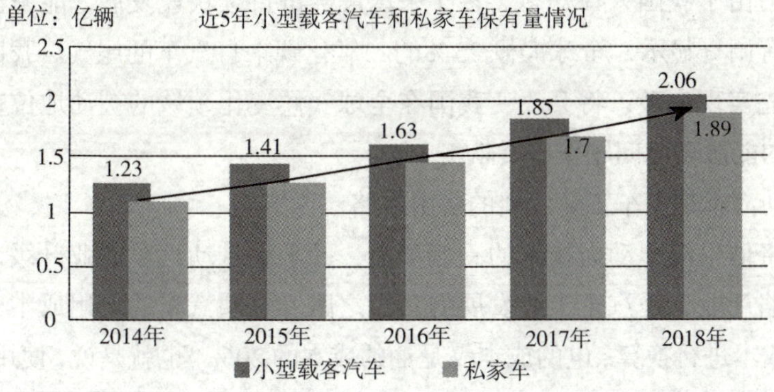

图 1-2-1　2014—2018 年小型载客汽车和私家车保有量对比

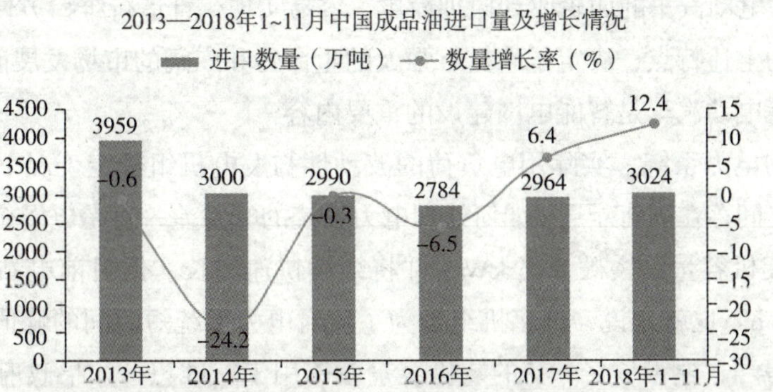

图 1-2-2　2013—2018 年 1—11 月中国成品油进口量及增长情况

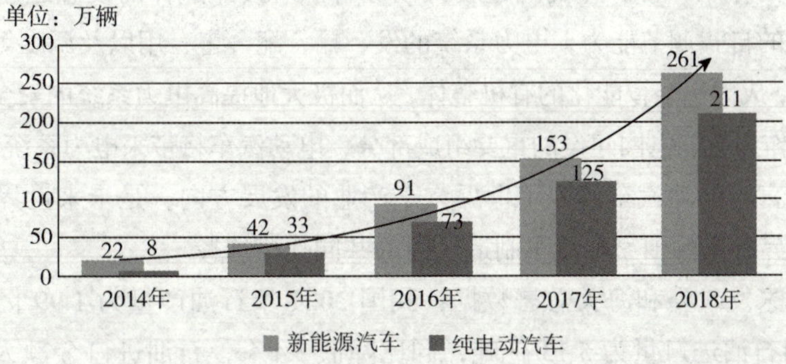

图 1-2-3　2014—2018 年新能源汽车及纯电动汽车保有量情况

二、降低环境污染

1. 发展电动汽车是降低环境污染的有效途径

电动汽车不燃烧汽油和柴油，所使用的锂电池是国际公认的环保电池。与传统汽车相比，电动汽车在启动时没有污染，具有极好的环保性能。就效率而言，传统汽车的能源转化效率只有17%，电动汽车是90%，节能效果十分明显。近年来，世界各国高度关注温室气体排放和气候变化问题，我国虽然是发展中国家，人均温室气体排放量水平较低，但由于我国人口众多，多年来国民经济持续快速发展，能源消费量已居世界第二位。有调查显示，全球大概25%的二氧化碳来自汽车的尾气。我国若能在电动汽车领域率先实现突破，将会改变我国在全球气候变化领域的被动地位，并为解决全球日益严重的能源环境问题作出贡献。

2. 发展电动汽车是汽车工业发展的必由之路

电动汽车将催生汽车动力技术的一场革命，并必将带动汽车产业升级，建立新型的国民经济战略产业，是汽车工业发展的必由之路。电动汽车的使用成本非常低廉。将其百千米的成本进行换算，电的成本仅是油的成本的20%，也就是说，使用电动汽车，仅需花五分之一的钱就可以跑到与原来相当的千米数。普通汽车，不论是手动挡还是自动挡，都用变速箱变速。电动汽车变速是电机驱动，没有变速箱，而且动力非常强劲。此外，电动汽车的四轮驱动原理简单，容易实现，且运行维护方便，不用换机油。电动汽车的上述特点，决定了它具有强大的生命力和广阔的市场发展前景。

3. 发展电动汽车是智能电网建设的重要内容

传统的电力系统，实际用电负荷的波动性与发电机组额定工况下所要求的用电负荷稳定性之间存在固有矛盾，如何处理电力系统的峰谷差一直是电网企业头疼的问题。我国电力装机容量已突破8亿kW，并将继续快速增长，但目前电站的年利用小时数仅为5 000 h。也就是说，许多机组是为了应对电力系统短时间的峰值负荷而建设的，如果措施得当，建设6亿kW的装机容量就够用了。试想，如果政府大力提倡发展电动汽车，各个城市的居民都去买电动汽车，晚上用低谷的低价电为电动汽车充电，起到削峰填谷的作用，峰谷差的问题就可以缓解了。按照这样的设想建立起来的电网，将具有一定的自我调节能力，电力系统的发、输、配、售、用以及调度等环节将会形成有效的互动，成为一个智能化的有机整体，从而极大地提高电力系统的安全性和可靠性。可以预想，作为智能电网建设的重要组成部分，电动汽车将带来电力系统的一场革命。

总体而言，电动汽车代表了世界汽车产业的发展方向，是未来世界汽车产业的制高点，是世界各主要国家和汽车制造厂商的共同战略选择。

根据国家发改委和海关总署数据：我国2021年石油产量为1.99亿吨，同比增长2.4%；我国石油进口量为5.13亿吨，同比降低5.4%，石油进口金额为16618亿元，同比增长34.4%；我国石油对外依存度为72.05%。虽然看起来我国的石油产量高，但是目前我国的工业发展迅猛，对石油的需求量极大，目前国产的石油完全不能满足需要。国内的石油消耗量大，产量相对较少，近些年来我国 70% 的石油都靠进口。而且，我国距离世界石油主产区中东较远，石油进口地路途遥远，运输成本高，难度大，关键时刻容易被人卡脖子。我国的石油大计任重而道远。

学后测试

①了解我国化石能源短缺的原因与国家经济发展的关系。

②归纳传统的内燃机汽车对空气的污染。

③归纳我国电动汽车的发展趋势。

④知道我国发展电动汽车的意义。

任务三　电动汽车的发展趋势

教学目标

知识目标

· 了解国外电动汽车发展现状。

· 了解国内电动汽车发展现状。

技能目标

培养环境保护的意识。

素养目标

增强学生的民族自豪感，培养学生的创新精神。

知识链接

《中华人民共和国国民经济和社会发展第十三个五年规划纲要》提出，实施新能源汽车推广计划，鼓励城市公交和出租汽车使用新能源汽车。大力发展纯电动汽车和插电式混合动力汽车。《中国制造 2025》提出，继续支持电动汽车、燃料电池汽车发展，掌握汽车低碳化、信息化、智能化核心技术，推动自主品牌节能与新能源汽车同国际先进水平接轨。

一、国外现状

1. 全球电动汽车市场现状及趋势

汽车电动化是世界汽车工业未来转型的方向，各国有关机构相继发布电动汽车2020—2030年的销量、份额等预期，通过为电动汽车的应用指定目标，向制造商和其他工业利益攸关方提供明确信号，建立对未来政策的信心，从而调动社会有关投资。

此外，美国的加州和德国、法国、英国、荷兰、挪威、印度等国家制定的燃油汽车禁售时间大多在2025—2030年，汽车动力也将随之发生革命性变化。根据壳牌公司的研究预测，电力、氢能源将从2030年前后开始逐步“接管”汽车能源市场，2040年、2060年使用量将分别占20%和60%以上，2070年乘用车市场将全面摆脱对化石燃料的依赖，电动汽车将得到全面普及。

从全球主要汽车生产厂家的销量和发展计划来看，目前“低排放”汽车主要指混合动力汽车，混动车经过长时间的发展，技术最为成熟，已进入快速增长期，其销量、增幅和占比都远远高于其他车型；随着动力电池性能的提升及充电基础设施建设的完善，“零排放”汽车（主要指纯电动汽车）正逐渐走上产业化的道路，特别是小型的纯电动汽车更是发展迅速；燃料电池汽车在技术和经济方面仍存在诸多瓶颈，大规模推广还存在相当的距离。

目前，世界主要国家都制定了电动汽车中长期发展战略规划，预计电动汽车市场会在未来10年内持续增长，成为拉动经济发展的新的增长点。

2. 国外电动汽车发展历程

（1）美国

①市场状况：2018年美国电动汽车产业取得了令人振奋的成绩：全年交付360 800辆电动汽车，比2017年增长81%。纯电动汽车销量最多，占销量的66%；其余34%是插电式混合动力车。

②技术研发：2018年，美国多家国家实验室和大学共同组建了名为“电池500”的研究中心（参与组建这一研究中心的有11家成员机构，包括太平洋西北国家实验室等4家国家实验室、斯坦福大学等5所研究型大学以及汽车制造商特斯拉和科技公司IBM），着力研发可以延长电动汽车行驶里程、降低电动汽车造价的新型锂电池技术。同年，美国联邦政府公布了关于加快普及电动汽车的计划，通过政府与私营部门合作，推广电动汽车和加强充电基础设施建设，以应对气候变化、增加清洁能源使用并减少对石油的依赖。

（2）欧洲

①市场状况：欧洲2018年电动车销量为40.8万辆，比2017年提高了33%。欧洲轻型汽车市场的电动车份额全年为2.3%。

②技术研发：尽管电动汽车市场份额在逐渐增加，但其目前在欧洲市场的份额仍

在2%左右。欧洲相关政策要求，到2030年电动汽车市场份额需增至40%，如果要达到该目标，电池技术必须改进，以增加电动汽车续航里程，缩短电动汽车充电时间。

利莫瑞克大学Bernal研究所Si-DRIVE项目（Si-DRIVE联盟由来自欧洲7个国家的16个学术和工业合作伙伴组成）负责人Kevin M.Ryan教授表示，利莫瑞克大学计划彻底改进锂离子电池，从而消除影响电动汽车普及的主要障碍，此类障碍与电动汽车的续航里程、成本和充电时间紧密相关。

（3）日本

①市场状况：日本的电动汽车起步较早，2010年底日产纯电动汽车上市，2013年三菱推出插电式混合动力汽车欧蓝德。日本的电动汽车从2011年开始上量，但发展势头比较平缓，一直受到混合动力车的严重压制。

②技术研发：众所周知，电池的技术水平大部分取决于材料的发展水平，而日本新兴动力电池（锂离子电池、氢能源电池、液流电池等）的发展几乎都走在世界前列。以锂离子电池为例，从1991年索尼公司将含有液态电解质的锂离子电池引入电子设备应用至今，液态锂离子电池技术已经成为目前最为成熟、使用最广泛的技术路线之一，索尼公司也成为世界上锂离子电池技术最权威的公司。

从国外电动汽车发展历程来看，各国政府采取的技术路线不同，在产业化方面，除经济扶持、政策优惠和法规强制外，还通过示范运营、加强基础设施建设、优惠租赁、政府采购、节能环保宣传等手段保证生产、研发、销售等环节协调发展。同时，各国扶持电动汽车产业的政策都根据不同经济阶段的实际需求动态调整，使产业发展顺利由政府推动过渡到市场推动。这为我国电动汽车产业发展提供了宝贵的经验。

二、国内现状

1. 我国电动汽车市场现状

公安部交管局数据显示，2018年新能源汽车保有量达261万辆，占汽车总量的1.09%；增加107万辆，与2017年相比增长70.00%。其中，纯电动汽车保有量211万辆，占新能源汽车总量的80.84%。从统计情况看，纯电动汽车保有量逐年增加，呈加快增长趋势。

总体来说，目前我国电动汽车销量的增长以小型车为主，我国本土涉足电动汽车领域的企业逐渐增多，包括北汽新能源、比亚迪等，市场上可供选择的车型也开始丰富。

2. 我国新能源汽车发展规划

“十三五”规划中与新能源汽车相关的部分内容如下。

①实现新能源汽车规模应用：强化技术创新，完善产业链，优化配套环境，落实和完善扶持政策，提升纯电动汽车和插电式混合动力汽车产业化水平，推进燃料电池汽车产业化。到2020年，实现当年产销200万辆以上，累计产销超过500万辆，整体

技术水平保持与国际同步，形成一批具有国际竞争力的新能源汽车整车和关键零部件企业。

②全面提升电动汽车整车品质与性能：加快推进电动汽车系统集成技术创新与应用，重点开展整车安全性、可靠性研究和结构轻量化设计。提升关键零部件技术水平、配套能力与整车性能。加快电动汽车安全标准制定和应用。加速电动汽车智能化技术应用创新。到2020年，电动汽车力争具备商业化推广的市场竞争力。

③建设具有全球竞争力的动力电池产业链：大力推进动力电池技术研发，着力突破电池成组和系统集成技术，超前布局研发下一代动力电池和新体系动力电池，实现电池材料技术突破性发展。加快推进高性能、高可靠性动力电池生产、控制和检测设备创新，提升动力电池工程化和产业化能力。培育发展一批具有持续创新能力的动力电池企业和关键材料龙头企业。推进动力电池梯次利用，建立上下游企业联动的动力电池回收利用体系。到2020年，动力电池技术水平与国际水平同步，产能规模保持全球领先。

④新能源汽车动力电池提升工程：完善动力电池研发体系，加快动力电池创新中心建设，突破高安全性、长寿命、高能量密度锂离子电池等技术瓶颈。在关键电池材料、关键生产设备等领域构建若干技术创新中心，突破高容量正负极材料、高安全性隔膜和功能性电解液技术。加大生产、控制和检测设备创新，推进全产业链工程技术能力建设。开展燃料电池、全固态锂离子电池、金属空气电池、锂硫电池等领域新技术研究开发。

总体来说，我国的电机驱动技术与国际先进水平已基本持平，但是电池能量管理系统与锂离子电池在能量密度方面的差距限制了我国电动汽车产品的续航里程，抑制了消费者的购车热情。我国政府已出台促进锂离子电池技术发展的相关政策。可以预想，未来锂离子电池产业会有持续大规模的投入并得到较快的发展。

三、阅读拓展

数据显示，2015—2021年，中国已连续7年成为全球最大的新能源汽车市场，销量占全球比重超50%。2020年下半年开始，我国新能源汽车销量持续上涨，2021年同比增速达165.1%，2022年延续高增速，前三季度我国新能源汽车销量同比增长110%，达456.7万辆，全年销量有望突破600万辆，继续创历史新高。其中，纯电动汽车是主要动力类型，2021年市场份额达82.8%。据乘联会数据，2021年前三季度新能源乘用车零售销量前十五的厂商市场份额达82.1%。其中，比亚迪、上汽通用五菱、特斯拉占据国内新能源汽车销售的前三名。

学后测试

①简述国外电动汽车发展现状。

②简述国内电动汽车发展现状。

③简述“十三五”规划中与新能源汽车相关的内容。

④查阅相关资料，提出我国推动电动汽车顺利实施的措施和建议。

项目二

电动汽车动力电池的使用与维

动力电池又称为动力蓄电池、高压电池包，是纯电动汽车和油电混合动力汽车的重要能量存储动力源，在电动汽车上发挥着非常重要的作用。因此，认识与学习动力电池是掌握新能源汽车知识的关键。本项目主要介绍纯电动汽车和混合动力汽车动力电池的类型、特点、内部组成结构等，包含以下 6 个任务：

任务一　认识动力电池。

任务二　铅酸蓄电池使用与维护。

任务三　镍氢电池使用与维护。

任务四　锂离子电池使用与维护。

任务五　燃料电池使用与维护。

任务六　认识超级电容。

通过以上任务的学习，能够了解动力电池的主要类型，熟悉动力电池的工作原理，掌握动力电池的分解、组装和检测方法，能够归纳分析市场上主要动力电池的类型特点，为电动汽车的维护奠定基础。

任务一　认识动力电池

教学目标

知识目标

- 能够描述动力电池的作用。
- 能够描述动力电池的基本知识。
- 能够描述动力电池的分类。

技能目标

- 认识各类动力电池。
- 能够进行动力电池总成的拆卸与安装。

素养目标

· 培育环保意识和责任意识。

· 陶冶情操增强自信。

知识链接

对于电动汽车而言，动力电池是重要组成，电池的性能直接影响电动汽车的安全性与稳定性，重要性不言而喻。现阶段关于电动汽车动力电池的相关研究还不够深入，电动汽车的推广、节能环保事业的发展之路上还有不少阻碍有待清除。

一、动力电池的基本知识

扫一扫　扫一扫

1. 电池与能量储存

将化学能转换为电能的装置称为化学电池，通常简称为电池。电池放电后，能够用充电的方式使内部活性物质再生，把电能储存为化学能；需要放电时，再次把化学能转换为电能，这类电池称为蓄电池，一般又称为二次电池。

1836 年丹尼尔发明了电池；1859 年铅酸电池发明；1883 年氧化银电池发明；1888 年实现了电池的商品化；1899 年镍镉电池发明；1901 年镍铁电池发明。进入 20 世纪，电池理论和技术发展一度停滞。但在第二次世界大战之后，电池技术又进入快速发展时期。为了适应重负荷用途的需要，碱性锌锰电池快速发展，1951 年实现了镍镉电池的密封化。1958 年哈里斯提出采用有机电解液作为锂一次电池的电解质后，20 世纪 70 年代初期便实现了军用和民用。基于环保考虑，之后的研究重点转向蓄电池。镍镉电池在 20 世纪初实现商品化以后，在 20 世纪 80 年代得到迅速发展。

随着人们环保意识的日益增强，铅、镉等有毒金属的使用逐渐受到限制，因此需要寻找可代替传统铅酸电池和镍铬电池的可充电电池，锂离子电池成为有力的候选者。1990 年前后钾离子电池问世，1991 年实现了商品化；1995 年，聚合物锂离子电池（采用凝胶聚合物电解质）发明，1999 年开始商品化。

2. 动力电池的技术参数

（1）电压（V）

①开路电压：指电池在没有连接外电路或外负载时的电压。开路电压与电池的剩余能量有一定的联系，电量显示就是利用这个原理。

②工作电压：指电池在工作状态下，电路中有电流流过，电池正、负极之间的电势差，又称负载电压。在电池放电工作状态下，电流流过电池内部时，必须克服内阻的阻力，故工作电压总是低于开路电压。

③放电截止电压：指电池充满电后进行放电，放完电时达到的电压（若继续放电则为过度放电，对电池的寿命和性能有损伤）。

④充电限制电压：指充电过程中由恒流变为恒压充电的电压。

常见电池的电压见表 2-1-1。

表 2-1-1　常见电池的电压

电池类型	开路电压 /V	工作电压 /V	放电截止电压 /V	充电限制电压 /V
铅酸电池	2.1~2.2	2.0	1.7	2.3
镍镉电池	1.4	1.2	1.0	
镍氢电池	1.4	1.2	1.0	
锂电池	4.1~4.2	3.6~3.7	2.6~2.7	4.2~4.3

（2）电池容量（Ah）

①定义：电池容量是指电池所能够储存的电量多少，容量是电池电性能的重要指标，由电极的活性物质决定。

②单位：容量用 C 表示，单位用 Ah（安时）或 mAh（毫安时）表示。

③公式：$C=It$，即电池容量（Ah）＝电流（A）× 放电时间（h）。

④举例：容量为 10 Ah 的电池，以 5 A 放电可放 2 h，以 10 A 放电可放 1 h。

⑤影响因素：电池的实际容量主要取决于活性物质的数量、质量和活性物质的利用率。

⑥额定容量：在规定条件下测得的由制造商给定的蓄电池容量。

⑦可用容量：在规定条件下，从完全充电的蓄电池中释放的电量。

⑧理论容量：假设活性物质完全被利用，蓄电池可释放的容量。

（3）电池能量（Wh）

①定义：指电池储存的能量多少，用 Wh 来表示。

②公式：能量（Wh）＝额定电压（V）× 工作电流（A）× 工作时间（h）。

③举例：3.2 V、15 Ah 单体电芯的能量为 48 Wh，3.2 V、100 Ah 电池组的能量为 320 Wh。

电池能量是衡量电池带动设备做功的重要指标，容量不能决定做功的多少。

（4）能量密度（Wh/kg）

①定义：单位体积或单位质量所释放的能量，通常用体积能量密度（Wh/L）或质量能量密度（Wh/kg）表示。

②举例：一节锂电池重 325 g，额定电压为 4.8 V，容量为 10 Ah，则其能量密度约为 147.7 Wh/kg，在实际应用情况中需要考虑电池结构中的壳体、零件等因素。

目前锂电池的能量密度分别是镍镉电池和镍氢电池的 3 倍和 1.5 倍，能量密度的高低由材料密度与结构决定。常见电池的理论能量密度见表 2-1-2。

表 2-1-2　常见电池的能量密度

能量密度	铅酸电池	镍镉电池	镍氢电池	锂电池
体积能量密度 /（Wh/kg）	30~50	50~60	60~70	130~150
质量能量密度 /（Wh/L）	50~80	130~150	190~200	350~400

（5）功率与功率密度

功率是指在一定的放电制度下，单位时间内电池输出的能量，单位为 W 或 kW。

功率密度又称比功率，是单位质量或单位体积电池输出的功率，单位为 W/kg 或 W/L。比功率是评价电池及电池包是否满足电动汽车加速和爬坡能力的重要指标。

（6）放电倍率（*C*）

①定义：放电倍率是指在规定时间内放出其额定容量（Ah）时需要的电流值，它在数值上等于电池额定容量的倍数。

②举例：以 10 Ah 电池举例，以 2 A 放电，则放电倍率为 0.2 *C*；以 20 A 放电，则放电倍率为 2 *C*。

（7）充电方式

① CC/CV：CC 即恒流，以固定的电流对电池充电；CV 即恒压，以固定的电压对电池充电，充电电流会随着电池充满逐渐下降。

②涓流充电：指以小于 0.1 A 的电流对电池充电，一般在电池接近充满电时，进行补充充电时采用。若电池对充电时间没有严格要求，建议采用涓流充电方式充电。

③浮充电：随时对蓄电池用恒压充电，使其保持一定的荷电状态。

常见电池的充电方式见表 2-1-3。

表 2-1-3　常见电池的充电方式

电池类型	铅酸电池	镍镉电池	镍氢电池	锂电池
充电方式	恒流后恒压	恒流	恒流	恒流后恒压
控制方法	电压 2.3 V、涓流	恒温	恒温	电压 4.2 V、涓流

（8）充、放电深度

它是关于电池保有容量数值的表示方法。

①荷电状态（SOC）：蓄电池放电后剩余容量与全荷电容量的百分比。

②放电深度（DOD）：表示蓄电池放电状态的参数，等于实际放电容量与额定容量的百分比。

③深度放电：表示蓄电 50%或更大的容量被释放的程度。

④举例：充、放电深度以百分比率来表示，如容量为 10 Ah 的电池放电后容量变为 2 Ah，可以称为 80%DOD；容量为 10 Ah 的电池，充电后容量为 8 Ah，表示为

80%SOC；形容满充满放，通常称为 100%DOD。

（9）内阻（mΩ）

①定义：指电池在工作时，电流流过电池内部受到的阻力。内阻大小主要受电池的材料、制造工艺、电池结构等因素的影响。

②分类：电池内阻包括欧姆内阻和极化内阻。欧姆内阻是由电极材料、电解液、隔膜电阻及各部分零件的接触电阻组成；极化内阻包括电化学极化与浓差极化引起的电阻。

③影响因素：电池内阻非常复杂而又非常重要，影响内阻的因素有材料、结构等。

④产生结果：由于内阻的存在，当电池放电时，电流经过内阻要产生热量，消耗能量，电流越大，消耗能量越多。内阻越小，不仅电池的实际工作电压高，消耗在内阻上的能量也少，电池的性能越好。

（10）自放电率（%/月）

①定义：电池在储存过程中，容量会逐渐下降，其减少的容量与电池容量的比例，称为自放电率。

②原因：由于电极在电解液中的不稳定性，电池的两个电极发生了化学反应，活性物质被消耗，转为电能的化学能减少，电池容量下降。

③影响因素：环境温度对其影响较大，温度过高会加速电池的自放电。

④产生结果：电池自放电将直接降低电池的容量，自放电率直接影响电池的储存性能。自放电率越低，储存性能越好。

（11）循环寿命（次）

①定义：二次电池经历一次充放电，称为一个周期或一次循环。电池在反复充放电后，容量会逐渐下降。在一定的放电条件下，电池容量降至 80% 时，电池所经受的循环次数就是循环寿命。

②影响因素：电池使用方式、电池材料、电解质的组成和浓度、充放电倍率、放电深度（DOD%）、温度、制作工艺等，都对电池的循环寿命有影响。

（12）记忆效应

①定义：电池的记忆效应是指未完全放电的电池，在下一次充电时所能充电的百分比。

②原因：电池内物质产生结晶，如镍镉电池中，镉离子不断聚集成团，形成大块金属镉，降低了负极的活性。

③产生结果：为了消除电池的记忆效应，在充电之前必须先完全放电，然后充电。锂离子电池无记忆效应。

（13）放电平台

放电平台指放电曲线中电压基本保持水平的部分。放电平台越高、越长、越平稳，电池的放电性能越好。

（14）电池组的一致性

多个单体电芯串联或并联在一起，就组成了电池组。电池组的整体性能和寿命取决于其中性能较差的一个电芯，这就要求电池组中各个电芯性能的一致性要高。电池组的一致性除了受单体电芯本身性能的误差和原材料质量的好坏影响外，还受其制造工艺的影响，制造工艺的改进对提高电池的质量非常重要。

（15）化成

电池制成后，通过一定的充放电方式将其内部正、负极活性物质激活，改善电池的充放电性能及自放电、储存等综合性能的过程，称为化成。电池经过化成后才能体现其真实的性能。同时，化成过程中的分选过程能够提高电池组的一致性，使电池组的性能提高。

扫一扫

3. 动力电池的作用

动力电池的作用是接收和储存由车载充电机、发电机、制动能量回收装置或外置充电装置提供的高压直流电，并且为电动汽车提供高压直流电。

动力电池是纯电动汽车的核心部件，也是新能源汽车上价格最高的部件之一。动力电池的性能好坏直接决定了这辆车的实际价值。

应用在电动汽车上的储能技术主要是电化学储能技术，即铅酸、镍氢、锂离子等电池储能技术。作为电动汽车的动力源，动力电池技术是电动汽车的核心技术，更是电气技术与汽车行业的关键结合点，一直制约着电动汽车的发展。近年来，随着电动汽车动力电池技术的研发受到各国能源、交通、电力等部门的重视，电池的多种性能得到了提高，如我国就在锂离子电池技术方面取得了突破性进展。

动力电池一旦失效，车辆就会处于瘫痪状态。动力电池属于高压安全部件，内部机构复杂，工作时需要很苛刻的条件，任何异常因素都将导致动力被切断，对动力电池的诊断与测试需要丰富的动力电池的基础技术知识，动力电池组的更换更需要专业规范的操作。

扫一扫

二、动力电池的分类

电动汽车上使用的动力电池种类繁多，外形差别较大，按其工作性质和使用特征的不同，可分为一次电池、二次电池、储备电池和燃料电池等。其中储备电池和燃料电池属于特殊的一次电池。

1. 一次电池（原电池）

一次电池是放电后不能用充电的方法使它复原的电池。这种类型的电池只能使用一次，放电后电池只能被遗弃。这类电池不能再充电的原因，或是电池反应本身不可逆，或是条件限制使可逆反应很难进行，如锌锰干电池、锌汞电池、银锌电池。电动汽车上基本不用此类电池。

2. 二次电池（蓄电池）

二次电池是放电后可用充电的方法使活性物质复原而能再次放电，且可反复多次循环使用的电池。这类电池实际上是一个化学能量储存装置，用直流电将电池充足，这时电能以化学能的形式储存在电池中，放电时，化学能再转换为电能，如铅酸电池、镍镉电池、镍氢电池、锂离子电池、锌空气电池等。

3. 储备电池（激活电池）

储备电池是正负极活性物质和电解液不直接接触，使用前临时注入电解液或用其他方法使电池激活的电池。这类电池的正、负极活性物质的化学变质或自放电，因与电解液的隔离而基本上被排除，从而使电池能长时间储存，如镁银电池、钙热电池。

4. 燃料电池（连续电池）

燃料电池是只要活性物质连续地注入电池，就能长期不断地进行放电的一类电池。它的特点是电池自身只是一个载体，可以把燃料电池看成是一种需要电能时将反应物从外部送入的电池，如氢燃料电池。

需要说明的是，上述分类方法并不意味着某一种电池体系只能分属一次电池、二次电池、储备电池或燃料电池。某一种电池体系可以根据需要设计成不同类型的电池。如锌银电池，可以设计成一次电池，也可以设计成二次电池或储备电池。

目前来看，电动汽车主要用的是二次电池和燃料电池，这也是电动汽车对动力电池最基本的要求，因此我们要重点关注化学电池中的二次电池和燃料电池。也就是说，电动汽车电池发展有两条技术路线：一条是以锂电池为主要研究方向的二次电池，目前发展迅速；另一条是一直被寄予厚望的以氢燃料为主要研究方向的燃料电池。

与二次电池相比，氢燃料电池有一个很大的优势，就是可以在很短时间（5分钟左右）给电池加满燃料，而不是等上几个小时。氢燃料电池充入的是氢气，而最终产生水分，也没有废旧电池回收的问题，可以说是真正的新能源汽车。但由于氢气还未实现大规模量产和工业化应用，以及最重要的安全、储存等因素，目前发展遇到瓶颈，不如二次电池发展得成熟。

在二次电池中，锂电池无论在能量密度、循环寿命和环保性能上都具有很大的优势，是目前动力电池的首选。动力电池技术成了关乎新能源车性能的关键，因此很多车企纷纷押宝在动力电池领域。而锂离子电池按正极材料可分为三元锂电池（镍、钴、锰）、钴酸锂电池、锰酸锂电池、磷酸铁锂电池，也可按形状分为方形和圆柱形。

三、动力电池的主要性能指标

当今动力电池市场主要以磷酸铁锂电池和三元锂电池为主。二者主要的特性是能量密度与安全性的差异，能量密度关系到动力电池的续航能力，安全性也是动力锂电池最重要的指标之一。

1. 能量密度

磷酸铁锂电池单体能量密度通常为90~120 Wh/kg，而三元锂电池单体能量密度可以达到200 Wh/kg左右，可见三元锂电池的能量密度优势较为明显。这也是近年内国内大量上三元锂电池生产线的原因所在。日本、韩国在三元锂电池技术方向上的坚持，也为市场注入了强有力的信心。

《中国制造2025》明确了动力电池的发展规划：2020年，电池能量密度达到300 Wh/kg；2025年，电池能量密度达到400 Wh/kg；2030年，电池能量密度达到500 Wh/kg。目前，我国各动力电池锂电池能量密度如下。

（1）比亚迪

目前，比亚迪磷酸铁锂电池的单体能量密度为165 Wh/kg。除了磷酸铁锂电池外，比亚迪也在同步开发三元锂电池，已经具备量产条件，目前能量密度也达到了200 Wh/kg。比亚迪三元电池的目标是2020年达到300 Wh/kg的水平。

（2）沃特玛

沃特玛生产的32650圆柱形动力磷酸铁锂电池，单体能量密度已经达到145 Wh/kg，下一步目标是实现160 Wh/kg；其生产的三元电池目前能量密度为200 Wh/kg。

（3）国能电池

早在2013年，国能磷酸铁锂和三元电池单体能量密度就分别达到了160 Wh/kg和200 Wh/kg。2018年底，磷酸铁锂单体能量密度达到200 Wh/kg，三元材料单体能量密度达到260 Wh/kg以上，2020年单体密度已达到500 Wh/kg。

（4）捷威动力

在能量密度方面，公司目前已经量产的三元软包电池单体能量密度达到210 Wh/kg。在提高电池安全性的基础上，2020年捷威动力软包电池单体能量密度可达300 Wh/kg，Pack成组后可达220 Wh/kg；钛酸锂电池单体能量密度达到100 Wh/kg以上。

（5）智慧能源

该公司量产的动力电池单体能量密度可达220 Wh/kg，Pack成组后能量密度达到140 Wh/kg。同时，公司BMS系统可做到5级防护，采用轻量化材料，并进行了结构优化。

（6）比克电池

2016年，比克三元材料动力电池占行业比重达30%以上，位列第一。2018年5月16日，比克电池在其郑州电池工厂发布了最新产品——比克18650-3.0 Ah高能芯，该电芯能量密度可达250 Wh/kg，还可进一步提升至300 Wh/kg。

（7）卡耐新能源

卡耐新能源已经可以批量供应能量密度为220 Wh/kg的电芯，系统能量密度达130 Wh/kg

的电芯，同时已经分别实现工艺层面 250 Wh/kg、技术层面 300 Wh/kg 的产品储备。

2. 安全性

我们知道，就材料体系而言，三元锂电池正极材料的分解温度在 200℃左右，磷酸铁锂电池正极材料的分解温度在 700℃左右。实验室测试环境下，短路磷酸铁锂电池单体，基本没发现着火的情况。三元锂电池则不然，在使用三元锂电池时尤其要对热管理提出较高的要求。对于整车，安全措施应更加完善与科学，通过 BMS 有效对锂电池进行管理，电池可以工作在安全的状态下。

3. 温度适应性

我国幅员辽阔，气候复杂，从东北三省到海南诸岛，温度变化非常大。以北京为例，作为电动汽车的主力市场，北京夏季最高温度在 40℃左右，而冬季则基本保持在 −16℃左右。这样的温度区间显然适合低温性能更佳的三元锂电池，而注重耐高温性能的磷酸铁锂电池在北京的冬季会显得有些乏力。三元锂电池耐高温方面的性能与磷酸铁锂相比，差距并不明显（表 2−1−4）。

表 2−1−4　三元锂电池与磷酸铁锂电池适应温度

电池	温度 /℃	容量 /Ah	放电平台 /V	相对 25℃容量
三元材料电池	55	8.581	3.668	99.36%
	25	8.636	3.703	100.00%
	−20	6.058	3.411	70.14%
磷酸铁锂材料电池	55	7.870	3.271	100.20%
	25	7.860	3.240	100.00%
	−20	4.320	2.870	54.94%

从表 2−1−4 中能够看出，以 25℃为基准常温，两类电池在 55℃高温下放电与常温 25℃下放电，放电容量几乎没有差别。但在 −20℃时，与磷酸铁锂电池相比三元锂电池有比较明显的优势。

扫一扫

四、电动汽车对动力电池的要求

动力电池最重要的特点就是高功率和高能量。高功率意味着更大的充放电强度，高能量意味着更高的质量能量密度和体积能量密度。动力电池系统设计需要按照最优化的整车设计应用指标设计电池系统。

1. 高能量

对于电动车辆，高能量意味着更长的续驶里程，续驶里程的延长可有效提升车辆应用的方便性和适用范围。锂离子动力电池能够在电动车辆上广泛推广和应用，主要原因就是其能量密度是铅酸动力电池的 3 倍，并且还有继续提高的可能性。

2. 高功率

动力电池组要能够提供驱动电动机高功率输出，满足车辆动力性的要求。但长期大电流、高功率放电对于电池的使用寿命和充放电效率会产生负面影响，甚至影响电池使用的安全性，因此在功率方面还需要一定的功率储备，避免让动力电池在全功率工况下工作。

3. 长寿命

铅酸动力电池使用寿命在深充深放工况下可以达到 400 次，锂离子动力电池可以达到 1 000 次以上，混合动力用镍氢电池已经可以达到 10 年以上。

动力电池寿命关系到电池成本，电池更换费用是电动汽车使用成本的重要组成，提高动力电池的使用寿命目前是电池技术研究的重点之一。

4. 低成本

动力电池的成本与电池的新技术含量、材料、制作方法和生产规模有关，目前高能量密度的电池成本较高，使得电动汽车的造价也较高，开发和研制高效、低成本的动力电池是电动汽车发展的关键。

5. 安全性好

动力电池为电动汽车提供了高达 300 V 的驱动供电电压，可能危及人身安全和车载电器的使用安全。动力电池作为高能量密度的储能载体，自身也存在一定的安全隐患。以锂离子电池为例，充放电过程如果发生热失控反应，可能导致电池短路起火，甚至产生爆炸现象；锂离子电池采用的有机电解质，在 4.6 V 左右易发生氧化，并且溶剂易燃，若出现泄漏等情况，也会引起电池着火燃烧甚至爆炸；碰撞、挤压、跌落等极端状况易导致电池内部短路，也会引发危险状况。

6. 工作温度适应性强

车辆应用应不受地域的限制，这就需要车辆适应不同的温度范围。现在的动力电池系统设计，考虑到电池的温度适应性问题，一般都需要设计相应的冷却系统或加热系统来达到动力电池的最佳工作温度。

7. 可回收性好

按照动力电池使用寿命的标准定义，电池在其容量衰减到额定容量的 80% 时，确定为动力电池寿命终结。随着电动汽车的大量应用，必然出现大量废旧动力电池的回收问题。对于动力电池的可回收性，首先要求做到电池正负极及电解液等材料无毒，对环境无污染；其次是研究电池内部各种材料的回收再利用。对于动力电池的再利用，还存在梯次利用问题，即将按照动力电池寿命标准达到额定容量 80% 以下淘汰的电池转移到对电池容量和功率要求相对较低的领域继续应用。

五、拓展阅读

2011 年 3 月，我国发布《第十二个五年规划纲要》，其中把新能源汽车列为七大战略性新兴产业之一。作为关乎续航、安全等重要指标的核心硬件，电池是新能源汽车产业链中的重要一环。于是，为了刺激国内电池企业的发展，国家又出台了《外商投资产业指导目录》，限制外商独资企业生产汽车电池。自此，序幕被拉开，中国锂电池动力电池行业迎来了爆发。一批电池领域的巨头企业应运而生，而宁德时代就是其中的佼佼者。它取得的成就，是这个全球规模最大、发展最快的新能源市场这些年爆发的结晶。如今它已经连续 5 年登顶全球动力电池装机量排行榜，力压韩国的 LG、日本的松下等国际竞争者。这堪称一个奇迹，体现了中国新能源产业的全球竞争力。

根据全球新兴能源市场调研机构 SNE Research 发布的数据，2022 年 1—9 月，全球动力电池总装机总量达到 341.3 GWh，其中宁德时代一家独占 119.8GWh，全球市场份额为 35.1%，较去年同期的 30.7% 增长 4.4 个百分点，“断崖式”领先第二名的 LG 能源（14.1%）。如今，宁德时代的电池已经行销全球 56 个国家和地区，累计装车超过 500 万辆。在今年的世界动力电池大会上，董事长曾表示：“全球每新增 3 辆新能源汽车，就有一辆装载宁德时代电池。”

技能实训　纯电动汽车的动力电池组的拆卸和安装

准备项目	具体准备内容
防护准备	绝缘防护装备
车辆、台架、总成	北汽 EV160
专用工具、设备	充电器、电池组托架、专用测试仪、蓄电池拆装专用工具
手工工具	组合工具、装配楔
辅助材料	警示标示和设备、绝缘地胶、清洁剂

一、目的

扫一扫

正确完成纯电动汽车动力电池组的拆卸和安装。

二、实训步骤及内容

1. 拆卸前准备

必须满足一些前提才允许对高电压动力电池单元进行有针对性的修理工作，这些前提条件既涉及人员安全，也包括对特殊工具的要求。

拆卸与分解高压电池单元最重要的特殊工具包括可移动总成升降台以及用于拆卸和安装高电压动力电池单元的适配接头套件、高电压动力电池单元电池模块充电器、用于修理高电压动力电池单元后进行试运行的专用测试仪、用于拆卸和安装电池模块的起重工具、用于松开高电压动力电池单元内部卡子的塑料楔、建议使用带发光条的黄色警示锥筒及隔离带。

高电压动力电池单元修理工位必须洁净、干燥、无油脂、无飞溅火花，必须避免紧靠车辆消洗场所或车身修理工位。如有可能，应使用活动隔板或隔离带进行隔离。

警告：只允许具备高电压动力电池单元修理资质的维修人员进行这项工作，而且只有符合检测计划且满足“外部没有机械损伤”这一前提条件时，才能打开高电压动力电池单元并根据检测计划更换损坏组件。

2. 安全注意事项

①为了防止未经授权进入工位以及无法确保高电压本质安全或出现不明状态时，应使用隔离带。离开工作区域时，建议竖立发光黄色警告提示。

② 拆卸盖板前，应清除高电压动力电池单元盖板区域内的残留水分和杂质。

③进行每项工作步骤之前、之时和之后，应对作业组件仔细进行直观检查。例如，拆卸某一组件时应检查由此松开的其他组件是否损坏。

④在拔下和插上电池管理单元 BMS 的绝缘监控导线时，因为在较细导线上存在高电压，必须特别小心。拔下插头时，注意不要拉动导线，并注意插头是否正确锁止，如果未正确锁止，可能会无法识别绝缘故障。

⑤工作中断时，应盖上拆下的壳体端盖并拧入几个螺栓，防止无意中打开。

⑥在高电压组件或连接件上及其附近，不要使用带有尖锐刃口或边缘的工具或物体，如螺丝刀、侧面切刀、刀具等。允许使用装配模（“鱼骨”）。在 12 V 车载网络导线束上，允许使用侧面切刀打开导线扎带。

⑦不允许切开高电压导线上的扎线带。可以松开卡子或将高电压导线连同支架部件一起拆卸。

⑧拆卸和安装电池模块时，松开螺栓和进行拆卸时必须注意，不要拆开电池模块上的塑料盖板，因盖板下面装有导电电池接触系统。

⑨如果高电压动力电池单元内部有杂质时，明确原因后应对相关部位进行仔细清洁。允许使用以下清洁剂：酒精、风窗玻璃清洗液、蒸馏水，清洁工具允许使用带塑料盖的吸尘器。

⑩由于热交换器采用非常扁平的设计结构，导致拆卸和安装时损坏风险较高，必须始终由两个人拆卸和安装热交换器。进行热交换器操作时，必须非常谨慎，因为热交换器损坏（弯曲、凹陷）时无法确保对电池模块进行冷却。这样会使车辆可达里程和功率明显下降。重新安装前必须使用规定清洁剂清洁密封垫和密封

面（排气单元、高电压插头、12 V 插头、热交换器接口）。

⑪ 电解液的主要部分结合在固体阴极材料锂镍锰钴氧化物内和固体阳极材料石墨内。高电压动力电池单元内的自由电解液量非常小，出现泄漏情况时可能会释放电解液和溶剂蒸气。接触皮肤或眼睛后需用大量清水进行冲洗并马上就医。发生火灾时主要会产生易燃气体、污浊气体和对健康有害的物质，如一氧化碳、二氧化碳、氢气和碳氢化合物，切勿吸入，应及时供给充足新鲜空气。造成人员呼吸停止时，应进行人工呼吸并马上就医。发生火灾时应通知消防部门，立即清理区域并保护事故地点，在不造成人员伤害的情况下使用相应灭火剂（如水）进行灭火。

⑫ 穿戴好劳保用品。

高压操作前，维修人员必须穿戴好劳保用品，戴好绝缘手套，穿好高压绝缘鞋。在戴绝缘手套前，必须要检查绝缘手套是否破损，确保手套绝缘有效。

a. 检查绝缘手套外观有无明显磨损痕迹。

b. 检查绝缘手套密封性：卷起手套边缘；折叠开口，并封住手套开口；向手套内吹气，确认无空气泄漏；用同样的方法检查另一只手套；

c. 确认密封良好后，正确戴绝缘手套。

3. 北汽 EV160 动力电池拆装流程

（1）拆卸步骤

①准备拆动力电池前应关闭点火开关。

②拆下低压蓄电池负极。

③车辆举升到需要的高度时，举升机要锁止安全锁。

④电池举升车上升接触到电池包底部再进行拆卸工作。

⑤拆下电池总正、总负和低压线束插头。

⑥拆下电池上的 10 只安装螺栓。

注意：螺栓标准力矩为 95~105 N · m。

（2）安装步骤

①安装前需对动力电池进行检查，项目包括：电源线、插头、延长线、保护器是否破裂或损坏；是否有过热、冒烟、冒火花的迹象；是否有电池系统损坏（如破裂）、电池漏电；动力电池系统、电源线是否出现进水现象；高低压接插件是否与说明书不一致或不能正常对接；是否有其他异常情况等。

如发现上述情况，应停止安装并立即通知实训教师。

注意：螺栓标准力矩为 95~105 N · m，安装完毕后，观察电池箱体螺栓是否还有松动，电池箱体是否有破损严重变形，密封法兰是否完整，确保动力电池可以正常工作。

②安装步骤与拆卸动力电池步骤相反。

③安装动力电池后，需检查动力电池能否正常运行：将钥匙旋至 READY，查看仪表盘有无异常报警。使用解码仪进入整车查看有无故障码，若有故障显示，需根据实际情况进行检查；若无，表示运行正常。

学后测试

①简述动力电池的作用。

②简述动力电池的基本知识。

③简述动力电池的性能指标。

④简述动力电池的分类。

⑤简述电动汽车对动力电池的要求。

任务二 铅酸蓄电池使用与维护

教学目标

知识目标

· 了解铅酸蓄电池的特点及特性。

· 掌握铅酸蓄电池的结构及工作原理。

技能目标

· 能独立完成铅酸蓄电池的维护。

· 具有铅酸蓄电池故障检修的能力。

素养目标

培养学生环保意识和社会责任感。

知识链接

蓄电池是将化学能直接转化成电能的一种装置，是按可再充电设计的电池，通过可逆的化学反应实现再充电，通常是指铅酸蓄电池，属于二次电池。它的工作原理是充电时利用外部的电能使内部活性物质再生，把电能储存为化学能，需要放电时再次把化学能转化为电能输出。

一、铅酸蓄电池的概述

1. 铅酸蓄电池的分类

铅酸蓄电池又可分为干荷电式蓄电池、湿荷电式蓄电池、免维护蓄电池、胶体型蓄电池等。湿荷电式蓄电池是普通型蓄电池的升级产品，蓄电池极板为荷电状态，内部有少量电解液，使用时加足电解液，不需要像普通蓄电池那样有初充电；干荷电式蓄电池内部无电解液，极板是干燥的且处于荷电状态，无须初充电，加电解液即可使用；免维护型蓄电池，除具有干荷电式蓄电池的优点外，在电动汽车上合理使用的过程中，不需要添加蒸馏水维护；胶体型蓄电池的电解液为胶质型，用于特定的场合。

2. 铅酸蓄电池的特点

①单格电压高，汽车用铅酸蓄电池单格额定电压可达 2.0 V，开路电压为 2.1 V，工作电压为 1.8~2.0 V。

②功率密度大，内阻小，长时间可输出大电流。

③性能可靠，充放电可逆性好。

④循环次数多，寿命长。

⑤结构简单，价格低廉。

二、铅酸蓄电池的结构及工作原理

1. 铅酸蓄电池的结构

铅酸蓄电池主要由外壳、极板、隔板、电解液、连接条、极桩、加液孔盖、安全通气装置、液体密度计等构成。其中，加液孔盖在免维护蓄电池上已经被安全通气装置替代，液体密度计只有在免维护蓄电池上才有使用，普通铅酸蓄电池的结构如图 2−2−1 所示，免维护型铅酸蓄电池的结构如图 2−2−2 所示。

（1）极板

极板是铅酸蓄电池的核心部件，由栅架与活性物质组成，分为正极板与负极板。在铅酸蓄电池的充、放电过程中，电能和化学能的相互转化就是依靠极板上的活性物质和电解液中硫酸的化学反应来实现的。

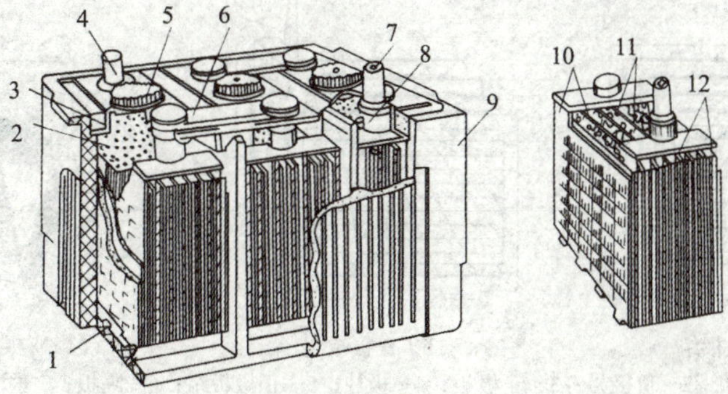

1—肋条；2—护板；3—封料；4—负极柱；5—加液孔盖；6—铅连接条；7—正极柱；8—汇流条；9—壳体；10—负极板；11—隔板；12—正极板。

图 2-2-1 普通铅酸蓄电池的结构

扫一扫

栅架是由金属铅添加一定比例的金属锑后浇注而成的，呈网格状或放射状，添加金属锑的目的是提高机械强度和改善浇注性能，但是锑易从正极板栅架中析出，引起蓄电池的自放电和栅架的膨胀、溃烂，而且在化学反应过程中会增加耗水量。因此，免维护型铅酸蓄电池采用了耗水量少、导电性能好的铅钙锡合金栅架，并采用热模滚压制造工艺。

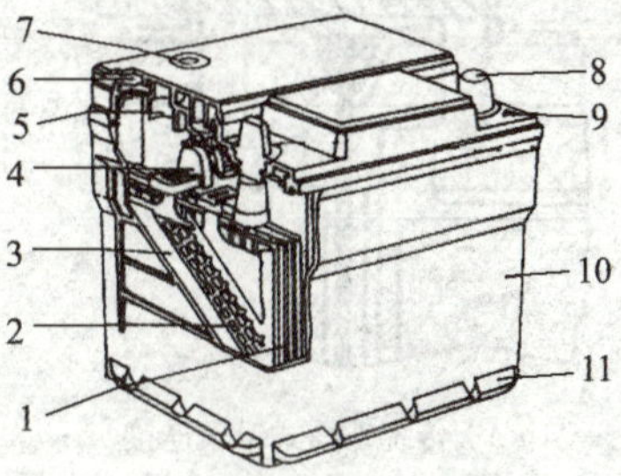

1—隔板封皮；2—小窗；3—活性物质；4—单体电池连接器；5—液气隔板；6—排烟孔；7—小型密度计；8—极柱；9—模压代号；10—壳体；11—下安装面。

图 2-2-2 免维护型铅酸蓄电池的结构

铅粉是活性物质的主要原料，由铅块放入球磨机中研磨而成。正极板上的活性物质为二氧化铅（PbO_2），呈深棕色。负极板上的活性物质为海绵状纯铅（Pb），呈深灰色。

薄型极板的厚度为 1.1~1.5 mm，正极板比负极板稍厚。薄型极板可提高铅酸蓄电池的比容量（极板单位尺寸所提供的容量）以及可以改善铅酸蓄电池的性能。单片极板的荷电量是有限的，为了增加铅酸蓄电池的容量，通常将多片正、负极板分别并联，并用横板焊接起来组成正负极板组，结构如图 2-2-3（a）所示。横板上浇铸有极桩，如图 2-2-3（b）所示，各片极板之间留有空隙。安装时正负极板相互嵌合，中间插入隔板，如图 2-2-3（c）所示。

每个单格电池中，负极板总是比正极板多 1 片。这是由于正极板上的化学反应比负极板上的化学反应强烈，将正极板夹在中间，可使其两侧放电均匀，避免因两侧放电不均而引起两侧活性物质体积变化不一致，造成极板拱曲。一个 12 V 的铅酸蓄电池通常由 6 个单体电池串联而成，单体电池之间正负极板的连接方式采用传统外露式铅条连接、穿壁式连接或跨接式连接方式，如图 2-2-4 所示。

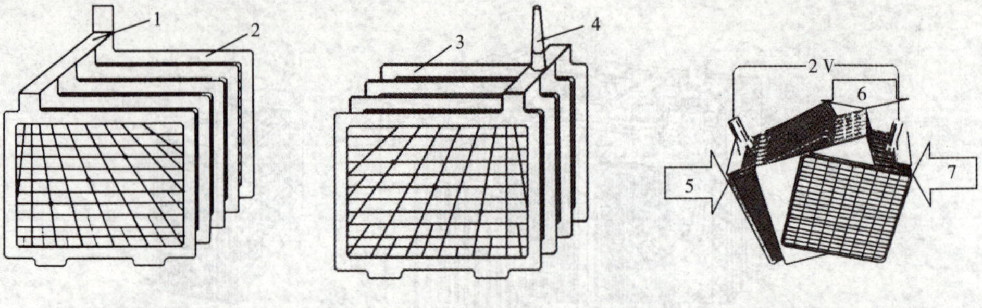

（a）负极板组　　（b）正极板组　　（c）极板组嵌合情况

1—汇流条；2—负极板；3—正极板；4—极柱；5—正极板组；6—隔板；7—负极板组。

图 2-2-3　蓄电池极板组的结构

扫一扫

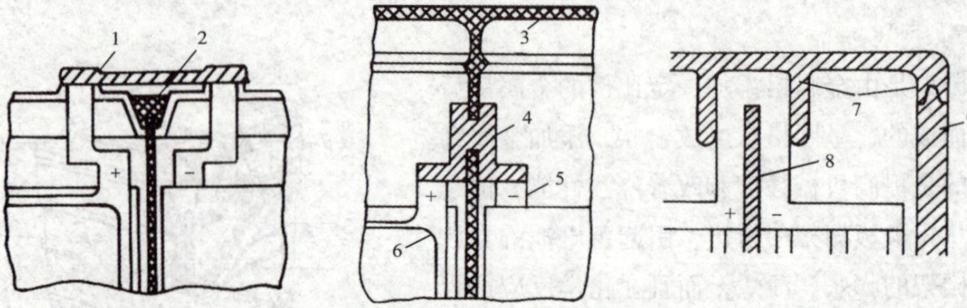

（a）传统外露式铅条连接　　（b）内部穿壁式连接　　（c）跨接式连接

1—铅连接条；2—沥青封口；3—密封盖；4—连接点；5—负极板；6—正极板；7—黏合剂；8—间壁；9—壳体。

图 2-2-4　单体电池的连接方式

（2）隔板

为了减小蓄电池的内阻和尺寸，正、负极板应尽可能靠近。在蓄电池中设计有隔板，隔板的作用就是将正、负极板隔开，防止短路。

隔板的种类很多，按隔板的材料分为微孔塑料和微孔橡胶隔板。微孔塑料隔板不仅耐酸、耐高温性能好，寿命长，而且成本低。目前微孔橡胶隔板被广泛应用在铅酸蓄电池中。

按隔板的形状可分为片式隔板和袋式隔板。免维护型蓄电池采用聚氯乙烯袋式隔板，使用时，正极板被隔板袋包住，脱落的活性物质保留在袋内，不仅可以防止极板短路，而且可以取消壳体凸起的筋条，使极板上部容积增大，从而增大电解液的储存量。安装隔板时，隔板上带槽的一面应面向正极板，并且要求与壳体底部垂直，因为正极板在充放电过程中的化学反应剧烈，沟槽不但能使电解液上下流通顺畅，还能使脱落的活性物质沿槽下沉到壳体的底槽中。

（3）电解液

电解液的作用是在蓄电池的充、放电过程中提供导电离子。它由密度为 1.84g/cm^3 的纯净硫酸和纯净蒸馏水按一定比例配制而成，密度一般为 1.24~1.30g/cm^3。

（4）壳体

蓄电池壳体用来盛装电解液和极板组，通常由电池槽和电池盖两部分组成。蓄电池壳体应由耐酸、耐热、耐冲击、绝缘性好的材料制成。目前，干荷电与免维护型蓄电池普遍采用聚丙烯透明塑料壳体，相比早期的硬橡胶材料，不仅具有较好的耐酸、耐热、耐冲击的特点，而且壳壁薄而轻（厚约 2 mm），易于热封合，还美观透明，成本低，生产效率高。

电池槽间隔分成 6 个互不相通的单格，底部制有凸起的筋条，用来搁置极板组。突筋与极板底缘组成的空间可以积存极板脱落下来的活性物质，防止极板间短路。免维护蓄电池，由于采用袋状隔板，基本消除了活性物质脱落产生极板短路现象的发生。

（5）通气装置

扫一扫

普通干荷电式蓄电池盖上对应于每个单格的顶部都设有加液孔，用来加注电解液和检测电解液密度。为防止电解液溢出，加液孔用螺塞或盖板密封，并设有通气孔，以便蓄电池在化学反应中产生的氢气和氧气随时溢出。要求通气孔必须保持通畅，防止壳体胀裂或爆炸。

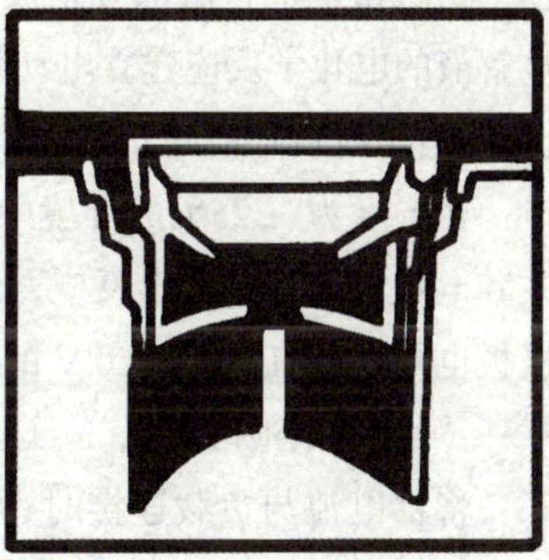

图 2-2-5　新型安全通气装置

免维护蓄电池通气孔采用安全的通气装置，如图 2-2-5 所示，可避免蓄电池内的气体与外部火花直接接触发生爆炸。也有的蓄电池的通风装置是在蓄电池盖的出气孔上安装消氢帽，用铂、钯作为催化剂，将电池内部产生的氢、氧重新化合成水，流回到电池中。

（6）液体密度计

免维护型蓄电池一般在其顶部装有一支小型密度计，如图 2-2-6 所示。密度计中有一个玻璃棒，将它伸入电解液中，下端连接一个笼子，其中有一个绿色小球，随着电解液在充放电过程中密度的变化，绿色小球会在笼子中上下移动。

当充电程度在 65% 以上时（密度会在 1.220 g/cm^3 以上），绿色小球升至笼子的顶部并与玻璃棒的下端接触，在其顶端检视窗口就会看到绿点，表示蓄电池工作状况良好，如图 2-2-6（a）所示；如果显示为淡绿色，表示小球位置下降，如图 2-2-6（b）所示，说明电解液相对密度降低，蓄电池充电不足，应及时充电；如果电解液液面已下降到低于内装小型密度计，如图 2-2-6（c）所示，则检视窗显示浅黄色或无色，说明蓄电池已无法正常工作，必须更换。

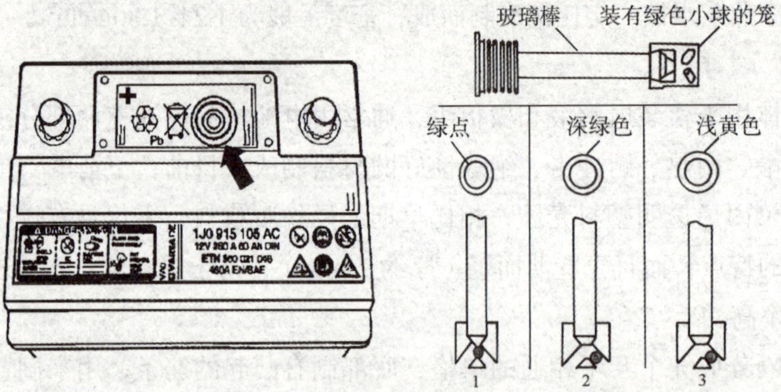

1—充电程度为 65%；2—充电程度低于 65%；3—电解液液面过低。

图 2-2-6　内装式密度计工作示意图

2. 铅酸蓄电池的工作原理

铅酸蓄电池核心部分是极板上的活性物质和电解液，蓄电池就是通过活性物质和电解液的电化学反应建立电动势，从而进行放电和充电。

（1）电动势的建立

在温度为 ±25℃的环境中，将正、负极板各一片浸入电解液，使极板上的活性物质和电解液进行电化学反应，当反应达到平衡时，负极板便有了约 −0.1 V 的电位，正极板也同时具有了约 +2.0 V 的电位，此时蓄电池就有了约为 2.1 V 的静止电动势。

（2）蓄电池的放电

将蓄电池与负载连接时，在蓄电池电动势的作用下，蓄电池的电流从正极板通过负载流向蓄电池的负极（电子从负极向正极运动），形成了放电电流。同时，蓄电池内部活性物质和电解液的平衡被破坏，活性物质和电解液继续进行电化学反应，从而有更多的电流供应给负载，使得蓄电池的放电电流得以延续。也就是说，蓄电池的放电消耗了活性物质和电解液，获得了蓄电池的放电电流，将化学能转化成电能。

（3）蓄电池的充电

将直流电源与蓄电池连接时，在高于蓄电池电压的直流电源作用下，电流又从铅酸蓄电池的正极流入，被消耗的活性物质和电解液得以补充，恢复了蓄电池的容量，铅酸蓄电池又将电能转化为化学能存储起来。如果略去化学反应的中间过程，蓄电池总体化学反应方程式为：

$$PbO_2+2H_2SO_4+Pb \longleftrightarrow 2H_2O+2PbSO_4$$

铅酸蓄电池的内部结构相当于几个单独的小电池（称之为单格电池）串联在一起。每个单格电池都是单独发生反应，每个单格电池的电压为 2.1 V。

3. 铅酸蓄电池的容量及其影响因素

铅酸蓄电池的容量标志着蓄电池对外供电的能力，是衡量蓄电池质量优劣以及选用蓄电池最重要的指标。

铅酸蓄电池的容量是在一定的放电电流、放电温度和终止电压下，蓄电池能够输出的电量，用 C 表示。

$$C=I_f \cdot t_f$$

式中，C—— 蓄电池的容量，单位为 A · h；

I_f—— 放电电流，单位为 A；

t_f—— 放电时间，单位为 h。

铅酸蓄电池容量的表示方法有额定容量、储备容量和启动容量等 3 种，这里只介绍常用的额定容量和储备容量。

（1）额定容量

铅酸蓄电池额定容量是根据《起动用铅酸蓄电池　第 1 部分：技术要求和实验方法》（GB/T 5008.1—2013）规定，以 20 h 额定容量作为启动型蓄电池的额定容量，即：完全充满电的蓄电池，在电解液初始温度为 25 ± 5℃、相对密度为 1.28 ± 0.01 g/cm³ 条件下，以 20 h 放电率连续放电，直到单个蓄电池端电压降至规定的终止电压 1.75 V 时为止，蓄电池所输出的电量称为额定容量，用 C_{20} 表示，单位为安培 · 小时（A · h）。

（2）储备容量

铅酸蓄电池储备容量是国际蓄电池协会和美国工程师协会（SAE）规定的另外一种容量表示法。我国《起动用铅酸蓄电池　第 1 部分：技术要求和实验方法》（GB/T 5008.1—2013）中也对其定义及实验方法作了规定。

铅酸蓄电池储备容量是指：完全充足电的 12 V 蓄电池，在电解液温度为 25 ± 2℃时，以 25 A 电流持续放电至蓄电池的端电压降到 10.50 ± 0.05 V 时所持续的时间，用 $C_{r \cdot n}$ 表示，单位为分钟（min）。储备容量体现出了当汽车充电系统失效时，蓄电池尚能为用电设备持续提供 25 A 电流的能力。

（3）影响容量的因素

铅酸蓄电池的容量越大，可以提供的电能就越多，因而影响铅酸蓄电池容量的因素。

①生产工艺及产品结构因素对蓄电池容量的影响：它是不随人的意志为转移的，一旦产品制造出厂，那么蓄电池的容量就确定了，如活性物质的数量、极板的厚度、活性物质的孔率等。

②使用因素对蓄电池容量的影响：使用因素对蓄电池的容量影响很大，主要包括放电电流、电解液温度和电解液相对密度等。

铅酸蓄电池容量 C 与放电电流 I_f 的关系如图 2−2−7 所示，当对蓄电池进行大电流放

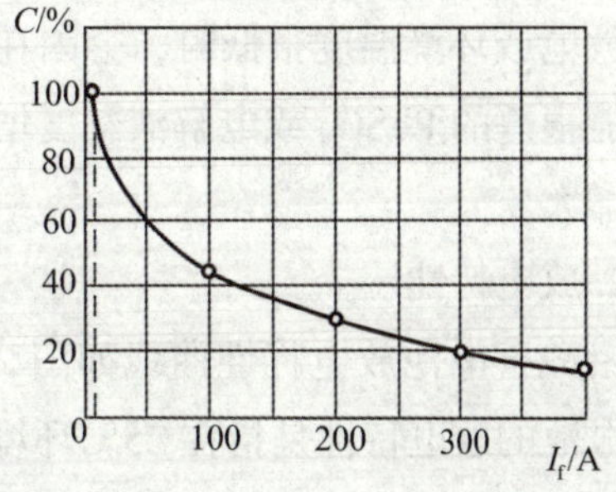

图 2−2−7　蓄电池容量与放电电流的关系

电时，极板表面活性物质的孔隙就很快被生成的硫酸铅堵塞，深层的大量活性物质就不能得到应用，使得蓄电池的容量明显下降，即放电电流越大，蓄电池所显示出的容量就越小。

铅酸蓄电池温度 t 与容量 C_{20} 的关系如图 2-2-8 所示，电解液的温度越高，蓄电池体现的容量就越大，原因是：当电解液的温度高时其黏度就越小，扩散能力也就越强，因而可以更多地渗透到极板活性物质的内部，使活性物质得到充分反应，这时蓄电池的容量则会变大。

电解液相对密度 ρ 与容量 C 的关系如图 2-2-9 所示，理论上讲，电解液的密度大，参与化学反应的离子数量多，可以增加蓄电池的容量。但是，当电解液的相对密度超过某一数值时，电解液的黏度增大，导致其离子移动速度下降，内阻加大，所以蓄电池容量反而减小，因此电解液的密度必须保持在适当的值。

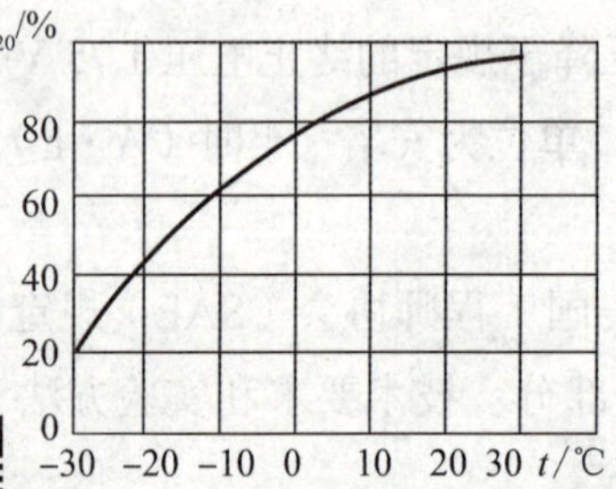

扫一扫

图 2-2-8 温度对容量的影响

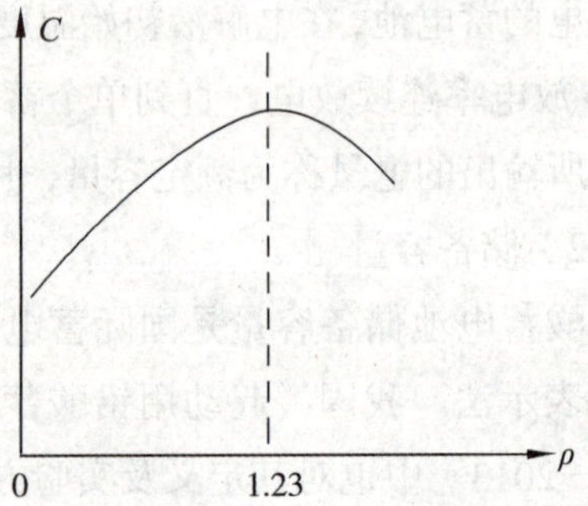

图 2-2-9 相对密度与容量的关系

三、铅酸蓄电池的特性

1. 结构特性

铅酸蓄电池的内阻由极板电阻、隔板电阻、电解液电阻、连接条电阻和极桩电阻组成。在铅酸蓄电池完全充满电的情况下，铅酸蓄电池的电阻很小，在工作时可以提供几百安培的电流，这也是铅酸蓄电池被一直使用的原因之一。当蓄电池过度放电或环境温度很低时，会因在极板表面生成导电性能很差的 $PbSO_4$ 或电解液黏度增大而使蓄电池的内阻增大。

2. 放电特性

铅酸蓄电池放电特性曲线如图 2-2-10 所示，铅酸蓄电池的放电特性是指在 25℃环境温度下，铅酸蓄电池恒流放电过程中，其端电压、电解液的相对密度

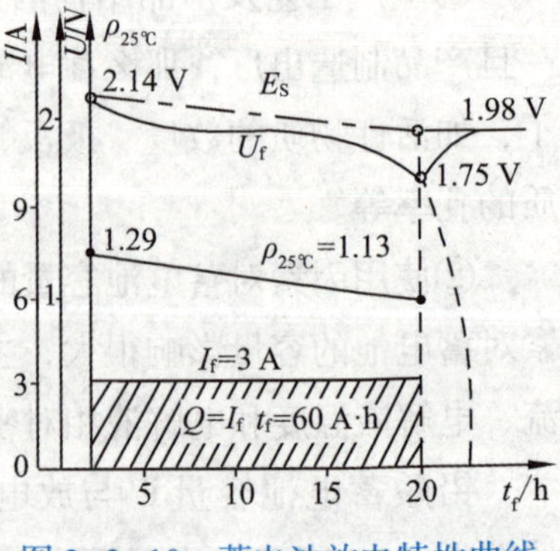

图 2-2-10 蓄电池放电特性曲线

和放电时间的关系。即

$$U=f(t)$$

$$\rho=f(t)$$

从图 2–2–10 中可以看出，在放电过程，铅酸蓄电池的密度是逐渐下降的，端电压最初迅速下降，之后趋于稳定，直到 1.85 V 左右，接着又迅速下降至放电终止电压 1.75 V。如果这之后再放电，蓄电池的电压会迅速降为零。当然，这是不允许的。

当端电压下降到规定的放电终止电压 1.75 V（20 h 放电率的放电终止电压）时，应当停止放电，再继续放电则为过度放电。

单个电池容许的放电终止电压与放电电流强度有关。放电电流越大，则放完电的时间越短，而允许的放电终止电压越低。铅酸蓄电池放电终止特征是单格铅酸蓄电池端电压降到终止电压，电解液的密度降到最低允许值。

3. 充电特性

铅酸蓄电池充电特性曲线如图 2–2–11 所示，铅酸蓄电池的充电特性是指在 25℃环境温度下，蓄电池恒流充电过程中，其端电压、电解液的相对密度和充电时间的关系。即

$$U=f(t)$$

$$\rho=f(t)$$

在充电过程中，由于外加电压要克服蓄电池电动势和内阻上的电压降，充电电压必须始终高于蓄电池电动势。

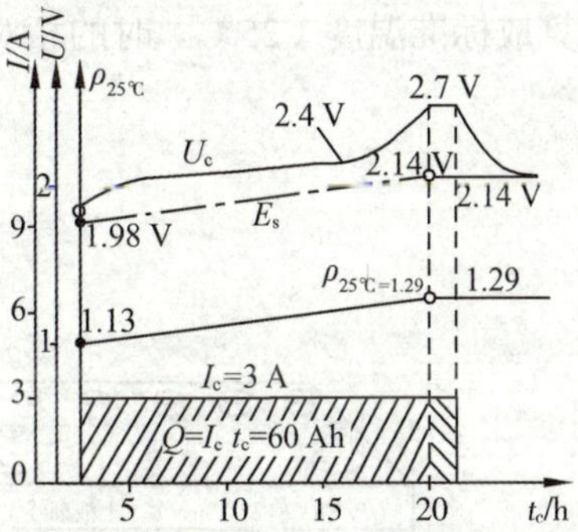

图 2–2–11　蓄电池充电特性曲线

从图 2–2–11 中可以看出，在充电过程中，蓄电池的密度随时间平稳上升，端电压最初上升很快，之后趋于平稳上升。当端电压上升到 2.3~2.4 V 时，电解液开始产生气泡，说明蓄电池已经充满电，开始电解水。这时如果继续充电，端电压会因为 H^+ 在极板处聚集而急剧升高到 2.7 V 左右，称为过充电。

充电停止后，内压降因充电电流切断而降为零。极板孔隙外的电解液也逐渐混合均匀趋向平衡，因此端电压逐渐降低，最终等于静止电动势，约为 2.1 V。

铅酸蓄电池充电终了的特征是蓄电池电解液产生大量的气泡，呈现“沸腾”现象，铅酸蓄电池端电压和电解液相对密度均上升至最大值，并且在 2~3 h 内保持不变。

四、铅酸蓄电池使用与维护

1. 蓄电池的检查

为了使铅酸蓄电池能够始终处于良好的工作状态，应及时对蓄电池进行检查。蓄电池检查包括液面高度、电解液相对密度、放电状况、启动性能以及各个极桩的连接

状态。对于免维护型蓄电池，只检查放电状况、启动性能和各个极桩的连接状况即可。

（1）电解液液面高度的检查

电解液液面应高出极板 10~15 mm，对于塑料壳体的普通干荷式铅酸蓄电池，在外壳表面标示有上、下液面线，如图 2-2-12 所示。

当电解液液量不足时，应补充蒸馏水，除非确知液面降低是由于电解液溅出导致外，不允许补充硫酸溶液。

（2）电解液相对密度（放电程度）的检查

如图 2-2-13 所示，对于有加液盖的蓄电池来说，电解液相对密度可用吸式密度计检查。旋下单格加液孔螺塞，先用拇指捏住橡皮球，再将密度计的橡皮吸管插入单格电解液中，将电解液吸入玻璃管中，至管中浮子浮起即停。此时液面与浮子相交的刻度即为电解液的相对密度值。

注意：在测量密度时，应同时测量电解液温度，并将测得的电解液相对密度值换算成标准温度（25℃）时的相对密度值。

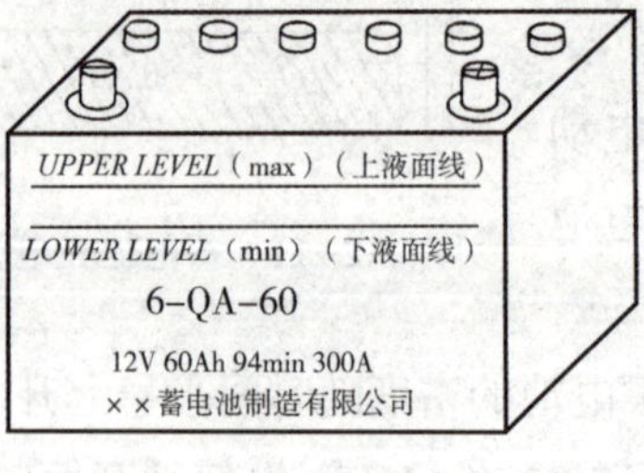

图 2-2-12　蓄电池的液面线

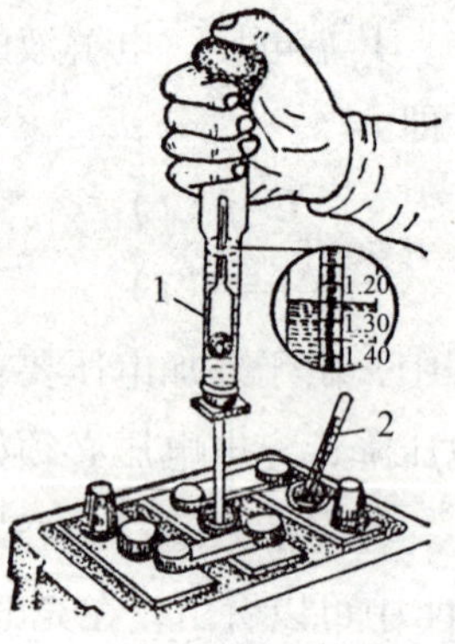

1—密度计；2—温度计。

图 2-2-13　电解液相对密度的检查

需要注意的是，在强电流放电和加注蒸馏水后，由于电解液混合不匀，不应立即测量电解液相对密度。免维护全封闭式蓄电池不用检测此项。

（3）放电电压的检查

对于 12 V 蓄电池，可采用蓄电池测试仪进行放电电压检查。想确切了解蓄电池的技术状态即工作性能，通常同时测量密度及端电压，通过这两方面检验得出的结论比较准确。

2. 铅酸蓄电池的充电

（1）铅酸蓄电池容量不足的特征

铅酸蓄电池的使用过程中，如果有下列现象之一，说明蓄电池的容量不足，应进行补充充电。

①电解液相对密度下降到 1.20 g/cm³ 以下。

②冬季放电超过 25%，夏季放电超过 50%。

③启动机运转无力（并非机械故障）。

④放置超过 1 个月。

（2）铅酸蓄电池的充电方法

铅酸蓄电池有定流充电、定压充电和脉冲快速充电等 3 种方法。

①定流充电：铅酸蓄电池在充电过程中，充电电流将保持恒定的充电方法，称为定流充电。图 2-2-14 所示为定流充电特性曲线。在充电过程中，随着铅蓄电池电动势的增高，必须相应提高充电电压，才能保持充电电流的恒定。当单格电池电压上升到 2.4 V 时，开始出现较多的气泡，应将充电电流减半，到完全充足电为止。

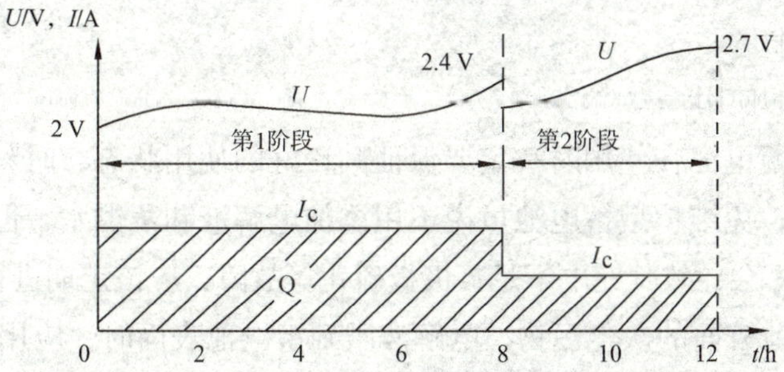

图 2-2-14　定流充电特性曲线

采用定流充电法充电，不论 6 V 或 12 V 铅蓄电池均可串联在一起，但各个铅蓄电池的容量尽可能相同，否则，充电电流应以小容量的电池来计算。当小容量的铅蓄电池充足电后，应随即摘除，再继续给大容量的铅蓄电池充电。定流充电有较大的适应性，充电电流随意选择，有益于延长铅蓄电池的寿命。但定流充电的充电时间较长，且需要经常调节充电电流。

②定压充电：铅酸蓄电池定压充电是在充电过程中，将充电电压保持恒定的充电方法。定压充电特性曲线如图 2-2-15 所示。定压充电时，充电电压不变，随着充电的进行，充电电流将逐渐减小至零。因此，在整个充电过程中不用专人照管。但这种充电方法开始时充电电流较大，虽然缩短了充电时间，但对于硫酸铅的还原效果也较差，所以长期定压充电很容易形成极板的硫化现象，往往会影响铅酸蓄电池的技术性

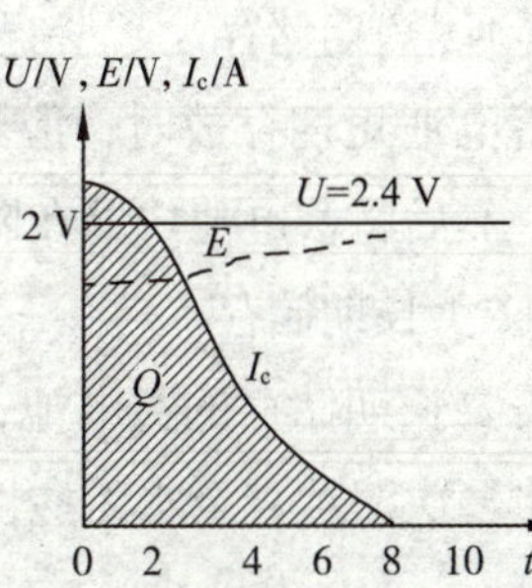

图 2-2-15　定压充电特性曲线

能和使用寿命。

铅酸蓄电池定压充电的接线方式是所有充电的蓄电池与电源均接成并联，故又称为并联充电。采用此法充电时，每条支路上铅蓄电池并联后的总电压均应相等，总容量也应相同。

③脉冲快速充电：脉冲快速充电可克服充电过程中的极化现象，有效提高充电效率。如图 2-2-16 所示，脉冲快速充电首先利用蓄电池充电初期极化现象不明显的特点，采用（0.8~1）C_{20} 的大电流进行定流充电，使其在短时间内达到 60% 左右的额定容量，当单体电池的端电压达到 2.4 V，开始电解水时，控制电路使充电转入脉冲快速充电流程：前停、负脉冲、后停、正脉冲充电，如此往复，直到蓄电池充满电为止。

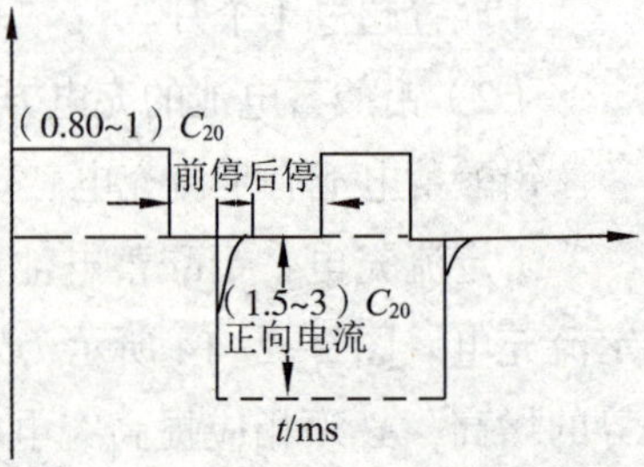

图 2-2-16　脉冲充电电流波形

脉冲充电的优点是充电时间大大缩短，一般仅需 1~2 h；去硫化作用显著，有效延长蓄电池的使用寿命。

3. 铅酸蓄电池的使用

免维护型铅酸蓄电池在使用时一定要保证其良好的使用状态，时刻注意其电解液高度、密度和容量；免维护型蓄电池虽说不用添加电解液和蒸馏水，但由于长时间在车上进行定压充电，会导致其充电不足、极板硫化等故障，应该定期进行充电。

经常清除蓄电池表面的灰尘污物，电解液溅到蓄电池表面时，应用抹布蘸 10% 浓度的苏打水或碱水擦净，电极桩和电线夹头上出现氧化物时应及时清除。经常疏通加液孔盖上的通气孔。定期检查和调整电解液的相对密度和液面高度。停驶车辆的蓄电池，使用前应进行补充充电。常用车辆的蓄电池，放电程度冬季达 25%、夏季达 50% 时应进行补充充电。

拆卸蓄电池电缆时，应先拆下蓄电池负极，再拆下蓄电池正极；安装蓄电池电缆时，应先安装蓄电池正极，再安装蓄电池负极，以免拆卸过程中造成蓄电池断路。

4. 铅酸蓄电池的储存

（1）短期储存

蓄电池短期存放时，应将蓄电池充足电，液面调整到正常高度，密封加液盖的通气孔，然后将蓄电池放置在阴凉的室内，存放时间不宜超过 6 个月。

（2）长期储存

需要长期储存的蓄电池，应将蓄电池以 20 h 的放电率完全放电，倒出电解液，用蒸馏水多次清洗直至水无酸性，将水全部倒出、晾干、旋紧加液盖、密封通气孔后储存。

五、铅酸蓄电池的检修

1. 铅酸蓄电池壳体破裂

（1）现象

电解液液面高度非正常原因过低，蓄电池底部潮湿。

（2）原因

①铅酸蓄电池的固定时紧固不当。

②汽车行驶时剧烈振动使铅酸蓄电池剧烈振动和撞击。

③铅酸蓄电池遭到严重的撞击。

④电解液密度过低寒冷冬季铅酸蓄电池结冰使其胀裂。

⑤铅酸蓄电池极柱受到外力冲击过大与壳体处破裂。

（3）排除方法

仔细查看破裂部位，若不能使用则报废。

2. 铅酸蓄电池极柱腐蚀、松动

（1）现象

铅酸蓄电池极桩表面有腐蚀污物，极柱周围有电解液渗出。

（2）原因

①铅酸蓄电池加电解液操作不当，电解液落在极柱上。

②铅酸蓄电池加液盖松动，电解液渗出。

③铅酸蓄电池电缆卡子与极柱固定不牢靠。

（3）排除方法

去除污物，用5%的碱溶液清洁，再用清水擦洗干净，涂上凡士林油。

3. 铅酸蓄电池极板硫化

铅酸蓄电池极板上生成白色粗晶粒硫酸铅的现象称为“硫酸铅硬化”，简称“硫化”。这种粗晶粒硫酸铅，导电性很差，正常充电时很难还原为二氧化铅和海绵状铅。

（1）现象

极板硫化的蓄电池，充电时，电解液密度上升很慢，而温度却上升很快，过早出现“沸腾”现象；放电时，端电压急剧下降，不能持续供给启动机电流，蓄电池容量下降。

（2）原因

①铅酸蓄电池长期充电不足或放电后不及时充电，极板上的硫酸铅再次结晶形成更大晶粒的硫酸铅，附着在极板表面，形成硫化。

②铅酸蓄电池液面过低，使露出液面部分的极板逐渐形成粗晶粒硫酸铅硬化层而硫化。

③铅酸蓄电池电解液密度过高、电液不纯和气温变化剧烈等是促使硫化形成的外

部原因。

（3）排除方法

轻微的硫化现象可以用去硫化充电处理，严重硫化的蓄电池只能更换。铅酸蓄电池避免硫化的措施是保持蓄电池经常处于充足电的状态。

4. 铅酸蓄电池活性物质脱落

（1）现象

铅酸蓄电池输出容量降低，充电时电解液浑浊，液体呈棕色。

（2）原因

①铅酸蓄电池充电电流过大。

②铅酸蓄电池过充电时间太长。

③铅酸蓄电池低温时大电流放电。

（3）排除方法

更换铅酸蓄电池。

5. 铅酸蓄电池自行放电

（1）现象

铅酸蓄电池在不使用时，电量会随时间的增长而逐渐自行消失。

（2）原因

①结构因素导致。

②电解液含杂质过多，其中金属微粒与极板之间形成局部电池。

③电解液密度偏大。

（3）排除方法

铅酸蓄电池补充充电。

技能实训一　铅酸蓄电池构造的认识

准备项目	具体准备内容
防护用品准备	手套、抹布、防护镜
场地准备	宽敞、明亮
工具、材料准备	实训汽车、解剖铅酸蓄电池、技术性能良好铅酸蓄电池、有故障铅酸蓄电池、万用表、密度计、玻璃管

一、目的

①了解各类铅酸蓄电池的结构特点。

②熟悉铅酸蓄电池的结构。

二、实训步骤及内容

对照比较解体后的各类蓄电池的结构特点。

①了解各部件的名称、作用、装配特点及相互安装关系，以及穿壁式蓄电池的结构特点、免维护型蓄电池的结构特点。

②观察正极板与负极板的组成、结构、颜色及片数，并比较它们的异同点。

③比较硫化的极板与新极板的差异。

④观察加液孔盖的结构特点。

⑤观察壳体的结构特点。

技能实训二　铅酸蓄电池技术状况的检查

一、目的

学会使用密度计和万用表等检查蓄电池的技术状况。

二、实训步骤及内容

1. 铅酸蓄电池的外观检查

①检查蓄电池外壳是否破裂、电解液有无渗漏。

②检查蓄电池正、负极桩是否脏污或有氧化物。

③观察加液孔盖是否破裂、电解液有无渗漏、通气孔是否畅通。

2. 电解液液面高度的检查

（1）铅酸蓄电池电解液液面高度的检查

电解液液面高度应高出极柱 10~15 mm。电解液不足应及时添加蒸馏水，如果是因电解液溅出导致液面降低，还应该补加相应密度的电解液，并重新充电调整。

（2）观察铅酸蓄电池液面高度指示线

对使用透明塑料容器的蓄电池，为检查液面高度，在容器上刻有两条高度指示线。正常液面高度应介于两线之间，低于下线则为液面过低，应加入蒸馏水。

3. 铅酸蓄电池电解液密度的测量

（1）非密封式蓄电池电解液密度的测量

用吸管式密度计测量电解液密度，方法如下。

①打开蓄电池的加液盖。

②把密度计下端的橡皮伸入单格电池的加液口内。

③用手将橡皮球捏一下，再慢慢放开，电解液被吸到玻璃管中。注意：控制吸入时电解液不要过多或过少，以能将密度计浮子浮起而不会顶住为宜。

④使管内的浮子浮在玻璃管中央（不要相互接触），读密度计的读数。要求读数时使密度计刻度线与眼睛平齐。

⑤将所测量的密度值与标准电解液密度值进行对比，根据密度下降的程度判断蓄电池的放电程度。

（2）密封式的免维护蓄电池电解液密度的测量

一般这种蓄电池盖上装有特殊的温度补偿密度计。密度计上部有一个透明玻璃棒，棒下连接一个小盒，盒子内部有一个绿色小球，当电解液的密度相当于蓄电池容电状态为约 65% 时，绿色小球就会浮起，升至小盒顶端，顶住玻璃球下端，这样，可以看见密度计的中央出现一个小绿点。检测时，如果看到绿点，说明蓄电池的电量已经很足。如果看不到绿点或只是一片黑色，说明需要给蓄电池充电。

还有一些内置式密度计用红色标记表示警告标记，一旦出现红色标记，说明蓄电池已经彻底放电，使用前必须充电。

（3）没有内置式密度计的免维护蓄电池电解液密度的测量

可以通过测量它的静止电动势判断蓄电池的状态。如果蓄电池刚充过电或汽车刚行驶过，应该接通前大灯 30 s，消除表面充电现象。然后熄灭前大灯，切断所有负载，用万用表测量蓄电池的静止电动势。对于额定电压为 12 V 的蓄电池，测得电压小于 12 V，说明蓄电池过量放电；如果测得的电压为 12.2~12.5 V，说明部分放电；如果测得的电压高于 12.5 V，说明蓄电池电压正常。

学后测试

①免维护型与非免维护型铅酸蓄电池结构与什么不同?

②简述免维护铅酸蓄电池结构及工作原理。

③简述铅酸蓄电池极柱腐蚀的原因。

④铅酸蓄电池的充电方法有几种？分别是什么？

任务三　镍氢电池使用与维护

教学目标

知识目标

· 了解镍氢电池的特点及特性。

· 掌握镍氢电池的结构及工作原理。

技能目标

· 能独立完成镍氢电池的维护。

· 具有镍氢电池故障检修的能力。

素养目标

培养安全意识和工匠精神。

知识链接

镍氢电池属于二次电池。它充电时利用外部的电能使内部活性物质再生，把电能储存为化学能，需要放电时再次把化学能转化为电能输出。

一、镍氢电池概述

目前在日、美等发达国家的很多油电（非插电式）混合动力汽车使用镍氢（Ni-MH）电池组。镍氢电池由美国人斯坦福发明，正极材料是氢氧化镍（NiOH），负极则是金属氢化物，即为储氢合金（MH），电解液是 30% 的氢氧化钾水溶液。这里所谓“储氢合金”是指具有很强“吸收”氢气能力的金属镍，其单位体积储氢的密度可相当于储存 1 000 个大气压的高压氢气，因此被人们形象地称为“吸氢海绵”。储氢合金的关键技术在于能稳定地储气和放气，工作原理是利用水的氢离子移动反应来获得电流，这时氢气在负极上被逐渐消耗掉。镍氢电池的能量密度（电动汽车的续航能力）与普通的锂电池差距并不大，为 70~100 Wh/kg。

镍氢动力电池具有无污染、高比能、大功率、快速充放电、耐用性等特性。与铅酸蓄电池相比，镍氢电池具有比能量高、重量轻、体积小、循环寿命长的特点；与镍镉电池相比，其比能量是镍镉电池的 2 倍。镍氢电池另一大优点就是不含有镉、铅等有毒金属，其中一些金属还有较高的回收价值，可称为绿色能源。

目前，镍氢电池产品主要有圆柱形、扣式和方形等 3 类。不论哪种结构的电池，均由外壳、正极片、负极片以及正极极耳（导电带）、密封圈、放气阀帽（正极）、隔膜等组成。

扫一扫

二、镍氢电池的材料构成

1. 镍氢电池的结构

镍氢电池要由电极材料、电解液、金属材料及隔膜组成，如图 2-3-1 所示。

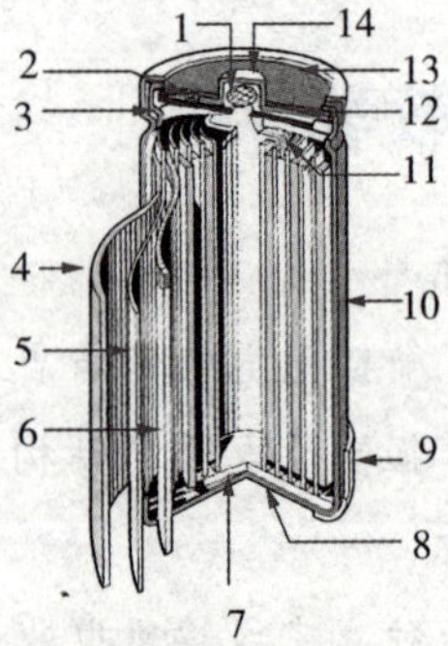

1—橡皮球；2—安全阀；3—密封圈；4—负极；5—隔膜 / 电解液；6—正极；7—底部垫片；8—负极端；9— PVC 套管；10—壳体；11—胶带；12—顶盖；13—顶部垫片；14—正极端。

图 2-3-1　镍氢电池的结构

不同的正、负极及电解液材料和工艺的差异使电池有不同的性能，其中，正极材料决定电池的容量，负极材料决定大电流或高温工作时电池充放电的稳定性。目前正极材料多用高密度氢氧化镍，负极材料用储氢合金粉。

正极一般通过增加添加剂、导电剂、黏合剂等改善其性能。

从狭义上讲，储氢材料是一种能与氢反应生成金属氢化物的物质，但与一般金属氢化物有明显差异的是，储氢材料必须具备高度的反应可逆性，而且可逆循环的次数必须足够多，即超过 5 000 次。实际上，它必须是能够在适当的温度、压力下大量可逆地吸收和释放氢的材料。

理想的金属储氢材料应具备以下条件：在不太高的温度下，储氢量大，释放氢量也大；原料来源广，价格便宜，容易制备；经多次吸、放氢，其性能不会衰减；有较平坦和较宽的平衡压力平台区，即大部分氢均可在一持续压力范围内放出；易活化，反应动力学性能好。

镍氢电池中的“金属”部分实际上是金属氢化物。用在镍氢电池制造上金属氢化物主要分为两大类：最常见的是 AB_5 一类，A 是稀土元素的混合物或再加上钛（Ti）；B 是镍（Ni）、钴（Co）、锰（Mn）或还有铝（Al）。而一些高容量电池的“含多种成分”的电极则主要由 AB_2 构成，这里的 A 是钛（Ti）或钒（V），B 是锆（Zr）或镍（Ni），再加上一些铬（Gr）、钴（Co）、铁（Fe）和（或）锰（Mn），所有这些化合物扮演的都是相同的角色——可逆地形成金属氢化物。电池充电时，氢化钾电解液中的氢离子会被释放出来，由这些化合物将它吸收，避免形成氢气，以保持电池内部的压力和体积。当电池放电时，这些氢离子便会经由相反的过程而回到原来的地方。镍氢电池的负极材料见表 2-3-1。

表 2-3-1　镍氢电池的负极材料

负极材料	组成成分	电化学理论容量	吸氢量
AB_5 型混合稀土	富镧混合稀土和富铈混合稀土，这两种混合稀土的非稀土杂质主要是 Fe、Si、S、P 等	375 mA · h/kg	1.3%
AB_2 型锆基储氢合金	$ZrCr_2$、$ZrMn_2$、ZrV_2 及钛系储氢合金 $TiMn_2$、$TiCr_2$ 等	482 mA · h/kg	1.8%

三、镍氢电池的工作原理

镍氢电池是一种碱性电池。镍氢电池和同体积的镍镉电池相比，容量增加 1 倍，充放电循环寿命也较长，并且无记忆效应。镍氢电池正极板的活性物质为 NiOOH（放电时）和 $Ni(OH)_2$（充电时），负极板的活性物质为 H_2（放电时）和 H_2O（充电时），电解液采用 30% 的氢氧化钾溶液，图 2-3-2 所示为镍氢电池的反应原理。

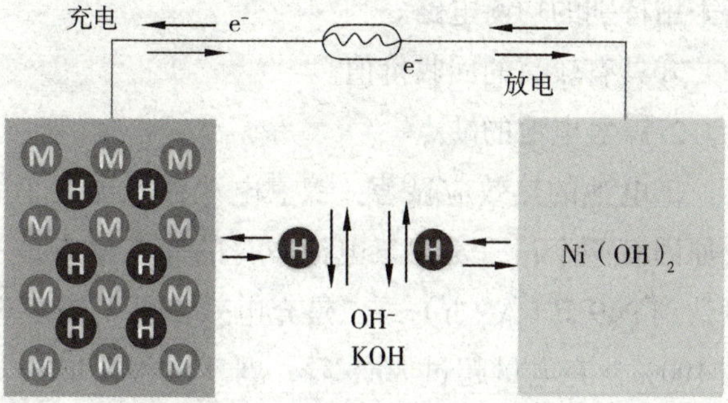

图 2-3-2　镍氢电池的反应原理

扫一扫

充放电时负极反应为：

$$MH + OH^- \rightarrow M + H_2O + e^-$$

正极反应为：

$$NiOOH + H_2O + e^- \rightarrow Ni(OH)_2 + OH^-$$

总反应为：

$$M + Ni(OH)_2 \rightarrow MH + NiOOH$$

式中，M 为储氢合金，MH 为吸附了氢原子的储氢合金。最常见的储氢合金为 $LaNi_5$。

镍氢电池的电解液多采用 KOH 水溶液，并加入少量的 LiOH。隔膜采用多孔维尼纶无纺布或尼龙无纺布等。为了防止充电过程后期电池内压过高，电池中装有防爆装置。当镍氢电池过充电时，金属壳内的气体压力将逐渐上升。当该压力达到一定数值后，顶盖上的限压安全排气孔打开，可以避免电池因气体过大而爆炸。

四、镍氢电池的特点

扫一扫

1. 镍氢电池优点

①功率性能好：镍氢电池内部使用了大量的金属材料，导电性能良好，可以适应大功率放电，目前比功率达到 1 500 W/kg 以上。

②低温性能好：采用无机电解液体系，低温性能相对比锂系列电池更好。

③循环寿命长。

④无污染。

⑤耐过充、过放。

⑥应用比较成熟：目前商业化的混合电动汽车，如丰田的 Prius、本田的 Insight 混合电动汽车，使用的均为镍氢电池。

⑦管理系统相对简单：电池耐过充电和过放电能力比较强，不必监测每只单体电池的电压。电池在充电过程中可以通过和消耗气体（氧气）的副反应实现自均衡，不必采用特别的均衡电路。

⑧具有较高的回收价值。

2. 镍氢电池的缺点

①电池的热效应显著：镍氢电池在电动汽车应用中遇到的主要问题为热问题。主要原因有两个：一是镍氢电池本身的充电反应是一个放热反应，充电过程中产生的热量达到 949 J/（A・h）；二是充电效率低，镍氢电池即使在空态下，充电效率也达不到 100%，充电量超过 80% 后，副反应很快增加，产热迅速上升，严重时会带来热失控问题。充电电流越大，充电效率越低，产生的热量越多。

②蓄电池比能量较低：比能量一般为 50~70 W・h/kg，虽然是铅酸电池的 2~3 倍，但与锂系列电池相比，差距较大。

③标称电压低：标称电压为 1.2 V，若用来组合成数百伏的车用动力电源系统。就需要更多的电池串联，对蓄电池的一致性、可靠性要求更高。

④高温充电性能差：高温下充电效率降低，反应效率的降低推动蓄电池温度进一步升高，最终可能会热失控而出现安全问题。

⑤自放电大：在常用的铅酸、镍氢、锂系列动力蓄电池中，镍氢电池的自放电是比较大的。一般充满电在常温下搁置 28 天时自放电达到 10%~30%。

⑥材料成本高：镍氢电池中使用了大量较贵重的金属如镍、钴等，电池原材料成本比较高。

五、镍氢电池在电动汽车上的应用

把单体电池通过连接组件串联在一起形成电池模块，再把电池模块放入支架中，通过螺丝等方式串联在一起，就形成了电动汽车用镍氢动力电池包，实现电动汽车高功率充放电的要求。不同的厂家对电池包的要求不同，所以电池包中串联的单体电池数量都不尽相同。

镍氢动力电池在混合动力汽车上起到节油、减排的作用，节油达到 25% 以上，减排达到 90% 以上。

1. 混合动力车方面

大功率的镍氢电池也在油电混合动力车辆中使用，最好的例子就是丰田 Prius，该车使用了特别的充放电程序，使电池充放电寿命达到 10 年。其他使用镍氢电池的混合动力车辆有本田洞察者、福特翼虎、雪佛兰迈锐宝、本田思域等。

2. 纯电池动力车方面

虽然镍氢电池比锂离子电池重，但仍然有部分纯电池动力汽车使用镍氢电池，如本田飞度，福特 Ranger、Vectricx 等。

六、镍氢电池在电动汽车上的发展前景

目前各厂家研发采用镍氢电池的怠速停止车用能量再生系统，该系统是在通常配备的铅酸电池的基础上组合使用镍氢电池，将减速时产生的能量存储在镍氢电池中再利用，这样不但能提高燃效，还能减轻铅酸电池的负担，延长铅酸蓄电池的寿命。

动力电池是电动汽车最关键部件之一，也是制约和决定电动汽车商品化的关键因素。为了满足电动汽车快速发展的需求，尽快研发和产业化汽车用动力电池已成为当前十分突出的热点课题和开发项目，其中研究电动汽车用镍氢动力电池的技术路线已成为国产化镍氢动力电池技术研发的突破口和关键技术。

从国家政策支持的方向上看，混合动力汽车及镍氢动力电池技术已经完善，国家将大力支持其产业化。

从技术上分析，到目前为止，混合动力汽车及镍氢动力电池的技术已经成熟，可以实现产业化。

从市场上看，用镍氢电池的混合动力汽车国内技术比较成熟，又有国外已经上市的汽车为先例，将很快实现产业化，所以，使用镍氢电池的混合动力汽车在近期将占据大部分市场。

通过上述三点可以看出，镍氢电池在电动汽车上的使用前景可观。

七、镍氢电池的使用与维护

扫一扫

1. 镍氢电池的检查

为了使镍氢电池能够始终处于良好的工作状态，应及时对镍氢电池进行检查。镍氢电池检查包括外观、单体电池电压。

（1）外观

①外壳或封胶裂纹、渗液：这是由于剧烈振动、老化或质量问题，需进行更换。

②极柱出现白色氧化物或出现烧蚀：这是接线不牢固问题。解决方案是用砂纸磨去氧化物，紧固连接线。

③极柱松动。

（2）电压

①单体电池极板短路：检测单体电池端电压为零、总电压偏低，说明隔板或隔膜损坏或极板变形，需更换单体电池。

②各单体电池失衡：检测各单体电池的电压、内阻差大于标准值，说明单体电池损伤、老化或有质量问题，需更换失衡的单体电池。

③充电电压偏高：检测电池电压超过规定值，说明电极材料老化、变质，需维修或更换单体电池。

④电池组漏电。

2. 镍氢电池的充电

镍氢蓄电池在充电过程中容易发热，发热产生的高温会对镍氢蓄电池产生负面影响。高温状态下，正极板的充电效率变差，并加速正极板的氧化，使电池的使用寿命缩短。镍氢蓄电池在充电后期，会产生大量的氧气，在高温的环境条件下，将加速负极储氢合金氧化，并使储氢合金平衡压力增加，使储氢合金的储氢量减少，降低镍氢蓄电池的性能。若用尼龙无纺布做隔膜，在高温的作用下会发生降解和氧化。尼龙无纺布隔膜发生降解时，产生氨离子和硝酸根离子，加速镍氢蓄电池的自放电。尼龙无纺布隔膜发生氧化时，氧化成碳酸根离子，使镍氢蓄电池的内阻增加。在镍氢蓄电池充电的过程中，电池温度迅速升高，会使充电效率降低，并产生大量氧气，如果安全阀不能及时开启，则会产生爆炸的危险。

为此，在镍氢蓄电池的制造技术上做一些改进，如正极板采用多极板技术、负极板采用端面焊接技术，在电解液中适当加入 LiOH 和 NaOH，采用抗氧化能力强的聚丙烯毡做隔膜等，可以有效地提高镍氢蓄电池耐高温能力。在镍氢蓄电池动力电池组的单体镍氢蓄电池之间，加大散热间隙，采取有效的散热措施和建立自动热管理系统，以保证镍氢蓄电池的正常工作和延长使用寿命。

3. 镍氢蓄电池的使用

①使用过程忌过充电。在循环寿命之内，使用过程切忌过充电，这是因为过充电容易使正、负极发生膨胀，造成活性物脱落和隔膜损坏、导电网络破坏和电池欧姆极化变大等问题。

②防止电解液变质。在镍氢电池循环寿命期，应抑制电池析氢。

4. 镍氢电池的维护

①密切注视汽车驾驶室仪表板显示器上动力电池指示灯的显示，出现不正常，即刻停车检查。

②电动汽车动力电池一般安置于汽车底部，注意车辆不要行驶在较大起伏不平的道路，也不要行驶在过深的水中。

③电动汽车动力电池使用温度般为20~60℃，应避免在极端气候和环境条件下使用。

④当动力电池充电状态指示灯点亮时，应尽快进行补充充电。注意：充电时环境温度要求在 0~55℃。

⑤安全行车，注意避免剧烈碰撞，以免引起电池爆炸。

⑥在使用过程中，如果电动车的续航里程在短时间内突然下降很多，很可能是电池组中某单体电池出现断格、短路等故障，应及时到专业电池修复机构进行检查、修复。

⑦进行蓄电池充电或保养检测时，必须先取下负极上的接地电缆并在最后将其安装。在电缆未断开时给蓄电池充电，可能会严重损坏车辆的电子控制单元、电气设备。

5. 镍氢电池的储存

保存镍氢电池应在充足电后，如果在没有储存电能的情况下长期保存电池，将使电池负极储氢合金的功能减弱，导致电池寿命减短。

八、拓展阅读

镍氢电池具有绿色环保、高安全性、循环寿命长、性价比高等优势。我国制造镍氢电池原材料的稀土金属资源丰富，已经探明储量占世界已经探明总储量的 80% 以上。2006 年，我国已成为全球镍氢电池第一生产国，2019 年我国镍氢电池产品出口额为 3.86 亿美元。我国镍氢电池行业的可持续发展离不开行业的科技创新与技术发展。行业内领先企业逐步加强了对新型产品、先进制造、节能减排等技术的攻关和应用推广，并积极引进自动化程度较高的制造和检测设备，使得生产效率和产品品质获得进一步提升。整体而言，国内优秀制造企业的技术水平及产品质量与日系企业的差距越来越小，在绝大多数应用领域已获得国际品牌商的认可。

扫一扫

技能实训　镍氢电池构造的认识

准备项目	具体准备内容
防护用品准备	手套、抹布、防护镜
场地准备	宽敞、明亮
工具、材料准备	实训汽车、解剖镍氢电池、技术性能良好的镍氢电池

一、目的

①了解各类镍氢电池的结构特点。

②熟悉镍氢电池的结构。

二、实训步骤及内容

对照比较解体的各类镍氢电池的结构特点。

①了解各部件的名称、作用及镍氢电池的结构特点。

②观察正极板与负极板的组成、结构，并比较它们的异同点。

③观察壳体的结构。

学后测试

①归纳镍氢电池结构特点。

②简述镍氢电池结构工作原理。

③分析镍氢电池极柱松动的原因。

④进行镍氢电池的检查。

⑤进行镍氢蓄电池的维护。

任务四 锂离子电池使用与维护

教学目标

知识目标

· 了解锂离子电池的特点及特性。

· 掌握锂离子电池的结构及工作原理。

技能目标

· 能独立完成锂离子电池的维护。

· 具有锂离子电池故障检修的能力。

素养目标

激发同学们的民族自信心与自豪感。

知识链接

扫一扫

一、锂离子电池的概述

锂离子电池的研究始于20世纪的石油危机。锂是金属元素中最轻的，它的标准电极电势为3.045 V，在金属元素中属于电势最低的，一直以来就作为制作电池最重要的金属材料来研究。1970 年层状 TiS_2 等嵌入式化合物首次作为正极材料。1971 年，日本松下公司发明了氟化碳电池，锂离子电池逐步走向了实用化和商品化。20 世纪 80 年代“摇椅式”锂离子二次电池被提出。正负极材料也可以采用可储存和交换锂离子的材料，充放电时，通过锂离子的来回移动进行能量交换。20 世纪 90 年代，索尼公司发明并推出商品化的锂离子蓄电电池，能量比高，寿命长。1999 年聚合物锂离子电池产业化。从电池的发展来看，电极材料和电解质材料影响了电池的主要性能。价格低廉和性能优良是人们对锂离子电池材料的基本要求，同时也是研究重点。正极材料是锂离子电池最重要的组成部分，电池充放电过程中提供在正负极嵌锂化合物间循环嵌入、脱出的锂。正极材料所提供的锂还包括负极材料表面形成 SEI 膜，正极材料成为目前制约电池容量的关键。

扫一扫

1. 锂离子电池的分类

按照锂离子电池外形形状，可以分为方形锂离子电池（图 2-4-1）和圆柱形锂离子电池（图 2-4-2）。

按照锂离子电池正极的材料不同，可以分为锰酸锂离子电池、磷酸锂离子电池、镍钴锂离子电池和镍钴锰锂离子电池。

图 2-4-1　方形锂离子电池

图 2-4-2　圆柱形锂离子电池

扫一扫

2. 锂离子电池的特点

（1）优点

①循环寿命长：锂离子电池以 1*C* 倍率进行充放电，其循环寿命大于等于 500 次，第 500 次时的电容量大于标称容量的 70%。而铅酸电池即使以 0.5*C* 倍率放电，以 0.15*C* 倍率充电，其循环寿命小于或等于 350 次，电容量小于或等于 60%。

②低温度放电性能好：锂离子电池可在 −25℃时正常工作，其电容量可达标称容量的 70%，而铅酸蓄电池在 −10℃时的电容量仅为标称容量的 50%，在 −25℃时不能正常工作。

③荷电（SOC）保持能力强：将充满电的锂离子电池组放置两个月后，其电容量大于或等于 80%，而铅酸蓄电池放置两个月后的电容量仅为标称容量的 40%~50%。

④续航能力强：由于锂离子电池组的质量仅为铅酸蓄电池的 30%，在相同的电压、电容量下，锂离子电池的续航能力更强。

⑤比能量高：由于锂离子电池的体积仅为铅酸蓄电池的 30%，当使用相同的空间时锂离子电池的能量储备比铅酸电池大。

⑥工作温度范围宽：锂离子电池可在 −25~55℃范围内工作，而铅酸蓄电池只能在 10~40℃范围内工作。

⑦充电时间短：由于锂离子电池具有可大电流充电的特性，充电时间只要 4~5 h，而铅酸蓄电池则需要 8~10 h。

⑧绿色环保：与铅酸蓄电池有大量对人体、环境有害的重金属铅相比，锂离子电池是高环保型的产品。

⑨ 可以大电流放电：锂离子电池以 1*C* 倍率大电流放电，其容量仅为额定容量的 60%。

⑩大电流放电不影响循环寿命：锂离子电池以 1.5*C* 倍率大电流放电，对其循环寿命毫无影响。而铅酸蓄电池以 1.5*C* 倍率大电流放电，其循环寿命仅为标称循环寿命的 30%~40%。

（2）缺点

①电池成本较高：主要表现在正极材料 $LiCoO_2$ 的价格高（Co 的资源较少），电解质体系提纯困难。

②不能大电流放电：由于有机电解质体系等原因，电池内阻相对其他类电池大，要求较小的放电电流密度，一般放电电流在 0.5*C* 以下，只适合于中小电流的电器使用。

③需要保护线路控制：电池过充将破坏正极结构而影响性能和寿命，同时过充电使电解液分解，内部压力过高而导致漏液等问题，故必须在 4.1~4.2 V 的恒压下充电；过放会导致活性物质的恢复困难，故也需要有保护线路控制。

二、锂离子电池的结构及工作原理

扫一扫

（1）锂离子电池的结构

锂离子电池由正极、负极、隔板、电解液和安全阀等组成。圆柱形锂离子电池结构如图 2-4-3 所示。

①正极：正极材料：锰酸锂离子电池以锰酸锂为主，磷酸铁离子电池中以磷酸铁锂为主，镍钴锂离子电池中以镍钴锂为主。

正极是向活性物质中再加入导电剂、树脂黏合剂，在铝基体上涂覆薄层形成。

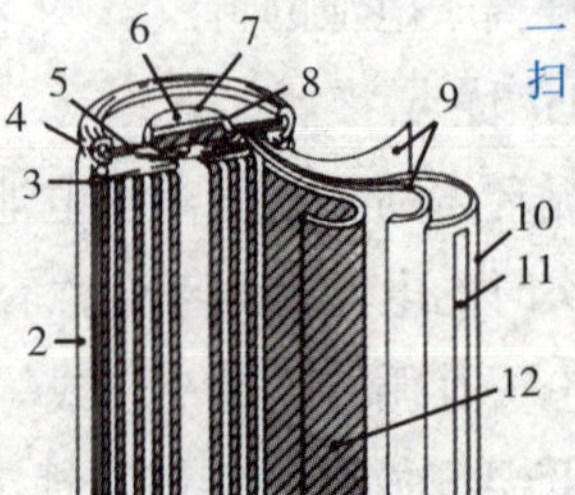

1—绝缘板；2—蓄电池外壳；3—绝缘板；4—垫片；5— PTC 元件；6—正极接线柱；7—排气孔；8—保护阀（安全阀）；9—隔膜板；10—负极引线；11—负极（碳材料）；12—正极。

图 2-4-3　圆柱形锂离子电池的结构

②负极：由碳材料与黏合剂的混合物加上有机溶剂调和制成糊状，并在铜基体上涂覆薄层形成。

③隔板：隔板起到关闭或阻断的作用，大多使用聚乙烯或聚丙烯材料制成的微多孔膜。所谓关闭或阻断，是在电池出现温度异常升高，阻塞或阻断作为离子通道的细孔，使蓄电池停止充放电反应。隔板可以有效防止外部短路等引起过大电流而使电池产生异常发热现象。这种现象只要发生一次，电池就不能正常使用。

④电解液：电解液是以混合溶剂为主体的有机电解液。为了使主要电解质成分的锂盐溶解，电解液必须具有高容电率，并且与锂离子相容性好，即不阻碍离子移动，而且必须在锂离子蓄电池的工作温度范围内呈液体状态，凝固点低，沸点高。电解液对于活性物质具有化学稳定性，必须适应充放电反应过程中发生的剧烈的氧化还原反应。因为使用单一溶剂很难满足上述要求条件，电解液必须由不同性质的几种溶剂混合制成。

⑤安全阀：为了保证锂离子电池的使用安全性，通常通过对外部电路的控制或在蓄电池内部设异常电流切断的安全装置。但是，在实际使用过程中，仍可能因其他原因导致蓄电池内压异常上升。这时，通过安全阀释放气体，可以有效防止蓄电池破裂。安全阀实际上是一次性非修复式的破裂膜，一旦进入工作状态，使蓄电池停止工作，是蓄电池的最后保护手段。

（2）锂离子电池的工作原理

锂离子电池是在二次锂电池的基础上发展起来的，从原理上解决了二次锂电池安全性差和充放电寿命短两个技术难题。典型的电池构成如下：电池的正、负极均由可以嵌入和脱出 Li^+ 的化合物或材料组成，其中，正极为锂化跃迁金属氧化物（$LiMO_2$、M−CO、Mn 或 Ni 等跃迁金属），负极为可嵌入 Li^+ 的碳（形成 Li_xC 碳化锂），电解质为有机溶液或固体聚合物。

在充放电过程中，锂离子电池的反应方程式如下。

正极：$LiMO_2 \rightarrow Li_{1-x}MO_2 + xLi^+ + xe^-$

负极：$C + xLi^+ \rightarrow Li_xC$

锂离子电池的表达通式：$Li_xC + Li_{1-x}MO_2 \rightarrow C + LiMO_2$

锂离子电池的工作原理如图 2−4−4 所示（以金属 Mn 为例进行说明）。锂离子电池实际上是一个锂离子浓差电池，正、负电极分别由两种不同的锂离子嵌入化合物构成。充电时，Li^+ 从正极脱嵌，经过电解质嵌入负极，此时负极处于富锂态，正极处于贫锂态；放电时则相反，Li^+ 从负极脱嵌，经过电解质嵌入正极，正极处于富锂态，负极处于贫锂态。锂离子电池的工作电压与构成电极的锂离子嵌入化合物本身及锂离子的浓度有关。因此，在充放电循环时，Li^+ 分别在正、负极上发生“嵌入−脱嵌”反应，Li^+ 便在正、负极之间来回移动。所以，人们又形象地把锂离子电池称为“摇椅电池”或“摇

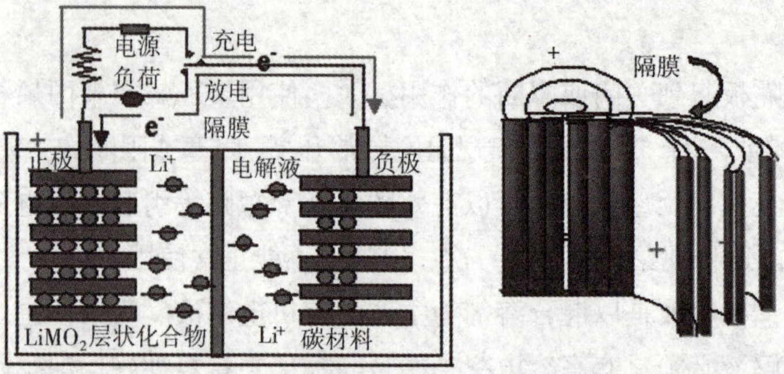

图 2-4-4　锂离子电池的工作原理

摆电池”。

锂离子电池与锂电池在原理上的相同之处是：两种电池都采用了能使锂离子嵌入和脱嵌的金属氧化物或硫化物作为正极，采用“有机溶剂-无机盐体系”作为电解质。不同之处是锂离子电池中采用使锂离子嵌入和脱嵌的碳材料代替纯锂作为负极。因此，锂离子电池的工作原理更加简单，电池工作过程中，仅仅是锂离子从一个电极（脱嵌）进入另一个电极（嵌入）。具体来说，当电池充电时锂离子从正极中脱嵌，在碳负极中嵌入，放电时反之。锂离子电池在充放电过程中没有晶形变化，故具有较好的安全性和较长的充放电寿命。

三、锂离子电池的使用与维护

掌握锂离子电池的使用和维护技术，可以延长锂离子电池的使用寿命和保持电池的优越性能。

（1）锂离子电池放电

①放电终止电压：锂离子电池的额定电压为 3.6 V（有的产品为 3.7 V），终止放电电压为 2.5~2.75 V（电池厂给出工作电压范围或终止放电电压，各参数略有不同）。电池的放电终止电压不应小于 $2.5n$ V，低于终止放电电压继续放电称为过放，过放会使电池寿命缩短，严重时会导致电池失效。电池不用时，应将电池充电到保有 20% 的电容量，再进行防潮包装保存，3~6 个月检测一次电压并进行补充充电，保证电池电压在安全电压值（3 V 以上）范围内。

②放电电流：锂离子电池不适合用作大电流放电，过大电流放电时内部会产生较高的温度而损耗能量，减少放电时间，若电池中无保护元件，还会产生过热而损坏电池。因此，电池生产工厂给出最大放电电流，在使用中不能超过产品特性表中给出的最大放电电流。

③放电温度：不同温度下的放电曲线是不同的。在不同温度下，锂离子电池的放电电压及放电时间也不同，电池应在 −20~+60℃温度范围内进行放电（工作）。

（2）锂离子电池充电

在使用锂电池中应注意，电池放置一段时间后进入休眠状态，此时容量低于正常值，使用时间也随之缩短。但锂电池很容易激活，只要经过 3~5 次正常的充放电循环就可激活电池，恢复正常容量。锂电池本身的特性决定了它几乎没有记忆效应。因此，新的锂电池在激活过程中不需要特别的方法和设备。

对锂离子电池充电，应使用专用的锂离子电池充电器。锂离子电池充电采用“恒流 / 恒压”方式，先恒流充电，到接近终止电压时改为恒压充电。例如，一种 800 mA・h 容量的电池，其终止充电电压为 4.2 V，电池以 800 mA（充电率为 1*C*）恒流充电，开始时电池电压以较大的斜率上升，当电池电压接近 4.2 V 时，改成 4.2 V 恒压充电，锂电池电流渐渐变小，电压变化不大，到充电电流降为 0.1*C*（约 80 mA）时，认为接近充满，可以终止充电。不能用充镍镉电池的充电器充锂离子电池（虽然额定电压一样，都是 3.6 V），由于充电方式不同，容易造成过充。

锂离子电池充满电时的终止充电电压与电池负极材料有关，焦炭为 4.1 V，而石墨为 4.2 V，一般分别称之为 4.1 V 锂离子电池及 4.2 V 锂离子电池。在充电时应注意：4.1 V 的电池不能用 4.2 V 的充电器充电，否则会有过充危险（4.1 V 与 4.2 V 的充电器所用的充电器 IC 芯片不同）。锂离子电池对充电的要求是很高的，它要求精密的充电电路以保证充电的安全。终止充电电压精度允差为额定值的 ±1%（例如，充 4.2 V 的锂离子电池，其允差为 ±0.042 V），过压充电会造成锂离子电池永久性损坏。

锂离子电池充电电流应根据电池生产厂的建议，并要求有限流电路以免发生过流（过热）。一般常用的充电率为 0.25*C*~1*C*，推荐的充电电流为 0.5*C*。在大电流充电时往往要检测电池温度，以防止因过热而损坏电池或产生爆炸。

对电池充电时，其环境温度不能超过产品特性表中所列的温度范围。电池应在 0~45℃温度范围内进行充电，远离高温（高于 60℃）和低温（低于 −20℃）环境。

锂离子电池在充电或放电过程中若发生过充、过放或过流，会造成电池的损坏或降低使用寿命，为此开发出各种保护元件及由保护 IC 芯片组成的保护电路。它安装在电池或电池组中，使电池获得完善的保护。但是，在使用中应尽可能防止过充电及过放电。例如，锂离子电池汽车在充电过程中，快充满时应及时与充电器进行分离。放电深度浅时，循环寿命会明显提高。在使用时，不要等汽车仪表板上出现电池不足的信号才去充电，更不要在出现此信号时继续使用，尽管出现此信号时还有一部分残余容量可供使用。

技能实训 锂离子电池的检测

准备项目	锂离子电池的检测
防护用品准备	耐磨手套、绝缘手套、抹布、防护镜
场地准备	干粉灭火器、绝缘工作台
工具、材料准备	数字万用表、内阻测试仪、绝缘工具套装、动力电池 PACK 实训台

一、目的

①认识单体、模组和电池包。

②能够检测锂离子电池的电压和内阻。

二、实训步骤及内容

①检测电池包总电压。

②检测各个模组的电压。

③拆解故障模组。

④使用内阻测试仪筛选出故障模组中的损坏的单体。

学后测试

①简述锂离子电池的结构。

②简述锂离子电池的工作原理。

③简述锂离子电池的放电温度范围。

④简述锂离子电池的充电温度范围。

任务五　燃料电池使用与维护

教学目标

知识目标

· 掌握燃料电池电动汽车的分类和基本结构。

· 理解燃料电池电动汽车对燃料电池的基本要求。

技能目标

能够掌握燃料电池维护保养。

素养目标

培养安全意识和创新精神。

知识链接

燃料电池以其特有的燃料效率高、质量能量大、功率大、供电时间长、使用寿命长、可靠性高、噪声低及不产生有害排放物 NO_2 等优点，正引起世界各国的注意。与内燃机汽车相比，氢燃料电池电动汽车有害气体的排放量减少 99%，CO_2 的生成量减少 75%，电池能量转换效率约为内燃机效率的 2.5 倍。因此，燃料电池将有可能成为继内燃机之后的最佳汽车动力源之一。

扫一扫

一、燃料电池概述

燃料电池电动汽车与其他电动汽车的根本区别是所用的动力源以燃料电池为主，而电动机驱动、传动机构以及汽车所需的各种辅助功能等基本类同。燃料电池是唯一兼备无污染、高效率、适用广、无噪声且能连续工作等特性的动力装置，在国防、汽车、通信和民用电力等领域发挥其重要的作用，被称为 21 世纪的绿色能源，全球汽车界都在积极推进燃料电池电动汽车的研究和应用。

目前燃料电池的种类很多，其分类方法也有很多种。按不同方法大致分类如下：按电解质的种类，可分为酸性、碱性、熔融盐类或固体电解质；按燃料的类型，可分为直接式燃料电池和间接式燃料电池；按燃料电池工作温度，可分为低温型（低于 200℃）、中温型（200~750℃）、高温型（高于 750℃）。各种燃料电池的技术参数见表 2-5-1。

扫一扫

表 2-5-1　各种燃料电池的技术参数

类型	碱性燃料电池	磷酸燃料电池	熔融碳酸盐燃料电池	固体氧化物燃料电池	质子交换膜燃料电池
简称	AFC	PAFC	MCFC	SOFC	PEMFC
电解质	KOH	磷酸	Li_2CO_2-K_2CO_2	YSZ	含氟质子膜
电解质形态	液体	液体	液体	固体	固体
阳极	Pt/Ni	Pt/C	Ni/Al、Ni/Cr	Ni/YSZ	Pt/C
阴极	Pt/Ag	Pt/C	Li/NiO	St/$LaMnO_3$	Pt/C
工作温度 /℃	50~200	150~220	约 650	900~1 050	60~80
启动时间	几分钟	几分钟	>10 min	>10 min	<5 s
应用领域	航天，机动车	洁净电站，轻便电源	洁净电站	洁净电站，联合循环发电	机动车，洁净电站，潜艇

二、燃料电池用的氢燃料的储存方式

氢能够以气态、液态、固态等 3 种状态存储。根据储存机理的不同又可分为高压气态存储、低温液氢存储、金属氢化物存储、新型碳材料存储和复合氢化物存储等。

1. 气态存储

高压气态存储是最普通和最直接的储氢方式，通过调节减压阀就可以直接释放出氢气。高压钢瓶是常用的储氢容器，存储压力一般为 12~15 MPa。目前，存储压力在 20 MPa 以下的压缩技术已经比较成熟，但储氢质量效率还比较低。近年来开发了一种由纤维复合材料制成的新型耐压储氢容器，其储氢压力可达 80 MPa。这种耐压容器是由碳纤维、玻璃、陶瓷及金属组成的薄壁容器，储氢质量容量可达 5%~10%。但这类高压钢瓶应配备特殊的减压阀及控制阀门才能使用。高压压缩储氢应用广泛、简便易行，而且成本低，充放气快，常温下就可进行。压缩储氢的缺点是能量密度低，当增大容器内气体的压力时，需要消耗较多的压缩功，而且存在氢气泄漏和容器爆炸等不安全因素。氢气还可以像天然气一样，使用巨大的水密封储存罐在低压下存储。此方法适合大规模存储气体，但由于氢气的密度太低，应用不广。

2. 液态存储

液化储氢是一种深冷的氢存储技术。氢气经过压缩之后，深冷到 −252℃或以下温度时变为液氢，密度大大提高，是气态氢密度的 845 倍。这样，对同等体积的储氢容器，其储氢量大幅度提高。液化储氢特别适用于存储空间有限的场合，如航天飞机火箭发动机、汽车发动机和洲际飞行运输工具等。若仅从质量和体积上考虑，液化储氢是一种极为理想的储氢方式。但氢的液化面临两个主要难题：一是氢气的深冷液化能耗高，理论上液化 1 kg 氢气约需耗电 4 kW · h，占 1 kg 氢气自身能量的 10%，而实际上约为此值的 3 倍，即占液化氢能的 30%；二是液氢的储存和保养问题，由于液氢储存器内的温度与环境的温差大［（253 ±25）℃］，给液氢的保冷、防止挥发、存储器材料和结构设计、加工工艺等提出了苛刻的要求，液氢存储容器必须使用耐超低温的特殊容器，需用多层、绝热的真空夹套结构；三是液氢在绝热不完善时导致蒸发损失，存储成本较高。

3. 金属氢化物储氢

元素周期表中，除惰性气体以外，绝大多数所有元素都能与氢反应生成氢化物。金属氢化物储氢的机理：在一定的压力和温度下，氢分子被吸附在金属表面后，离解成氢原子嵌入金属的晶格中形成含氢固溶体（α-MH_x），随后固溶体继续与氢反应，生成金属氢化物（β-MH_y），生成氢化物是一个放热的可逆过程，加热后氢化物释放出氢气。最早问世的储氢合金是 Mg_2Cu、Mg_2Ni、$LaNi_5$ 和 TiFe，现已发展成稀土系（AB_5 型）、钛系（AB 型及 AB_2 型）、镁系（A_2B 型）以及锆系（AB_2 型）等 4 大系列材料。

金属与氢可形成 3 种类型的金属氢化物。

①离子型或类盐型氢化物：碱金属和碱土金属（Be 和 Mg 除外）的电负性较低，可将电子转移给氢而形成类盐型氢化物，其氢化物具有离子键。离子型氢化物的通式为 MH 或 MH_2，其中含有 H^-。

②金属型氢化物：在氢与ⅢB~ⅤB 族过渡金属化合形成的氢化物中，氢的特性介于 H^- 与 H^+ 之间，形成氢原子进入母体金属晶格内的间隙型化合物。氢与ⅥB~ⅧB 族过渡金属反应，一般以 H^+ 形成固溶体，氢原子也进入基体金属晶格中形成间隙型化合物。

③共价型和分子型化合物：氢与ⅢA~ⅦA 族元素反应，生成分子型或共价型化合物，其中与ⅦA 族元素形成的氢化物为非金属氢化物。

理想的储氢金属氢化物应具有如下特性：储氢量大；氢化物的离解热和生成热小；吸氢和放氢时的平衡压力和温度变化平缓；化学稳定性好；成本低，使用寿命长；使用安全性好。目前能基本满足上述条件的储氢材料主要是稀土系和钛系合金。

4. 新型碳材料储氢

近年来，碳质材料如活性炭、纳米碳纤维、富勒烯等被用作储氢材料，其可逆氢吸附过程是基于物理吸附的。从当前研究文献报道的结果来看，普遍看好低温（液氮温度）、适度压力（<6 MPa）的超比表面积活性炭和常温、较高压力（<15 MPa）的新型碳纳米吸附材料两类储氢材料。

（1）活性炭储氢

超级活性炭储氢是利用超高比表面积的活性炭作为吸附剂，在中低温（−196~0℃）、中高压（1~10 MPa）下的吸附储氢技术。活性炭吸附储氢性能与储氢的温度和压力密切相关，一般来说，温度越低，压力越高，储氢量越大。例如，在 −120℃、5.5 MPa 下，储氢量高达 9.5%（质量分数），在小于 6 MPa 和 −196~−123℃ 的低温下，活性炭吸氢随温度的降低而急剧增加。与其他储氢技术相比，超级活性炭吸附储氢具有经济、储氢量高、解吸快、循环使用寿命长和易实现规模化生产等优点，是具有应用潜力和竞争力的碳质吸附储氢技术。

（2）活性炭纤维储氢

活性炭纤维作为一种理想的高效吸附材料，是在碳纤维技术与活性炭技术相结合的基础上发展起来的一种具有丰富发达孔隙结构的功能型碳纤维。与活性炭相比，活性炭纤维具有优异的结构特性，不但比表面积大，微孔结构丰富，孔径分布窄，而且微孔直接开孔于纤维表面，因而比活性炭具有更加优良的吸附性能和吸附力学行为。此外，它还具有比铝轻、比钢强、比人的头发细等特征。目前关于活性炭纤维储氢的研究报道不是很多，作为一种具有独特结构且性能优良的吸附剂，其储氢性能值得深入研究。

（3）纳米碳纤维储氢

纳米碳纤维是近年来为吸附储氢而开发的一种新材料。它是由乙烯、氢气以及一氧化碳的混合物在特定的金属或合金催化剂表面经高温（427℃以上）分解而得，包括很多宽度为 3~50 nm 的石墨薄片，这些薄片有规律地堆积在一起，片间距离一般为 0.34 nm。选择不同的催化剂，可以形成管状、平板状以及鱼骨状等不同结构的纳米碳纤维。石墨层面形成垂直于纤维轴向或与轴向成一定角度的鱼骨状特殊结构的纳米碳纤维，纳米碳纤维表面具有分子级细孔，内部具有内径大约 10 nm 的中空管，比表面积大，大量氢气可以在纳米碳纤维中凝聚，从而可能具有超级储氢能力。

（4）富勒烯储氢

富勒烯是指除金刚石、石墨之外碳的第三种同素异形体，不同于无限个原子组成的金刚石和石墨，而是确定数目的碳原子组成的聚合体。富勒烯中以 C_{60} 最为稳定，其簇状结构酷似足球，相当于一个由 20 面体截顶面而得到的 32 面体。32 面体中包括 12 个五边形面和 20 个六边形面，每个五边形均与 5 个六边形共边，而六边形则将 12 个五边形彼此隔开。根据 C_{60} 分子的球形中空结构可以推断，它应具有芳香性，能够进行一般的稠环芳烃所进行的反应，如能够发生烷基化、进行还原生成氢化物等。氢可以化合键合到 C_{60} 和 C_{70} 富勒烯上，其中 C_{60} 的储氢量可高达 6.3%。与简单的活性炭不同的是，C_{60} 碳原子与氢原子形成相当强的共价键，ΔH 为 +285 kJ/mol。这意味着，打破这种键释放出氢气需要 400℃以上的温度。

（5）纳米碳管储氢

纳米碳管的储氢性能有两种，一种是吸附储氢，当流体吸附在与其分子大小相近的微孔内时，密度将增大，微孔内即可存储大量的气体；另一种是电化学储氢，基本工作原理是将纳米碳管做成一个工作电极，并与一个辅助电极（通常是 NiOH 电极）构成一个回路，组成两电极体系，若加上参比电极，则组成三电极体系。充电时，在纳米碳管电极上电解液中的水离解成吸附的氢原子和氢氧根离子，吸附的氢原子可能插入纳米碳管或是在表面重新结合形成氢分子并扩散进入纳米碳管，或是在电极表面形成气泡；放电时，纳米碳管释放的氢与电解液中的氢氧根离子结合形成水分子，重新进入溶液中。上述反应伴随有电荷的迁移，因此测量电荷的变化即可得到纳米碳管电极中吸脱附氢的数量（即纳米碳管的储氢量）。

（6）碳凝胶储氢

碳凝胶是一种类似于塑料的物质。这种材料具有超细孔、表面积大（约 1 000 m^2/g）、密度小（0.02~1.2 g/cm^3）的特点，并且有一个固态的基体，通常是由间苯二酚和甲醛溶液经过缩聚作用后，在 1 050℃的高温和惰性气氛中进行超临界分离和热解而得到。这种材料具有纳米晶体结构，微孔尺寸小于 2 nm。实验结构表明，在 8.3 MPa 的高压下，其储氢量可达 3.7%。

（7）玻璃微球储氢

用于储氢的空心玻璃微球外径一般在毫米或亚毫米量级，壁厚为几微米到几十微米，球壳的主要成分为 SiO_2，同时含 K、Na 和 B 等元素。在低温或室温下，空心玻璃球具有非渗透性，但在较高温度时具有多孔性。在 200~400℃及高压（10~200 MPa）下，氢气进入空心玻璃球内，等压冷却后，氢便有效存储在空心玻璃球内。使用时，将微球压碎后放氢，或者加热玻璃微球，将氢气释放出来。前者释放氢简单方便，但增加了微球制备的成本；后者微球可以反复使用，但放氢需要一个升温装置。玻璃微球储氢因其储氢量大、能耗低、安全性好等优点而成为具有发展前途的储氢新技术。

三、质子交换膜燃料电池的结构及工作原理

如图 2-5-1 所示，质子交换膜燃料电池的基本结构主要由质子交换膜、催化剂层、扩散层、集流板（又称双极板）组成。聚合物电解质膜被碳基催化剂覆盖，催化剂直

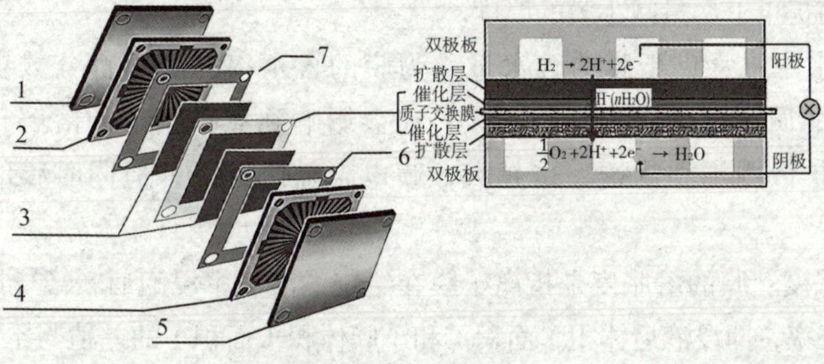

1—端板；2—双模板；3—气体扩散层（GDL）；4—双极板；5—端板；6，7—密封垫。

图 2-5-1　质子交换膜燃料电池的基本结构及工作原理

扫一扫

接与扩散层和电解质接触以求达到最大的相互作用面。催化剂构成电极，在其之上直接是扩散层。电解质、催化剂层和气体扩散层的组合称为膜片－电极组件。

1. 质子交换膜

质子交换膜（PEM）是质子交换膜燃料电池的核心部件，是一种厚度仅为 50~180 μm 的薄膜片，其微观结构非常复杂。PEM 为质子传递提供通道，同时作为隔膜将阳极的燃料与阴极的氧化剂隔开，其性能好坏直接影响电池的性能和寿命。PEM 与一般化学电源中使用的隔膜有很大不同，它不止是一种隔离阴阳极反应气体的隔膜材料，还是电解质和电极活性物质（电催化剂）的基底，即兼有隔膜和电解质的作用。另外，PEM 还是一种选择透过性膜，在一定的温度和湿度条件下具有可选择的透过性，在质子交换膜的高分子结构中，含有多种离子基团，只允许氢离子（氢质子）透过，而不允许氢分子及其他离子透过。

（1）质子交换膜燃料电池的外观

质子交换膜燃料电池对于质子交换膜的要求非常高，质子交换膜必须具有良好的质子电导率、良好的热和化学稳定性、较低的气体渗透率，还要有适度的含水率，对电池工作过程中的氧化、还原和水解具有稳定性，并同时具有足够高的机械强度和结构强度，以及膜表面适合与催化剂结合的性能。

（2）质子交换膜的物理性质

质子交换膜的物理、化学性质对燃料电池的性能具有极大的影响，对性能造成影响的物理性质主要有膜的厚度和单位面积质量、膜的抗拉强度、膜的含水率和膜的溶胀度。质子交换膜的电化学性质主要表现在膜的导电性能（电阻率、面电阻、电导率）和选择通过性能上。

①膜的厚度和单位面积质量：膜的厚度和单位面积质量越小，膜的电阻越小，电池的工作电压和能量密度越大；如果厚度过小，会影响膜的抗拉强度，甚至引起氢气的泄漏而导致电池失效。

②膜的抗拉强度：膜的抗拉强度与膜的厚度成正比，也与环境有关，通常在保证膜的抗拉强度前提下，尽量减小膜的厚度。

③膜的含水率：每克干膜的含水量称为膜的含水率，可用百分数表示。含水率对膜电解质的质子传递能力影响很大，还会影响到氧在膜中的溶解扩散。含水率越高，质子扩散因子和渗透率也越大，膜电阻随之下降，但同时膜的强度也有所下降。

④膜的溶胀度：膜的溶胀度是指离子膜在给定的溶液中浸泡后，离子膜的面积或体积变化的百分率，即浸液后体积（面积）和干膜体积（面积）的差值与干膜体积（面积）的百分比。膜的溶胀度表示反应中膜的变形程度。溶胀度高，在水合和脱水时会由于膜的溶胀而造成电极变形和质子交换膜局部应力增大，从而造成电池性能下降。

质子交换膜燃料电池曾采用酚醛树脂磺酸型膜、聚苯乙烯磺酸型膜、聚三氟苯乙烯磺酸型膜和全氟磺酸型膜。研究表明，全氟磺酸型膜最适合作为质子交换膜燃料电池的固体电解质。虽然全氟磺酸膜具有良好的性能，但由于存在膜的结构、工艺复杂和不易批量生产等问题，到目前为止成本还非常高，需要寻找高性能低成本的替代膜。一个选择是使用全氟磺酸材料与聚四氟乙烯（PTFE）的复合膜，其中 PTFE 是起强化作用的微孔介质，而全氟磺酸材料则在微孔中形成质子传递通道。这种复合膜能够改善膜的机械强度和稳定性，而且可以做得很薄，减少了全氟磺酸材料的用量，降低了膜的成本，同时还改善了膜中水的分布，提高了膜的质子传导性能。另一个选择是寻找新的低氟或非氟膜材料。此外，还可以采用无机酸与树脂的共混膜，不仅可以提高膜的电导率，还可以提高膜的工作温度。

2. 电催化剂

催化剂是质子交换膜燃料电池中的关键性技术焦点所在。为了加快电化学反应速度，气体扩散电极上都含有一定量的催化剂。由于燃料电池的低运行温度，以及电解质酸性的本质，应用的催化剂层需要贵金属。PEMFC 电催化剂按作用部位可分为阴极催化剂和阳极催化剂两类。质子交换膜燃料电池的阳极反应为氢的氧化反应，阴极为氧的还原反应。因氧的催化还原作用比氢的催化氧化作用更为困难，所以阴极是最关键的电极。

对催化剂的要求是有足够的催化活性和稳定性，阳极催化剂还应具有抗一氧化碳中毒的能力，对于使用烃类燃料重整的质子交换膜燃料电池系统，阳极催化剂系统尤其应注意这个问题。PEMFC 电催化剂按照使用金属可分为铂系和非铂系电催化剂两类。由于质子交换膜燃料电池的工作温度低于 100℃，目前只有贵金属催化剂对氢气氧化和氧气还原反应表现出了足够的催化活性。现在所用最有效的催化剂是铂或铂合金催化剂，它对氢气氧化和氧气还原都具有非常好的催化能力，且可以长期稳定工作。由于这种电池是在低温条件下工作的，提高催化剂的活性、防止电极催化剂中毒很重要。

以铂或铂合金作为催化剂的主要问题是成本太高，由于铂的价格高、资源匮乏，使得质子交换膜燃料电池的成本居高不下，限制了大规模的应用，需要进一步降低铂的含量。一种方法是寻找新的价格较低的非铂、非贵金属催化剂；另一种方法是改进电极结构，有效利用铂催化剂，提高铂的利用率，减少单位面积铂的使用量。

以铂或铂合金作为催化剂的另一个主要问题是毒化问题。铂催化剂因极富活性而提供了优异的性能。该催化剂对一氧化碳和硫的生成物与氧相比具有较高的亲和力，这种毒化效应强烈制约了催化剂的高度活性，并阻碍了扩展到其中的氢或氧，使得电极反应不能发生，燃料电池性能递减。若氢由重整装置提供，则气流中将含有一些一氧化碳，或吸入的空气因被污染而含有一氧化碳，都会造成毒化问题的产生。虽然由一氧化碳引起的毒化是可逆的，但它增加了成本，且各个燃料电池需要单独处理。

3. 电极

质子交换膜燃料电池的电极是一种典型的多孔气体扩散电极，一般由气体扩散层和催化层构成。扩散层是导电材料制成的多孔合成物，起着支撑催化层、收集电流的作用，并为电化学反应提供电子通道、气体通道和排水通道。催化层是进行电化学反应的区域，是电极的核心部分，其内部结构粗糙多孔，有足够的表面积以促进氢气和氧气的电化学反应。电极制作的好坏对电池的性能有重要影响。扩散层一般以多孔炭纸或炭布为基底，并经聚四氟乙烯（PTFE）和炭黑处理后构成，厚度为 0.2~ 0.3 mm。在扩散层中，被 PTFE 覆盖的大孔是憎水孔，未被 PTFE 覆盖的小孔是亲水孔。反应气体通过憎水孔传递，而产物水则通过亲水孔排出。制备扩散层的关键是如何实现憎水孔和亲水孔的合理分布。一个好的气体扩散电极应同时具备适度的亲水性和憎水性，以保证催化剂发生作用的最佳湿化环境，同时让反应生成的水及时排出，以免电极被淹。

催化层可以分为常规憎水催化层、薄层亲水催化层和超薄催化层。早期的催化层是常规的憎水催化层，厚度超过 50 μm，主要是将铂黑或碳载铂催化剂和 PTFE 微粒混合后，经丝网印刷、涂布和喷涂等方法涂覆到扩散层上并经热处理制得。催化层中的 PTFE 提供气体扩散通道，而催化剂则为电子和水的传递提供通道。但是，这种催化层质子传导能力较差，性能不高。后来，为了改进这种催化层的质子传导能力并增加催化剂、反应气体和质子交换膜三相界面的面积，又研制了薄层亲水催化层和超薄催化层。

四、碱性燃料电池

1. 碱性燃料电池的结构及工作原理

碱性燃料电池（Alkaline Fuel Cell，AFC）采用 KOH、NaOH 等强碱性溶液作为电解质，由于电解液为碱性，在电介质内部传输的离子为氢氧根离子。碱性燃料电池（AFC）是最早进入实用阶段的燃料电池之一，也是最早用于车辆的燃料电池。1959 年首次驱动叉车的培根（Bacon）型中温、中压氢氧燃料电池就是 AFC。可以说，AFC 是目前技术最成熟的燃料电池之一。

AFC 以氢气为燃料，纯氧或脱除微量二氧化碳的空气为氧化剂。氧化极的电催化剂采用对氧电化学还原具有良好催化活性的 Pt/C、Ag、Ag–Au、Ni 等，并将其制备成多孔气体扩散电极；氢电极的电催化剂采用具有良好催化氢电化学氧化的 Pt–Pd/C、Pt/C、Ni 或硼化镍等，并将其制备成多孔气体电极。双极板材料采用无孔碳板、镍板或镀镍甚至镀银、镀金的各种金属（如铝、镁、铁）板，在板面上可加工各种形状的气体流动通道，构成双极板。

以氢作为燃料的 AFC 工作原理如图 2–5–2 所示。在阳极，氢气与电解液中的 OH^-

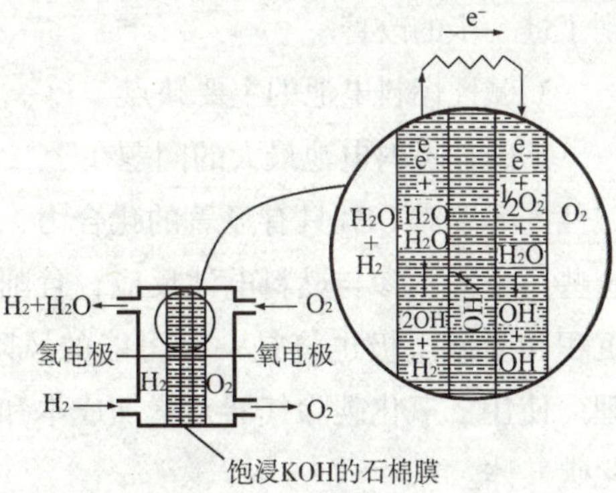

图 2-5-2　石棉膜型碱性氢氧燃料电池单电池的工作原理

在电催化剂的作用下，发生氧化反应生成水和电子，电子通过外电路达到阴极，在阴极电催化剂的作用下，参与氧的还原反应，生成的 OH^- 通过饱浸碱液的多孔石棉迁移到氢电极。这种 AFC 阳极和阴极发生的电化学反应如下：

阳极：$H_2+2OH^- \longrightarrow 2H_2O+2e^-$

阴极：$\frac{1}{2}O_2+H_2O+2e^- \longrightarrow 2OH^-$

总反应：$H_2+\frac{1}{2}O_2 \longrightarrow H_2O$

不同于酸性燃料电池的另一点是，上述反应水在氢电极处生成。为防止稀释电解质，阳极侧生成的水要及时排除。此外，在阴极处，氧的还原又需要水。水的管理问题通常按电极防水性和在电解液中保持含水量的需求予以分解。阴极反应从电解液中消耗水，而阳极反应则排出其水生成物。过剩的水在燃料电池堆汽化。

AFC 可分为多孔基体型及自由电解液型两类。前者是将电解液吸在作为电极间隔离层的多孔性材料中；后者则是将电解液存于空室内，外设循环系统，将反应生成的热及水散发掉。

2. 碱性燃料电池的优点

AFC 与其他类型燃料电池相比，具有以下优点。

①碱性燃料电池可以在一个宽温度（80~230℃）和压力［（2.2~45）×10^5 Pa］范围内运行。因其可以在相对较低的温度（大约 80℃）下运行，故它的启动也很快，但其电力密度却比质子交换膜燃料电池的密度低十几倍。

② AFC 具有较高的效率（50%~55%）。因为由氢氧电解液所提供的快速动力学效应，碱性燃料电池可获得很高的效率。尤其是氧的反应（O^{2-}>OH^-）比酸性燃料电池中氧的还原反应容易得多，因此活性损耗非常低。

③性能可靠，可用非贵金属作为催化剂，是燃料电池中生产成本最低的一种电池。碱性燃料电池中的快速动力学效应使银或镍可用以替代铂作为催化剂，其电池本体可以用价格低的耐碱塑料制作，且使用的是廉价的电解液。这样，碱性燃料电池堆的成本显著下降。

④通过电解液完全的循环，电解液被用作冷却介质，易于热管理；更为均匀的电解液的集聚，解决了阴极周围电解液浓度分布问题，提供了利用电解液进行水管理的可能性；若电解液已被二氧化碳过度污染，则有替换电解液的可能性。当电解液循环时，燃料电池被称为“动态电解液的燃料电池”，这种循环使碱性燃料电池动力学特性得

到了进一步的改善。

3. 碱性燃料电池的主要缺点

①碱性燃料电池最大的问题在于二氧化碳（CO_2）的毒化：电池对燃料中 CO_2 敏感，碱性电解液对 CO_2 具有显著的化合力，电解液与 CO_2 接触会生成碳酸根离子（CO_3^-），这些离子并不参与燃料电池反应，且削弱了燃料电池的性能，影响输出功率；碳酸的沉积和阻塞电极也将是一种可能的风险，这一问题最终可通过电解液的循环予以处理。使用二氧化碳除气器是增加成本和复杂度的解决方法，它可从空气流中排除二氧化碳气体。

②电解液的循环利用增加了泄漏的风险：氢氧化钾是高腐蚀性的，具有自然渗漏的能力，甚至透过密封，具有一定的危险性，且容易造成环境污染。此外，循环泵和热交换器的结构，以及最后的汽化器均更加复杂。另一问题在于，如果电解液被过度循环或单元电池没有完善绝缘，则在两单元电池间存在内部电解质短路的风险。

③需要冷却装置维护其较低的工作温度。

五、燃料电池的维护与保养

质子交换膜燃料电池正常工作需要良好的加湿性能，水管理和热管理等不当导致出现水淹和膜脱水故障。有氧气侧只进气不排气，气流速度较低，偶尔脉冲排气，形成积水。这种液态水积聚在流道内堵塞流道的现象，叫作燃料电池水淹现象。工作过程中的质子交换膜需要一定的温度，电堆的温度较高时降低湿度，产生膜附近水的减少。这种现象叫质子交换膜燃料电池的膜脱水。燃料电池的主要故障有“漏氢”、电极水淹和质子交换膜脱水等 3 类。漏氢故障主要发生在 3 个部位：一是氢气回路（包括阀门破裂、管路破裂、接头破损等），二是洗气管道（包括单向阀受损、受气阀受损），三是电堆（包括气密性不佳和膜受损）。应定期对相关设备进行安全检查，如氢气存储容器、输送管等。一是防静电措施，二是避免发生撞击，三是防止引起火花。操作要规范，每次工作前先检查氢气管路、阀门。确保安全后开启各阀门。工作结束后，按程序关闭各阀门。氢气泄漏报警器发出警报响声，先关闭氢气阀，再关闭系统的总电源。在驾驶过程中，立即停机解除负载，及时迅速关掉氢气总阀开关。燃料电池堆的电压超过 36 V，一旦触电会有致死的危险，所以维护时不准佩戴可能导致短路或触电事故的导电饰品，切忌手摸电堆和控制器件。每次工作前对系统电路进行安全检查，启动电源开关前进行安全检查，工作结束时关闭各设备的电源。避免高温烫伤。燃料电池正常工作时，设备表面温度达到 70~80℃，进入正常工作状态后不准接触或手摸系统设备的热表。

日常维护主要包括两方面：一是燃料电池系统使用前的维护，二是燃料电池使用后的维护。

使用前维护内容：检测氢气管路是否泄漏；检查氢气报警器是否正常工作；检查去离子水（水冷方式）是否达到正常范围。使用后的维护内容：检查设备电源是否关闭；检查氢气阀门是否关闭；检查系统储存是否干净。

定期维护内容：7 天为一个周期，更换去离子水，正常检查去离子水的纯度；工作 500 h 后更换空气过滤器；使用环境情况自定检查燃料电池系统，确保清洁，长期不使用时，定期进行检查，确定燃料电池的各个部件工作是否正常。

六、拓展阅读

在双碳大背景下，燃料电池技术是我国未来能源技术的战略选择。发展氢能产业也是紧扣实现“碳达峰、碳中和”目标，贯彻“四个革命、一个合作”能源安全新战略，着眼抢占未来产业发展先机的重大机遇。据统计，2021 年中国相关燃料电池企业注册数量为 1 440 家，同比 2020 年增长 70%。

氢燃料电池的下游应用十分广泛，如交通运输、便携式电池、发电、建筑储能以及工业、军事等领域。尤其在交通领域成长性最强，道路车辆与当前燃料电池发展方向相匹配，其中商用车存在较多相对固定路线的场景，对加氢站等基础设施需求较少，更适合当前燃料电池技术特点与产业基础，因此商用车成为当前氢燃料电池汽车的主要发展重点。在市场空间更大的乘用车领域，我国也有一些车企有所突破，如上汽大通率先实现氢能源 MPV 的批量交付，长安深蓝 SL03 氢燃料电池汽车正式上市，东风推出燃料电池乘用车东风氢舟 H2・e，海马汽车推出第三代氢燃料电池汽车 7X-H，一汽全新红旗 H5 燃料电池汽车完成研发等。

学后测试

①燃料电池按工作温度分，有哪些种类？

②简述质子交换膜燃料电池的基本结构。

③简述碱性燃料电池的工作原理。

④简述燃料电池定期维护的内容。

任务六 认识超级电容

教学目标

知识目标

· 了解超级电容的基本结构。

· 初步了解超级电容的工作原理。

· 初步了解超级电容的性能及应用。

技能目标

超级电容的性能及应用。

素养目标

激发同学自信心自豪感和创新意识。

知识链接

超级电容又叫作双电层电容器、电化学电容器、黄金电容、法拉电容，通过极化电解质来储能。它是一种电化学元件，但在其储能的过程中并不发生化学反应，这种储能过程是可逆的，也正因为此，超级电容可以反复充放电数十万次。超级电容可以被视为悬浮在电解质中的两个无反应活性的多孔电极板，在极板上加电，正极板吸引电解质中的负离子，负极板吸引正离子，实际上形成两个容性存储层，被分离开的正离子在负极板附近，负离子在正极板附近。

扫一扫

一、超级电容的结构组成及工作原理

电动汽车超级电容的组成结构与化学电池非常相似，也是由正极、负极、隔膜、电解液等组成，如图 2-6-1 所示。

电动汽车超级电容器根据储能机理的不同，可分为双层超级电容器和法拉第准电容器。

1. 双电层超级电容器

双电层超级电容器是在电极 / 溶液界面通过电子或离子的定向排列造成电荷的对峙而产生的。对一个电极 / 溶液体系，会在电子导电的电极和离子导电的电解质溶液界面上形成双电层，如图 2-6-2 所示。

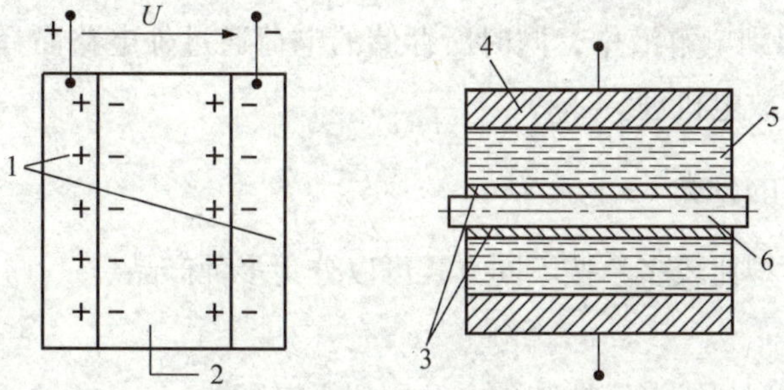

1—极化电极；2—电解液；3—双层结构；4—黏结层；5—电极；6—隔离层。

扫一扫

图 2-6-1 超级电容结构

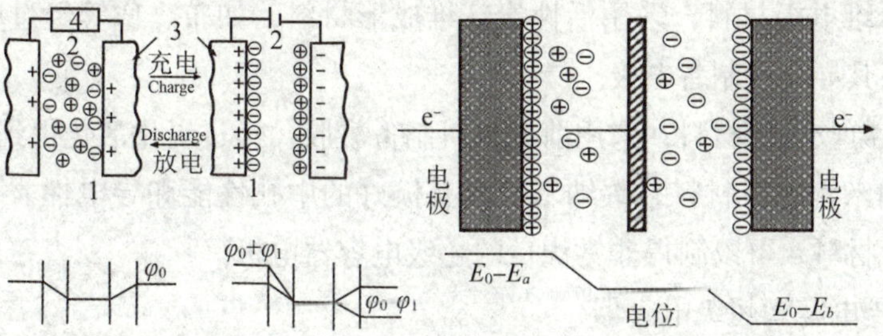

1—双电层；2—电解液；3—电极；4—负载。

图 2-6-2 双电层超级电容器的工作原理

当在两个电极上施加电场后，电解液中的阴、阳离子分别向正、负电极迁移，在电极表面形成双电层；撤去电场后，电极上的正负电荷与溶液中的相反电荷离子相吸引而使双电层稳定，在正负极间产生相对稳定的电位差。这时对某一电极而言，会在一定距离内（分散层）产生与电极上的电荷等量的异性离子电荷，使其保持电中性；当将两极与外电路连通时，电极上的电荷迁移而在外电路中产生电流，溶液中的离子迁移到溶液中呈电中性。这便是双电层超级电容器的充放电原理。

2. 法拉第准电容器

法拉第准电容器主要利用电极表面、内部快速的氧化还原反应所产生的法拉第“准电容”实现电荷和能量的储存，其电荷与能量的存储方式与双电层超级电容器不同。对于法拉第准电容器，其存储电荷的过程不仅包括双电层上的存储，而且包括电解液离子与电极活性物质发生的氧化还原反应。所以法拉第准电容器的容量远高于双电层超级电容器的容量，可以是后者的 10~100 倍。

法拉第准电容器一般使用金属氧化物和导电聚合物为电极材料，当电解液中的离子（如 H^+、OH^-、K^+ 或 Li^+）在外加电场的作用下由溶液中扩散到电极电解液界面时，会通过界面上的氧化还原反应而进入电极表面活性氧化物的体相中，从而使得大量的电荷被存储在电极中。放电时，这些进入氧化物中的离子又会通过以上氧化还原反应的逆反应重新返回到电解液中，同时所存储的电荷通过外电路而释放出来，这就是法拉第准电容器的充放电机理。

二、超级电容的分类

超级电容的类型比较多，按不同方式可以分为多种产品。

1. 按原理分类

可分为双电层型超级电容器和赝电容型超级电容器。

（1）双电层型超级电容器

①活性炭电极材料，采用了高比表面积的活性炭材料经过成型制备电极。

②碳纤维电极材料，采用活性炭纤维成形材料，如布、毡等经过增强、喷涂或熔融金属增强其导电性制备电极。

③碳气凝胶电极材料，采用前驱材料制备凝胶，经过炭化活化得到电极材料。

④碳纳米管电极材料，碳纳米管具有极好的中孔性能和导电性，采用高比表面积的碳纳米管材料，可以制得非常优良的超级电容器电极。

（2）赝电容型超级电容器

包括金属氧化物电极材料与聚合物电极材料，NiO_x、MnO_2、V_2O_5 等金属氧化物作为正极材料，活性炭作为负极材料制备的超级电容器，导电聚合物材料包括 PPY、PTH、PAni、PAS、PFPT 等经 P 型或 N 型或 P/N 型掺杂制取电极，以此制备超级电容器。这一类型的超级电容器具有非常高的能量密度，目前除 NiO_x 型外，其他类型多处于研究阶段，还没有实现产业化生产。

2. 按电解质类型分类

可以分为水性电解质和有机电解质类型。水性电解质又分为酸性电解质、碱性电解质和中性电解质。

①酸性电解质类型多采用 36% 的 H_2SO_4 水溶液作为电解质。

②碱性电解质类型通常采用 KOH、NaOH 等强碱作为电解质，水作为溶剂。

③中性电解质类型通常采用 KCl、NaCl 等盐作为电解质，水作为溶剂。

3. 其他分类

①液体电解质超级电容器，多数超级电容器电解质均为液态。

②固体电解质超级电容器，随着锂离子电池固态电解液的发展，应用电容器的电解质也对凝胶电解质和 PEO 等固体电解质进行研究。

三、超级电容的特性

超级电容使用过程中没有任何化学反应，也没有高速旋转等机械运动；对于环境没有污染，也没有任何的噪声；结构简单、体积小，是非常理想的储能设备。超级电容产品具有以下技术特性。

①充电快：充满其额定容量的95%以上仅需10 s~10 min。

②循环寿命长：深度充放电循环可达50万次，如北京合众汇能公司生产的HCC250F/2.7 V的超级电容和北京集星科技公司生产的系列电容的循环寿命均在50万次以上。

③能量转换效率高：大电流能量循环效率大于90%。

④功率密度高，可达300~50 000 W/kg，为蓄电池的5~10倍。

⑤原材料生产、使用、存储及拆解过程均无污染，是理想的绿色环保电源；安全系数高，长期使用免维护。

⑥高充放电效率：由于内阻很小，所以充放电损耗也很小，具有很高的充放电效率，可达90%以上。

⑦温度范围宽，可达−40~+70℃：超级电容电极材料的反应速率受温度影响不大。

⑧检测控制方便：剩余电量可通过公式 $E=\frac{CV^2}{2}$ 直接算出，只需要检测端电压就可以确定所存储的能量，荷电状态（SOC）的计算简单准确，因此易于能量管理与控制。

四、超级电容的应用

1. 超级电容在太阳能能源系统中的应用

太阳能源的利用最终归结为太阳能利用和太阳光利用两方面。太阳能发电分为光伏发电和光热发电，其中光伏发电就是利用光伏电池将太阳能直接转化为电能。光伏发电不论是转化效率、设备成本和发展前景都远远强于光热发电。自从实用型多晶硅的光伏电池问世以来，世界上就便开始了太阳能光伏发电的应用。

目前，太阳能光伏发电系统有3个发展方向：独立运行、并网型和混合型光伏发电系统。在独立运行系统中，储能单元一般是必须有的，它能将由日照时发出的剩余电能存储起来供日照不足或没有日照时使用。目前，国际光伏能源产业的需求开始由边远农村和特殊应用向并网发电与建筑结合供电的方向发展，光伏发电已有补充能源向替代能源过渡。国内光伏能源系统仍主要是用在边远的无电地区和城市路灯、草坪灯、庭院灯、广告牌等独立光伏发电系统。通过蓄电池组构成的储能系统，能够熨平太阳光照强度波动导致的电能波动，还可以补偿电网系统中的电压骤降或突升，但是由于其充放电次数有限、大电流充放电时间较慢等因素，其使用寿命较短，成本较高。因此，在太阳能光伏发电系统中采用超级电容组将使其并网发电更具有可行性。

2. 超级电容在风力发电系统应用分析

风力发电作为当前发展最快的可再生能源发电技术，具有广阔的应用前景。但是，风能是一种随机变化的能源，风速变化会导致风电机组输出功率的波动，对电网的电能质量会产生影响。

目前，风电有功功率波动多采用直接调节风力涡轮机运行状态的方法平缓其输出功率，但是该方法的功率调节能力有限；无功功率波动通常采用并联静止无功补偿装置进行无功调节，但无功补偿装置无法平抑有功功率波动。通过附加储能设备，既可以调节无功功率、稳定风电场母线电压，又能在较宽范围内调节有功功率。而风力发电研究表明位于 0.01~1 Hz 的波动功率对电网电能质量的影响最大，平抑该频段的风电波动对电网电能质量的影响最大。平抑该频段风电波动，采用较短时间的能量存储就可以达到目的，因此能够实现短时能量存储的小容量储能设备对风力发电的应用价值很高。超级电容因其具有数万次以上的充放电循环寿命、大电流充放电特性，能够适应风能的大电流波动，它能在白天阳光充足或风力强劲的条件下吸收能量，在夜晚或风力较弱时放电，从而能够熨平风电的波动，实现更有效的并网。

3. 超级电容在电动汽车发展中的机遇

通常超级电容与锂离子电池配合使用，二者完美结合形成了性能稳定、节能环保的动力汽车电源，可用于混合动力汽车及纯电动汽车。锂离子电池解决的是汽车充电储能和为汽车提供持久动力的问题，超级电容的使命则是为汽车启动、加速时提供大功率辅助动力，在汽车制动或怠速运行时收集并存储能量。超级电容在汽车减速、下坡、刹车时可快速回收并存储能量，将汽车在运行时产生的多余动力安全转化为电池的充电能源，保证电池安全稳定运行；启动或加速时，先由电池将能量转移入超级电容，超级电容可在短时间内提供所需的峰值能量。

在国内涉足新能源汽车的厂商中，已有众多厂商选择了超级电容与锂离子电池配合的技术路线。例如，安凯客车的纯电动客车、海马并联纯电动轿车 MPE 等车型采用了锂离子电池 / 超级电容动力体系；厦门金龙旗下的厦门金旅生产的 45 辆油电混合动气公交车采用了 720 套全球领先的超级电容厂商——美国 MAXWELL 公司的超级电容模组，这 45 辆混合动力公交车于 2008 年下半年投入杭州运营，因节油效果明显受到赞誉。2009 年 4 月 22 日，MAXWELL 公司公告称收到了来自 3 家中国领先的运输巴士生产商总价值约 1 350 万美元的 BOOSTCAP（R）超级电容模组采购订单。MAXWELL 公司预计，已有超过 150 辆混合动力巴士采用了该公司的超级电容。

4. 智能分布式电网系统

（1）超级电容在智能电网中的应用研究分析

当今社会对能源和电力供应的质量以及安全可靠性的要求越来越高，传统的大电网供电方式由于其本身的缺陷已经不能满足这种要求。能够集成分布式发电的新型电网——微电网（Microgrid）应运而生，它能够节省投资、降低能耗，提高系统安全性和灵活性，是未来的发展方向。电容作为微电网中必不可少的储能系统，发挥着十分重要的作用。超级电容作为一种新型的储能器件，以其无可替代的优越性，成为微电网储能的首选装置之一。微电网由微电源、负荷、储能以及能量管理器等组成。储能在微电网中发生作用的形式有：接在微电源的直流母线上、包含重要负荷的馈线上或微电网的交流母线上。其中，前两种可称为分布式储能，最后一种称为中央储能。当并网运行时，微电网内的功率波动由大电网进行平衡，此时储能处于充电备用状态。当微电网由并网运行切换到孤网运行时，中央储能立即启动，弥补功率缺额。微电网孤网运行时负荷的波动或微电源的波动则可以由中央储能或分布式储能平衡。其中，微电源的功率波动有两种平衡方式：将分布式储能和需要储能的微电源并联接在某馈线上，或者将储能直接接入该微电源的直流母线上。

①提供短时供电：微电网存在两种典型的运行模式：正常情况下，微电网与常规配电网并网运行，称为并网运行模式；当检测到电网故障或电能质量不满足要求时，微电网将及时与电网断开从而独立运行，称为孤网运行模式。微电网往往需要从常规配电网中吸收部分有功功率，因而微电网在从并网模式向孤网模式转换时，会有功率缺额，安装储能设备有助于两种模式的平稳过渡。

②用作能量缓冲装置：由于微电网规模较小，系统惯性不大，网络及负荷经常发生波动就显得十分严重，对整个微电网的稳定运行造成影响。我们总是期望微电网中高效发电机（如燃料电池）始终工作在它的额定容量下。但是微电网的负荷量并非整日保持不变，相反，它会随着天气变化等情况发生波动。为了满足峰值负荷供电，必须使用燃油、燃气的调峰电厂进行高峰负荷调整，由于燃料价格很高，这种方式的运行费用太高昂。超级电容储能系统可以有效地解决这个问题，它可以在负荷低落时存储电源的多余电能，而在负荷高峰时回馈给微电网以调整功率需求。超级电容功率密度大、能量密度高的特性使它成为处理尖峰负荷的最佳选择，而且采用超级电容只需存储与尖峰负荷相当的能量。

③改善微电网的电能质量：储能系统对微电网电能质量的提高起到了十分重要的作用。通过逆变器控制单元，可以调节超级电容储能系统向用户及网络提供的无功及有功，从而达到提高电能质量的目的。由于超级电容可快速吸收、释放大功率电能，非常适宜将其应用到微电网的电能质量调节装置中，用来解决系统中的一些暂态问题，如针对系统故障引发的瞬时停电、电压骤升、电压骤降等问题，利用超级电容提供快速功率缓冲，吸收或补充电能，提供有功功率支撑进行有功或无功补偿，以稳定、平滑电网电压的波动。

④智能分布式电网系统超级电容必不可少：从智能电网的未来发展趋势看，智能分布式电网系统将是未来电网系统的主流。而要实现智能分布式电网系统的构建，则必须具有分布式的储能装置和中央储能装置等缓冲设备。在能源产生过程不稳定的情况下，需要一个缓冲器来存储能量。在能源产生的过程是稳定的而需求是不断变化的情况下，也需要使用储能装置。燃料电池与风能或太阳能不同，只要有燃料，它就能

够持续输出稳定的电能。然而，负荷需求随着时间的变化有很大的不同。如果没有储能装置，燃料电池就要做得很大以满足峰值能量需求，成本显得过高。通过将过剩的能量存储在储能装置中，就可以在短时间内通过储能装置提供所需的峰值能量。

在分布式电网系统中，电力系统的暂态冲击在所难免，而超级电容的优越性能，使其可以降低暂态冲击对整个系统性能的影响。因此，在未来的智能分布式电网系统中，超级电容组储能系统必不可少。

（2）超级电容在智能电网中的应用前景

理想的供电电压应该是纯正弦波形，具有标称的幅值和频率。然而，由于供电电压的非理想性、线路的阻抗、供电系统所承受的各种扰动、负荷的时变性与非线性等，供电电压常常呈现各种各样的电能质量问题。电压型电能质量问题通常表现为幅值或波形的异常：电压暂降、三相不平衡、电压波动与闪变、谐波及频率变动等。在所有这些电能质量问题中，电压暂降和电压短时中断对用电设备所造成的危害尤其严重，短短几个周期的电压暂降都可能严重影响设备的正常工作。在欧美发达国家，电压暂降一次的经济损失可以达到几百万美元，而电压短时中断的后果更加严重。目前，电压暂降已经上升为最重要的电能质量问题。在对电能质量的诸多问题投诉中，由电压暂降引起的用户投诉占总投诉量的 80% 以上，而由谐波、开关操作过电压等引起的电能质量问题投诉不到 20%。换个角度考虑，电压暂降和短时中断之所以危害很大，就是因为很多用电设备对其太过敏感。降低设备对电压暂降和短时中断的敏感度，提高其抗扰动的能力，就可以让用户把损失降到最小，甚至可以完全避免由于电压暂降和短时中断所带来的损失。

目前，解决方法主要有加装 UPS 电源、多路供电、加装动态电压恢复器（Dynamic Voltage Restorer，DVR）等。在这几种措施中，大功率 UPS 的造价太高，多路供电也不能完全避免电压暂降和短时中断所造成的损失，DVR 的研究在中国才刚刚起步。从提高负荷抗干扰的能力考虑，可以根据用户的需求定制不同的装置，这就是所谓的用户电力技术。用户电力技术是 20 世纪 90 年代开发的技术，是指把大功率电力电子技术和配电自动化技术综合起来，以用户对电力可靠性和电能质量要求为依据，为用户配置所需要的电力。这其中的主要产品有固态断路器 + 静态补偿器（STATCOM）、动态电压恢复器等，可以解决电压暂降、凸起、瞬时间断等配电系统扰动所引起的各种问题。

当前针对电压补偿的技术产品主要有 DVR 和 UPQC（统一电能质量控制器）、DVR 和有源滤波器（APF）。世界上第一台 DVR 装置由美国西屋公司研制成功，并于 1997 年 8 月在美国 Duke 电力公司投入运行。APF 并联于线路，而 DVR 串联于线路，这样做的目的是 APF 专注于电流型电能质量问题的治理，而 DVR 则专注于电压型电能质量问题。两个装置共用储能单元和能量接口，都可以单独运行实现其自身的功能。

目前的困难在于，传统的储能装置难以快速响应这种电能的暂态波动。而通过加入超级电容组，就能够较为顺利地解决上述技术难题。因此，作为智能电网系统最核心端口的用户电能质量问题的解决方案，该设备具有广阔的市场前景。

五、拓展阅读

超级电容作为一种能量存储系统，是西方科学家提出来的。产业是美国 Maxwell 公司发展起来的，并且是由军用逐渐过渡到民用的。这个发展历程，像极了锂离子电池的发展历程。这两种商业化的电化学储能系统，都经历了“东渡”，最终在中国落户开花，发扬光大。

中车新能源与集盛星泰公司合并，成为世界上最大的超级电容生产企业之一。同时，中国的超级电容市场也成为国际最大的市场。中国超级电容的应用领域，也从传统的超级电容应用领域（包括电力储能、风力变桨、回收港机的能量、车辆的刹车回收能量），创新地拓展了轨道交通的纯电容驱动、公交车的纯电容驱动、既开拓了巨大的新兴市场，又打破了国际上“超级电容只能作为辅助电源”的传统观念，从而激发了更多的产业想象。电池型电容新技术的开拓与电源管理技术则带来了光伏照明行业的新应用与新发展，在寿命与使用便捷性方面，大大超越了传统锂离子电池路灯。

国内汽车企业，如一汽、东风、上汽申沃、金龙海格、宇通客车和吉利等，都进行了与超级电容相关的应用开发和技术储备，部分产品已在市场销售并进入国际市场，对促进超级电容器的发展起到了推动作用。

2010 年开始，国产超级电容已经陆续开始在新能源客车、风力发电、现代有轨电车、轨道交通储能、智能三表、电力配网设备等领域批量应用。伴随超级电容应用领域的不断拓宽，我国的超级电容产品的研发、生产和应用都得到了快速发展，技术上紧追美国和韩国，产能规模也逐步达到甚至超过了韩国的水平。

2015 年之后，我国超级电容产业开始了快速发展，在储能式有轨电车、超级电容客车、超级电容路灯等领域都形成了国际首创应用，在轨道交通、风力发电、智能三表、电动船舶、ETC 等领域的应用规模都达到了世界领先。与此同时，随着中国中车、上海电气等骨干国有企业，山东精工、博艾格、浙江斯瑞特一批快速发展企业，以及宇通客车、江海股份、新筑股份、中天科技、思源电气等上市公司纷纷投资或进入超级电容的研发和制造，经过多年的自主创新，我国超级电容研发和生产能力上了一个显著的台阶，无论从产品技术水平还是产能规模上都达到国际先进水平。

中国超级电容产业发展正驰向高速新车道，拥抱越来越多的应用场景，服务于中国与国际的现代化进程，服务于人类越来越美好的绿色、健康生活。

学后测试

①简述超级电容的组成结构。

②简述超级电容的特性。

③简述超级电容的应用。

④简述超级电容在电动汽车发展中的机遇。

项目三

电动汽车的电动机的检修

任务一 认识电动汽车用电动机

教学目标

知识目标

- 掌握电机的型号。
- 理解电机的分类。

技能目标

能认识各类电动汽车用电动机。

素养目标

具有良好的职业道德和敬业精神。

知识链接

一、电机的概述

电泛指能使机械能转化为电能、电能转化为机械能的一切机器，特指发电机、电能机、电动机。

电动机俗称马达，是一种将电能转化成机械能，用来驱动其他装置的电气设备。

由于电动汽车采用动力电池作为车载能源，其容量受到限制，为了尽可能地延长续驶里程，大多数驱动系统都采用了能量回馈技术，即在汽车制动时，通过控制器将车轮损耗的动能反馈到电池中，并使电机处于发电状态，将发出的电输送到电池中。因此，电动汽车的驱动机应该称为电机，而不是我们习惯称呼的电动机。例如，南京中大青山采用的双定子磁悬浮复合转子电机既能将电能转化为机械能，又能将机械能转化为电能。

二、电机的分类

扫一扫

1. 按工作电源种类划分

按工作电源种类划分，电机可分为直流电机和交流电机。

（1）直流电机

按结构及工作原理，直流电机可划分为无刷直流电机和有刷直流电机，又可分为永磁直流电机和电磁直流电机。永磁直流电机按材料又分为稀土、铁氧体、铝镍钴永磁直流电机。电磁直流电机按励磁方式又分为串励、并励、他励和复励直流电机。

（2）交流电机

交流电机可分为单相电机和三相电机。

2. 按结构和工作原理划分

按结构和工作原理划分，电机可分为直流电机、异步电机、同步电机。

异步电机的转子转速总是略低于旋转磁场的同步转速。同步电机的转子转速与负载大小无关，始终保持为同步转速。

3. 按用途划分

按用途划分，电机可分为驱动电机和控制用电机。

4. 按运转速度划分

按运转速度划分，电机可分为高速电机、低速电机、恒速电机和调速电机。

低速电机又分为齿轮减速电动机、电磁减速电动机、力矩电动机和爪极同步电动机等。

三、电机的型号

电机型号由电机类型代号、电机特点代号、设计序号和励磁方式代号等 4 个小节顺序组成。

1. 类型代号

它是表征电机的各种类型而采用的汉语拼音字母。例如，异步电机用 Y、同步电机用 T、同步发电机用 TF、直流电机用 Z、直流发电机用 ZF。

2. 特点代号

特点代号表征电机的性能、结构或用途，也采用汉语拼音字母表示。例如，隔爆型用 B，YB 轴流通风机用 YT，电磁制动式用 YEJ，变频调速式用 YVP，变极多速式用 YD，起重机用 YZD 等。

3. 设计序号

它是指电机产品设计的顺序，用阿拉伯数字表示。对于第 1 次设计的产品，不标注设计序号。对系列产品所派生的产品，按设计的顺序标注。例如，Y2、YB2。

4. 励磁方式代号

用字母表示励磁方式，S 表示三次谐波，J 表示晶闸管，X 表示相复励磁。例如，Y2- 160 M1-8 中，Y 指机型，表示异步电动机；2 指设计序号，表示第 1 次基础上改进设计的产品；160 是中心高，指轴中心到机座平面高度；M1 指机座长度规格，M

是中型；8 是极数，指 8 极电动机。再如，Y 630-10 /1180 中，Y 表示异步电动机；630 表示功率为 630 kW；10/1180 表示 10 极，定子铁芯外径 1 180 mm。

四、电机的铭牌数据及额定值

型号：表示的系列品种、性能、防护结构形式、转子类型等产品代号。

功率：表示额定运行时电动机轴上输出的额定机械功率，单位为 kW 或 hp，1 hp=0.736 kW。

电压：直接到定子绕组上的线电压（V），电机有 Y 形和△形两种接法，其接法应与电机铭牌规定的接法相符，以保证与额定电压相适应。

电流: 电动机在额定电压和额定频率下，并输出额定功率时定子绕组的三相线电流。

频率：指电动机所接交流的频率，中国规定为 50 Hz。

转速：电动机在额定电压、额定频率、额定负载下每分钟的转速（r/min）；2 极电机的同步转速为 2 880/min。

工作定额：指电动机运行的持续时间。

绝缘等级：电动机绝缘材料的等级，决定电机的允许温升。

标准编号：表示设计电机的技术文件依据。

励磁电压：指同步电机在额定工作时的励磁电压（V）。

励磁电流：指同步电机在额定工作时的励磁电流（A）。

五、电动汽车用电机的基本要求

电动汽车在行驶过程中需要经常频繁地启动和停车、加速和减速等，对电机性能的要求非常高。基本要求包括如下几点。

①电机的运行特性要满足电动汽车的要求，在恒转矩内，要求低速运行时具有大转矩，以满足电动汽车启动和爬坡的要求。在恒功率内，要求低转矩时具有高速度，以满足电动汽车在平坦路面能高速地行驶。

②电机应具有瞬时功率大，带负载启动性能好，过载能力强，加速性能好，使用寿命长等特点。

③电机应具有高效特点，以提高一次充电的续航里程。

④电机应具有在汽车减速时实现再生制动，将能量回收并反馈给蓄电池，使得电动汽车具有最佳的能量利用率。

⑤电机应具有良好的可靠性，在恶劣的环境下也能够长期工作。

⑥电机应具有体积小、轻便的特点。

⑦电机应具有结构简单牢固的特点，适合批量生产，易于维护。

⑧电机应具有价格优势，以提高电动汽车的性价比。

⑨电机应具有运行时噪声低、减少噪声污染的特点。

技能实训　电动汽车驱动电机铭牌和零部件的认识

准备项目	具体准备内容
防护用品准备	常规实训装备
场地准备	宽敞、明亮
工具、材料准备	车辆、台架、总成：北汽新能源 EV160 纯电动汽车驱动电机结构台架

一、目的

①纯电动汽车驱动电机铭牌参数认识。

②纯电动汽车驱动电机零部件认识。

警告：不要试图分解电机总成，以免造成人身伤害及损坏电机。

二、实施步骤及内容

北汽 EV160 驱动电机系统是纯电动汽车三大核心部件之一，是车辆行驶的主要执行机构，其特性决定了车辆的主要性能指标，直接影响车辆动力性、经济性和用户驾乘感受。

1. 驱动电机铭牌参数认识

驱动电机主要参数指标如图 3-1-1 所示。

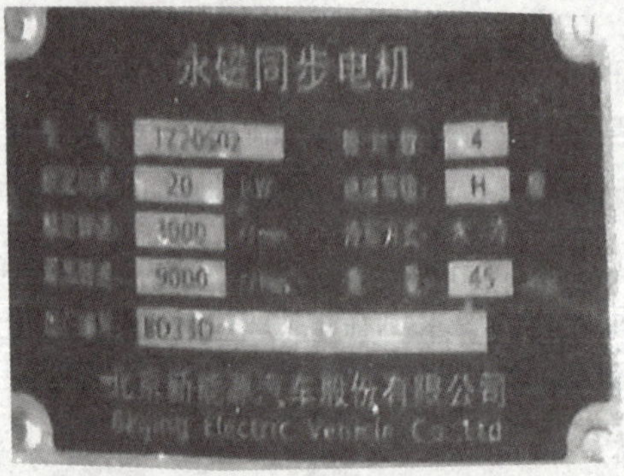

图 3-1-1　驱动电机主要参数

驱动电机具有效率高、体积小、质量小及可靠性高等优点。

驱动电机是动力系统的重要执行机构，是电能与机械能转化的部件。

驱动电机自身的运行状态等信息可以被采集到驱动电机控制器。

驱动电机依靠内置传感器提供电机的工作信息，这些传感器包括旋转变压传感器、温度传感器。

2. 电机零部件认识

定子如图 3-1-2 所示。

图 3-1-2　定子

插接件锁扣如图 3-1-3 所示。

图 3-1-3　插接件锁扣

低压插座如图 3-1-4 所示。

图 3-1-4　低压插座

学后测试

①简述电机的定义。

②简述电机的作用。

③简述电机的分类。

④简述电动汽车用电机的基本要求。

任务二 直流电机的检修

教学目标

知识目标

掌握直流电机的基本结构。

技能目标

直流电机的检修。

素养目标

具有良好的心理素质和克服困难的能力。

知识链接

一、直流电机的基本结构

直流电机主要有定子和转子两个部分（见图 3-2-1）。

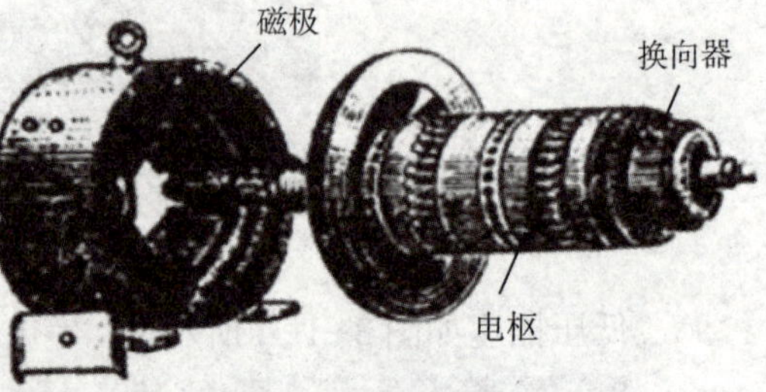

图 3-2-1 直流电机结构

定子的作用是产生主磁场和在机械上支撑电机。

定子组成：主磁极、换向极、机座、端盖和轴承等。

扫一扫

1. 主磁极

主磁极包括主磁极铁芯和套在上面的励磁绕组，主要任务是产生主磁场。磁极下面扩大的部分称为极掌，作用是使通过空气中的磁通分布最为合适，并使励磁绕组能牢固地固定在铁芯上。磁极是磁路的一部分，采用 1.0~1.5 mm 的钢片叠压制成。励磁绕组用绝缘铜线绕成。

2. 换向极

换向极用来改善电枢电流的换向性能。它也是由铁芯和绕组构成的，用螺杆固定在定子两个主磁极的中间。

3. 机座

机座用来固定主磁极、换向极和端盖等，并作为整个电机的支架，用地脚螺钉将电机固定在基础上。另外，它也是电机磁路的一部分，用铸钢或钢板压成。

4. 电枢铁芯

电枢铁芯是主磁极的一部分，用硅钢片叠成，呈圆柱形，表面冲槽，槽内嵌放电枢绕组。为了加快铁芯的冷却，电枢铁芯上有轴向通风孔。

5. 电枢绕组

电枢绕组是直流电机产生感应电势及电磁转矩以实现能量转换的关键部分，一般由铜线绕成，包上绝缘后嵌入电枢铁芯的槽中。为了防止离心力将绕组甩出槽外，用槽楔将绕组导体固定在槽内。

6. 电刷装置

电刷装置包括电刷及电刷座，它们固定在定子上，其电刷与换向器保持滑动接触，以便将电枢绕组和外电流接通。

7. 换向器

换向器的作用，对于发电机是将电枢绕组内感应的交流电动势转换成电刷间的直流电动势；对于电动机则是将外加的直流电流转换成电枢绕组的交流直流，并保证每个磁极下，电枢导体的电流方向不变，以产生恒定的电磁转矩。换向器由很多彼此绝缘的铜片组合而成，这些铜片称为换向片，每个换向片都和电枢绕组连接。换向器是直流电动机的结构特征，易于识别。

二、直流电机的励磁方式

直流电机的励磁方式是指对励磁绕组如何供电、产生励磁磁通势而建立主磁场的问题。根据励磁方式的不同，直流电机可分为下列几种类型。

1. 他励直流电机

励磁绕组与电枢绕组无连接关系，而由其他直流电源对励磁绕组供电的直流电机，称为他励直流电机，接线如图 3-2-2（a）所示。图中 M 表示电动机，若为发电机，则用 G 表示。永磁直流电机也可看作他励直流电机。

2. 并励直流电机

并励直流电机的励磁绕组与电枢绕组相并联，接线如图 3-2-2（b）所示。对于并励发电机，是电机本身发出来的端电压为励磁绕组供电；对于并励电动机，励磁绕组与电枢共用同一电源，从性能上讲与他励直流电动机相同。

3. 串励直流电机

串励直流电机的励磁绕组与电枢绕组串联后，再接于直流电源，接线如图 3-2-2（c）所示。这种直流电机的励磁电流就是电枢电流。

4. 复励直流电机

复励直流电机有并励和串励两个励磁绕组，接线如图 3-2-2（d）所示。若串励绕组产生的磁通势与并励绕组产生的磁通势方向相同，称为积复励。若两个磁通势方向相反，则称为差复励。

不同励磁方式的直流电机有着不同的特性。一般情况下，直流电动机的主要励磁方式是并励式、串励式和复励式，直流发电机的主要励磁方式是他励式、并励式和复励式。

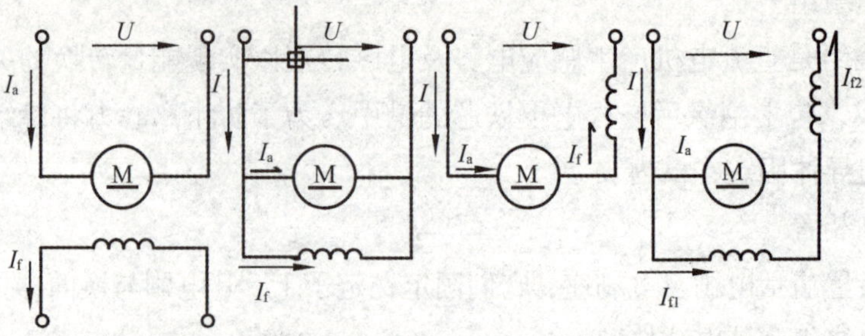

图 3-2-2　直流电机的励磁方式

三、直流电机的换向

换向是带换向器的电枢绕组在运行中的一种特有现象。

图 3-2-3 所示为最简单的直流电机模型，其换向原理如下：假定电枢只有一个线圈 *abcd*，换向器只有两个换向片，它们分别与线圈首、尾相连接，*A* 与 *B* 为静止的两个电刷。当线圈在磁极 N、S 中逆时针转动时，处于 N 极下的导体 *ab* 产生的电动势，方向为从 *b* 至 *a*，处于 S 极下的导体 *cd* 产生的电动势方向为从 *d* 至 *c*。但当线圈转动 180° 后，导体 *ab* 与导体 *cd* 位置对调，导体中的电动势也与原来的方向相反。所以，在线圈连续旋转时，导体及整个线圈的电动势是在正最大值与负最大值之间不断交变，故为交流电动势。但不难看到，电刷 *A* 只与处在 N 极下的导体引出端相连，永为正极性；电刷 *B* 只与处在 S 极下的导体引出端相连，永为负极性，故电刷所引导出来的电动势及电流的方向始终不变。也就是说，对于外电路引出的是直流电。这就是直流电机换向的基本原理。通常，电枢绕组由很多线圈串、并联而成，各线圈电流换向情况还要复杂些。

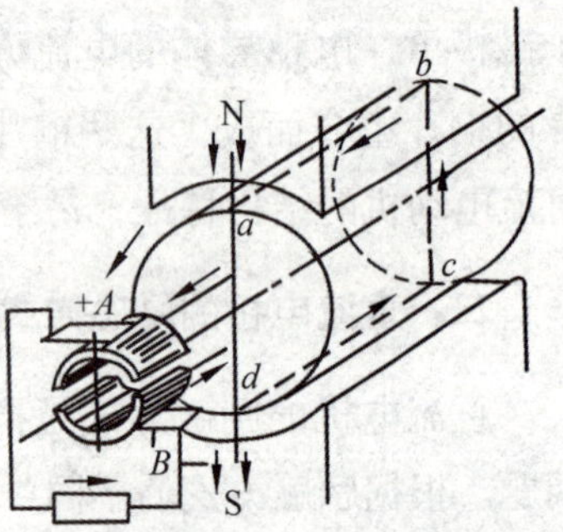

图 3-2-3　最简单的直流电机模型

四、直流电机的检修

扫一扫

1. 使用前的准备及检查

①清扫电动机内部的灰尘、电刷粉末及污物等。

②检查电动机的绝缘电阻，正常时不应小于 0.5 MΩ，若低于 0.5 MΩ 需烘干后方能使用。

③检查换向器表面是否光洁，如发现有机械损伤或火花灼痕，应保养换向器。

④检查电刷是否磨损得太短，刷握的压力是否适当，刷架的位置是否符合规定。如需要更换电刷，应按原尺寸和型号进行更换。

2. 直流电动机运行中的维护

对运行中的直流电动机，必须经常进行维护，以便及时发现异常情况，消除设备缺陷，保证电动机长期安全运行。

①电动机在运行中应检查各部分的温度、振动、声音和换向情况，并应注意有无过热变色和绝缘被烧焦的气味。

②如果是压力油循环系统，还应检查油压和进出油的温度是否符合规定要求。一般进油温度应小于 40℃，出油温度应小于等于 65℃。

③用听棒检查各部分部件的声音，注意转子和定子间除电磁音响、通风音响外有无其他摩擦声音。检查轴瓦或轴承有无异常声音。

④对主电路的连接点和绝缘体，注意有无过热变色，以及有无绝缘烧焦等不正常气味。

⑤对于闭式冷却系统，应注意水温和风温，还应检查冷却器有无漏水和结露情况，以及补充风网有无堵塞不畅等情况。

⑥时刻注意电动机的电流和电压值，注意不要过载。对具有绝缘检查装置的直流系统，应定期检查其对地绝缘情况。

⑦检查换向器表面的氧化膜颜色是否正常，电刷与换向器间有无火花，换向器表面有无碳粉和油垢积聚，以及刷架和刷握上是否有积灰。

⑧检查电刷边缘是否碎裂，是否已磨损到允许的最短长度。

⑨检查电刷刷辫是否完整，有无断裂和断股情况，与刷架的连接是否良好，以及有无接地与短路的情况。

⑩检查是否有电刷或刷辫因过热而变色，以及电刷在刷握内有无卡涩或摆动情况。

⑪ 检查各电刷间刷压是否均匀，压指是否压好。

⑫ 检查换向器是否磨损不均，不平直度是否已超过允许值，以及是否出现片间云母凸出导致电刷振动等情况。

技能实训　电枢绕组故障检查

准备项目	具体准备内容
防护用品准备	常规实训装备
场地准备	宽敞、明亮
工具、材料准备	直流电动机、万用表、直流毫伏表、6 V 直流电源、6 V 校验灯、常用电工工具、大功率电烙铁及焊锡等

一、目的

①电枢绕组故障检查。

②电动机接线。

二、实施步骤及内容

1. 电枢绕组接地故障的检查

将低压直流电源接到相隔 K/4 或 K/2 的两片换向片上（可用胶带纸将接头粘在换向片上），注意一个接头只能和一个换向片接触，将直流毫伏表一端接转轴，另一端依次与换向片接触，观察毫伏表的读数。若测量结果大致相同，则无接地故障。若测量到某片换向片时毫伏表无读数或读数明显变小时，则该片换向片或所接的绕组元件有接地故障。

判别是绕组元件接地还是换向片接地的方法如下。

（1）用电烙铁将绕组元件接头从换向片将低压直流电源升高片处焊下来。

（2）用万用表或校验灯判定故障分析。

2. 电枢绕组短路故障检查

（1）将低压直流电源接到相应的换向片上。

（2）用直流毫伏表依次测量并记录相邻的换向片的电压。

（3）若读数很小或为零，则接在这两个换向片上的绕组元件短路或换向片间短路。

（4）最后判定故障部分可参照“接地故障”判定方法进行。

3. 电枢绕组断路故障的检查

（1）同前面的方法，将低压直流电源接到相应的换向片上。

（2）用直流毫伏表依次测量并记录相邻的两片换向片间的电压。

（3）若相邻两换向片间电压基本相等，则表明电枢绕组无断路故障。

（4）若电压表读数明显增大，则接在这两片换向片上的绕组元件断路。

三、注意事项

①毫伏表要选择合适的电压量程。

②注意防止直流电源直接短路。

学后测试

①简述直流电动机的基本结构。

②简述直流电动机使用前的准备。

③简述直流电机运行中的维护。

任务三　无刷直流电动机的检修

教学目标

知识目标

· 掌握无刷直流电动机的结构组成。

· 掌握无刷直流电动机的工作原理。

· 了解无刷直流电动机的特点。

技能目标

· 掌握无刷直流电动机的拆卸与安装。

· 掌握无刷直流电动机的检修。

素养目标

具有相互协作的团队精神和妥善处理人际关系的能力。

知识链接

无刷直流电动机（Brushless Direct Current Motor）是一种不使用机械结构换向电刷而直接使用电子换向器的新型电机，又称为无换向器电机，如图 3-3-1 所示。这种电机用电子开关器件代替传统的接触式换向器和电刷，它具有可靠性高、无换向火花、机械噪声低等优点，但因换相电流难以达到理想状况，造成其存在一定程度的转矩脉动和转动噪声，因此更适用于车速不高的新能源汽车。

图 3-3-1　无刷直流电动机

一、无刷直流电动机的结构组成

无刷直流电动机由永磁体转子（图 3-3-2）、多极绕组定子、位置传感器等组成。无刷直流电动机在结构上相当于一台反装式直流电动机，它的电枢放置在定子上，转子为永磁体。它的电枢绕组为多相绕组，一般为三相，可接成星形或三角形。各相绕组分别与电子换向

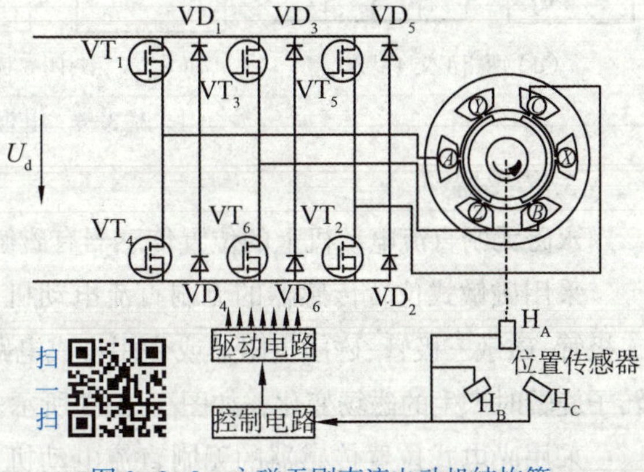

扫一扫

图 3-3-2　永磁无刷直流电动机结构简

器电路中的晶体管开关连接。永磁无刷直流电动机采用电力电子逆变器完成直流到交流的转换，即由电子换向取代有刷直流电动机的机械换向，由于没有电刷和换向片，电枢电流的换流时刻将由专门的转子位置传感器来检测，由控制电路根据转子位置决定电力电子开关的导通与关断，由此可见，永磁无刷直流电动机的运行必须配备相应的控制器。

1. 永磁体转子

转子是由永磁材料制成一定极对数的永磁体，但不带鼠笼绕组或其他启动装置，主要有两种结构，如图 3-3-3 所示。其中，图 3-3-3（a）结构是转子铁芯外表面粘贴瓦片形磁钢，称为凸极式；图 3-3-3（b）结构是磁钢插入转子铁芯的沟槽中，称为内嵌式或隐极式。

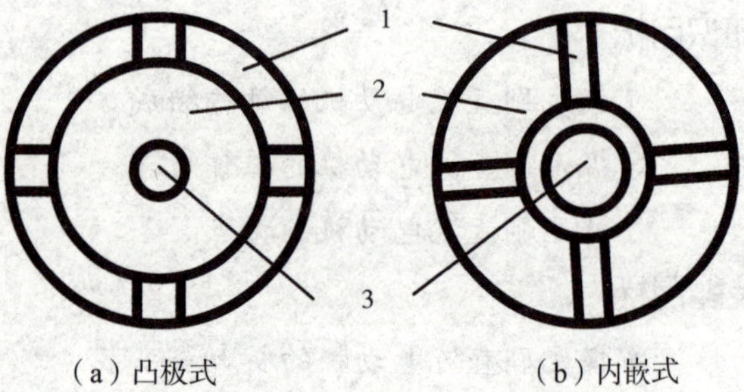

（a）凸极式　（b）内嵌式

1—磁钢；2—铁芯；3—主轴。

图 3-3-3　永磁无刷直流电动机转子基本结构

2. 定子

定子是电动机的电枢。定子铁芯中安放着对称的多相绕组，可接成星形或封闭形（角形），各相绕组分别与电子开关线路中相应的晶体管相连接。电子开关线路有桥式和非桥式两种，如图 3-3-4 所示。

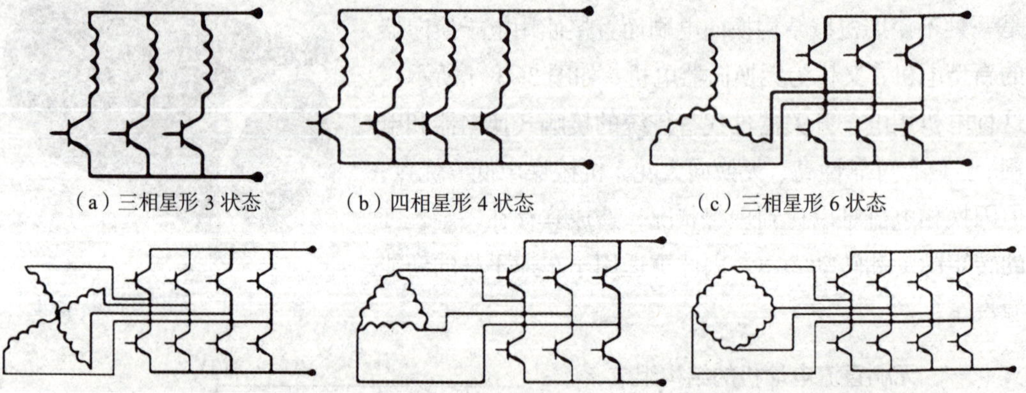

（a）三相星形 3 状态　（b）四相星形 4 状态　（c）三相星形 6 状态

（d）两相正交 4 状态　（e）三相封闭 6 状态　（f）四相封闭 4 状态

图 3-3-4　电枢绕组连接方式

3. 传感器

永磁无刷直流电动机上的位置传感器有磁敏式、光电式和电磁式等类型。

采用磁敏式位置传感器的无刷直流电动机，其磁敏传感器件（如霍尔元件、磁敏二极管、磁敏三极管、磁敏电阻器或专用集成电路等）装在定子组件上，用来检测永磁体、转子旋转时产生的磁场变化，如图 3-3-5 所示。

采用光电式位置传感器的无刷直流电动机，在定子组件上按一定的位置配置了光电传感器件，转子上装有遮光板，光源为发光二极管或小灯泡。转子转动时，由于遮光板的作用，定子上的光敏元器件会按一定频率间歇生成脉冲信号，如图 3-3-6 所示。

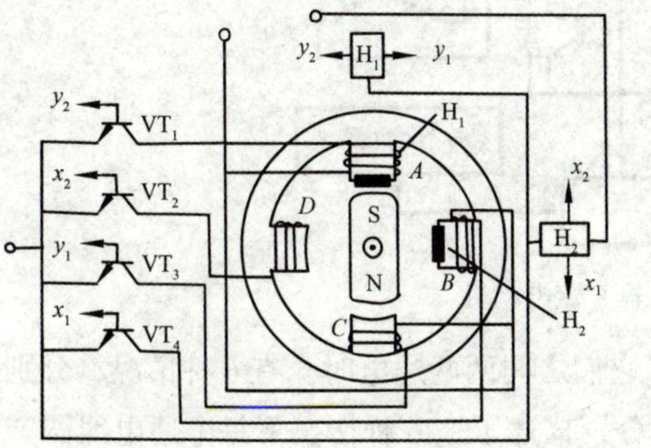

图 3-3-5　四相霍尔无刷直流电动机原理

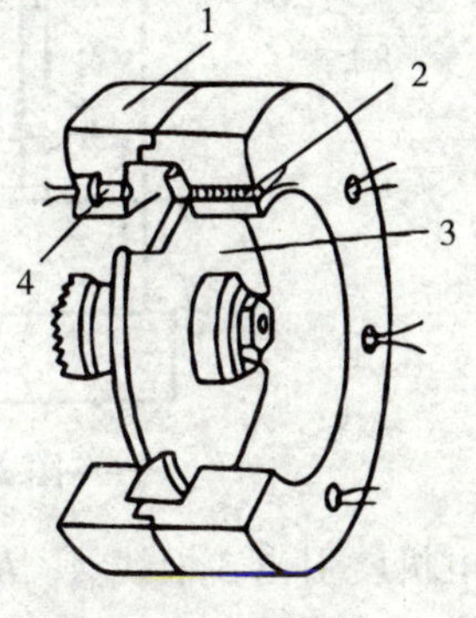

1—传感器架；2—光电晶体管；3—遮光盘；
4—红外发光二极管。

图 3-3-6　光电位置传感器

采用电磁式位置传感器的无刷直流电动机，是在定子组件上安装有电磁传感器部件（如耦合变压器、接近开关、LC 谐振电路等），当永磁体转子位置发生变化时，电磁效应将使电磁传感器产生高频调制信号（其幅值随转子位置而变化），如图 3-3-7 所示。

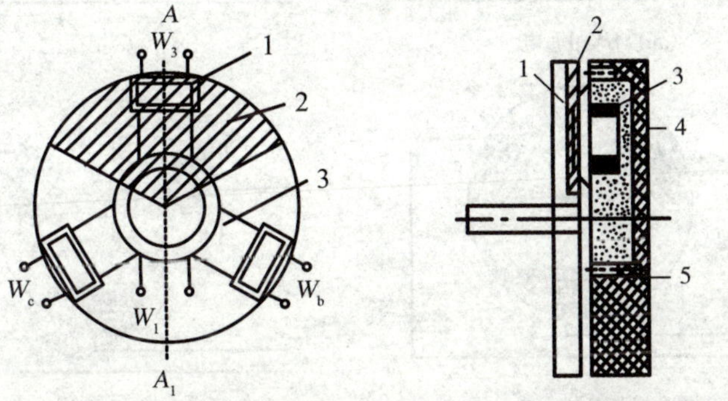

（a）

1—信号线圈；2—导磁片；3—磁芯。

（b）

1—铝合金；2—导磁片；3—副边线圈；4—环氧树脂；5—激磁线圈。

图 3-3-7　电磁式位置传感器

二、无刷直流电动机的工作原理

无刷直流电动机要转动，需先根据转子位置传感器的输出信号确定转子位置，然后通过电子换相线路驱动电机本体，使电枢绕组依次馈电，从而在定子上产生旋转的磁场，驱动永磁转子转动。可以通过控制电路控制 VT_1~VT_6 等开关管的开关顺序调整电机线圈的通电顺序，以实现电机的换相操作，使电机运转起来，如图 3-3-8 所示。

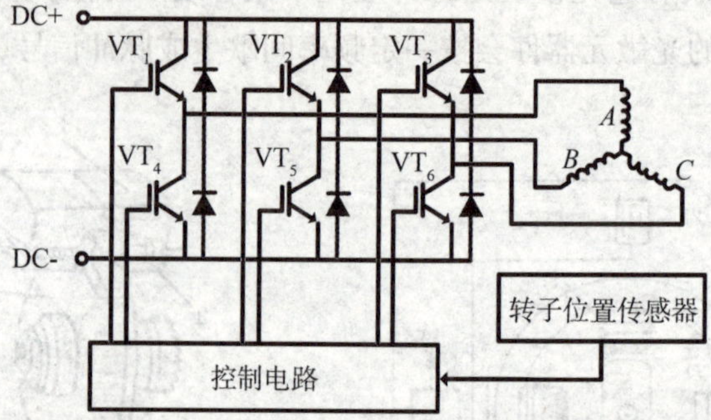

图 3-3-8　无刷直流电动机

整个电机就引出 3 根线 *A*、*B*、*C*。当它们之间两两通电时，有 6 种情况，分别是 *AB*、*AC*、*BC*、*BA*、*CA* 和 *CB*。图 3-3-9 分别描述了这 6 种情况下每个通电线圈产生的磁感应强度的方向（短箭头表示）和两个线圈合成磁感应强度的方向（长箭头表示）。

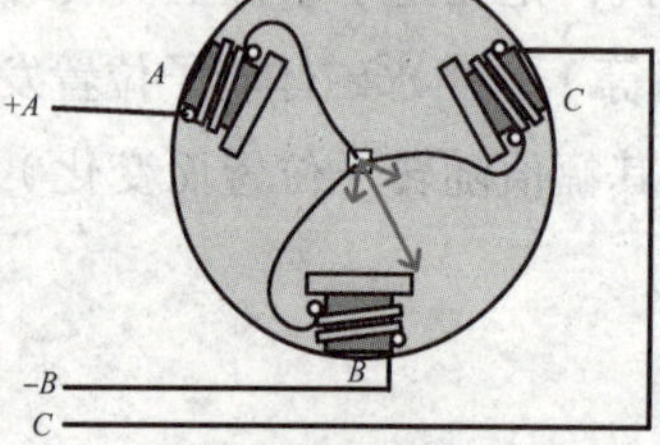

（a）*AB* 相通电

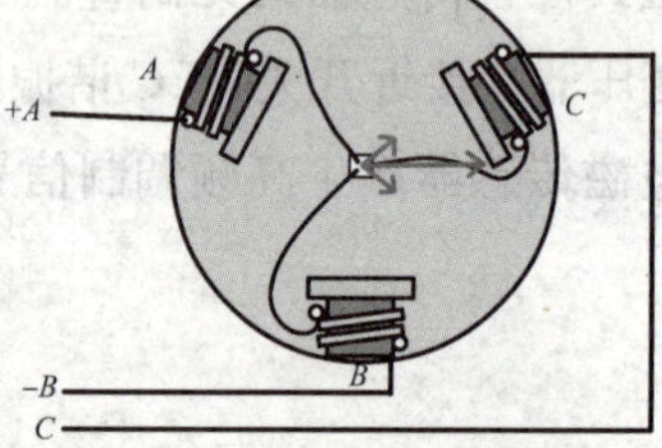

（b）*AC* 相通电

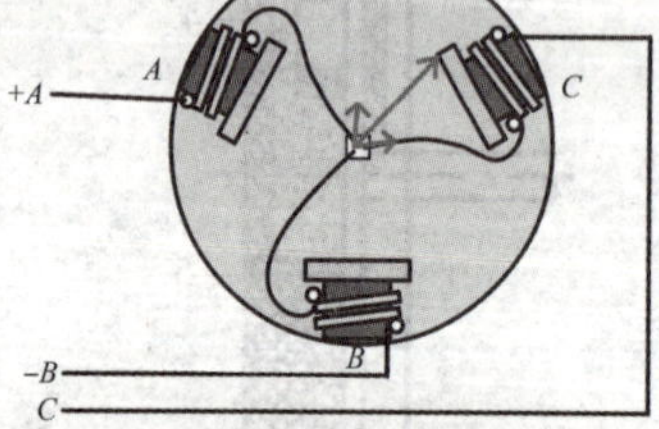

（c）*BC* 相通电

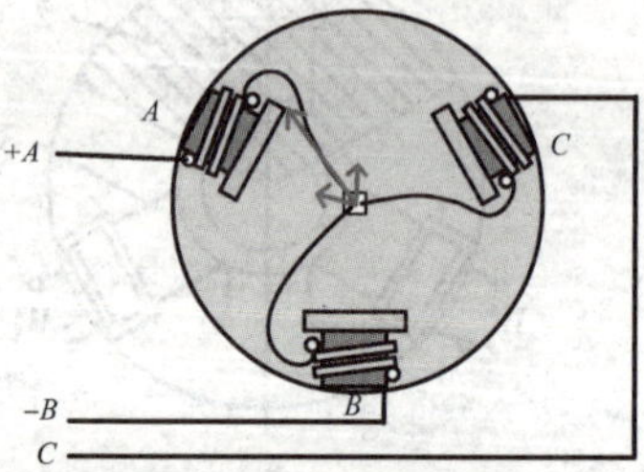

（d）*BA* 相通电

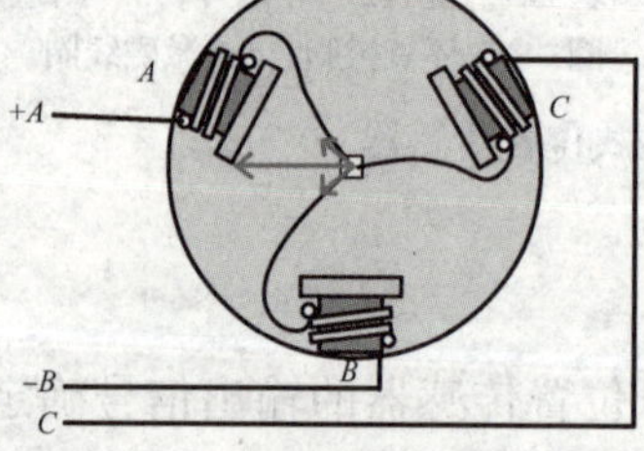

（e）*CA* 相通电

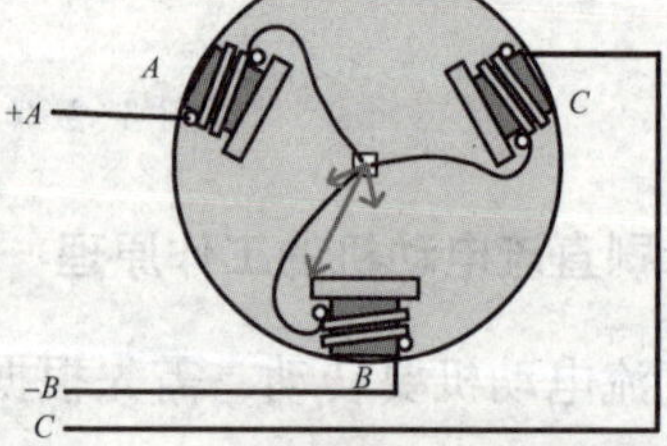

（f）*CB* 相通电

图 3-3-9　电机通电下的磁感应

转子旋转（逆时针）到图 3-3-9（a）所示的位置时，转子位置传感器输出的信号经控制电路逻辑变换后驱动逆变器，使 VT_1、VT_5 导通，即 A、B 两相绕组通电，电流从电源的正极流出，经 VT_1 流入 A 相绕组，再从 B 相绕组流出，经 VT_5 回到电源的负极，此时定转子磁场相互作用，使电机的转子逆时针转动。

当转子在空间转过 60 电角度，到达图 3-3-9（b）所示位置时，转子位置传感器输出的信号经控制电路逻辑变换后驱动逆变器，使 VT_1、VT_6 导通，A、C 两相绕组通电，电流从电源的正极流出，经 VT_1 流入 A 相绕组，再从 C 相绕组流出，经 VT_6 回到电源负极。此时定转子磁场相互作用，使电机的转子继续逆时针转动。

转子在空间每转过 60 电角度，逆变器开关就发生一次切换，定子绕组就进行一次换流，定子合成磁场的磁状态就发生一次跃变。电机 6 种磁状态，每种状态有两相导通，每相绕组的导通时间对应于转子旋转 120 电角度。无刷直流电动机的这种工作方式叫两相导通星形三相六状态，这是无刷直流电动机最常用的一种工作方式。

三、无刷直流电动机的特点

无刷直流电动机转子采用永磁体，不需要励磁。优点为功率因数高、功率密度大、效率高；低速转矩大，高速性能好，转速不受电压与负载变化的影响，转速控制精度高；无换向器和电刷，结构简单牢固，尺寸和质量小，基本免维护。但无刷直流电动机的控制系统比较复杂，励磁不能控制，转矩脉动大，影响电动机的低速性能，电流损耗大，噪声较大，因此更适用于减速系统和车速不高的新能源汽车。

四、无刷直流电动机的拆装及检修

当维护、检修需要部分或全部拆卸电动机时，必须特别注意防止电机绕组、电刷、轴承及其他零部件的损坏。如果拆卸（或装复）的步骤、操作方法不正确，就容易造成电动机的损坏或引起故障。因此，首先要做好准备工作，即准备各种工具以及做好拆卸前得记录和检查工作，然后遵照操作规程，进行正确的拆装及检修。

1. 拆卸步骤

①用专用拉力器将弹性联轴器（对轮）拉出。应注意，不得“拉”弹性联轴器的外缘，以免损坏联轴器。

②拆下电动机的前、后端盖。取下端盖时，应防止转子与定子碰撞。

③取出转子，并放在木架上，以便维护和检查。取出转子时要特别注意，不要擦伤绕组的绝缘。

④转子轴上的风扇及前、后滚动轴承，需要修理或更换时才允许拆卸。拆卸时，应使用专用拉力器，以免损坏轴承与轴。

⑤测量轴承室内径及外径尺寸。

2. 绕组的检查

磁场绕组的检查，观察绕组表面有无烧焦、线头脱焊或断裂；若无，再用欧姆表对励磁机、电动机的绕组进行断路、短路和搭铁等的检查，如图 3-3-10 所示。

（1）断路

直流电动机的断路故障现象为励磁和控制电压正常而电机不能启动。

静态检查：正常情况下，励磁绕组之间电阻为 258 Ω，控制绕组之间为 8 Ω；断路情况下励磁绕组之间或控制绕组之间电阻值为 10 kΩ。断路故障通常出现在线圈芯线断和线圈外线脱焊两种情况下，可采用更换线圈和焊接外线的方式处理。绕组断路检查，如图 3-3-11 所示。

（2）短路

直流电机定子绕组常见的故障是并励绕组的短路，通常用电压降法来检查：将电机所有磁极绕组串联起来，外加相应的直流电源，利用直流电压表测量每只绕组两端的电压，若所测电压不等，电压最小的绕组为短路故障绕组。假如用适宜的交流电压，故障点会严重发热。换向极或补偿绕组的短路，可用电桥测量各极绕组的电阻值，正常情况各极绕组间的电阻差别不超过 5%。发现短路故障后，一般按原匝数要求更新。

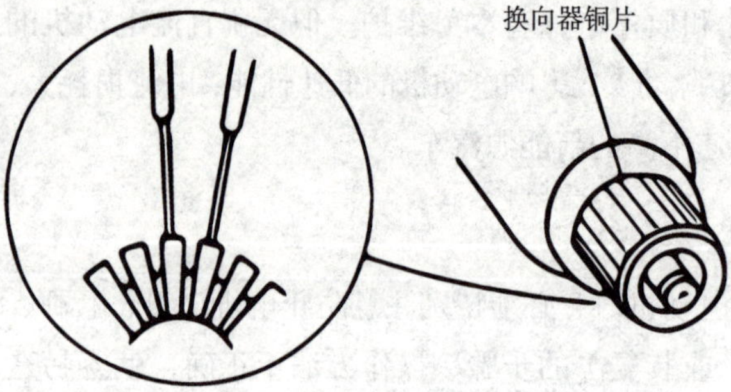

图 3-3-10　直流电机绕组断路检查方式

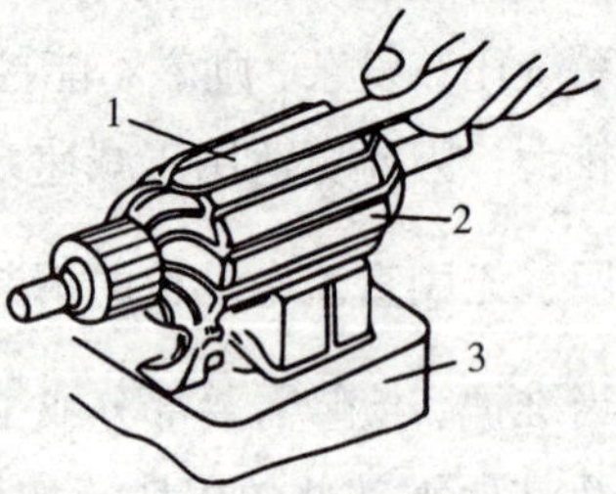

1—钢片；2—被检电枢；3—电枢检验仪。

图 3-3-11　绕组断路检查

（3）搭铁

绕组搭铁，将会产生漏电现象，严重时会造成人员伤亡。因此，应及时找出搭铁的部位，消除隐患，如图 3-3-12 所示。是否搭铁的检查方法是测量绕组某一端与搭铁之间的电阻，如果两者相同，则表明绕组与外壳搭铁。

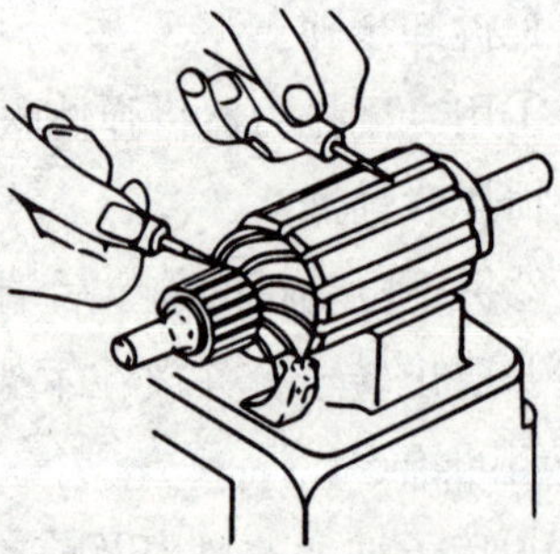

图 3-3-12　绕组搭铁现象检查

3. 装配

电机装复前，应认真地进行清洗和检查，若质量不符合要求，则应予以修理或更换。装复应按照拆卸的相反步骤进行。

①安装滚动轴承。

②将转子装入定子内。

③安装前、后端盖。

④安装弹性联轴器，并装好轴端的压板。安装弹性联轴器时，不允许用铁锤直接敲打；轴的另一端要用硬木顶住，以免轴和端盖因受力过大而损坏。

⑤安装风扇。

⑥安装滚动轴承的小端盖。所有导线都不能接错(应按照原记号连接)，并切实固紧。装复过程中，避免碰撞和挤压导线，以免引起断路、短路和搭铁。

学后测试

①简述无刷直流电动机的结构组成。

②简述无刷直流电动机的工作原理。

③简述无刷直流电动机的特点。

④简述无刷直流电动机的拆卸和安装流程。

任务四　异步电动机的检修

教学目标

知识目标

· 掌握异步电动机的结构组成。

· 掌握异步电动机的工作及调速原理。

· 了解异步电动机的特点。

技能目标

· 掌握异步电动机的拆卸与安装。

· 掌握异步电动机的检修。

素养目标

具有计划组织能力和克服困难的能力。

知识链接

异步电动机又称为交流感应电动机，是由气隙旋转磁场与转子绕组感应电流相互作用产生电磁转矩，从而实现电能转化为机械能的一种交流电动机。异步电动机是各类电动机中应用最广、需求量最大的一种。异步电动机通常按转子结构和定子绕组相数进行分类。按转子结构来分，可分为笼型和绕线型；按定子绕组相数来分，则有单相和三相电动机，单相电动机用在洗衣机、电风扇等，三相电动机则作为工厂的动力设备。在新能源汽车中，笼型异步电动机应用较为广泛，具有结构简单且坚固、制造成本低、维护方便等优点。

和所有旋转的电动机的结构一样，异步电动机是由静止的定子和可以旋转的转子组成，定子和转子之间为气隙。交流感应电动机的气隙一般为 0.5~2.0 mm，气隙的大小对交流应电动机的性能有很大影响。异步电动机的主要特点是转子与定子磁场变化之间存在转速差。异步电动机的基本结构如图 3-4-1 所示。

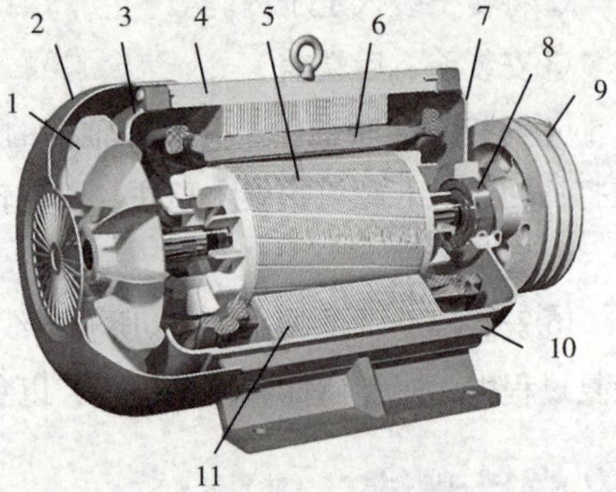

1—风扇；2—风扇罩；3—内端盖；4—底座；5—笼形转子；6—定子绕组；7—前端盖；8—轴承；9—带轮；10—机座散热片；11—定子铁芯。

图 3-4-1　异步电动机

扫一扫

一、异步电动机的结构组成

1. 定子

异步电动机的定子主要由铁芯、绕组和机座组成。定子是电动机中不转动的部分，主要任务是产生一个旋转磁场。旋转磁场并不是用机械方法来实现，而是以交流电通于数对电磁铁中，使其磁极性质循环改变，故相当于一个旋转的磁场。

（1）定子铁芯

定子铁芯主要是作为电动机主磁路的一部分并且用来嵌放定子绕组，为了减小旋转磁场在铁芯中引起的涡轮损耗和磁滞损耗，定子铁芯一般由 0.35~0.50 mm 厚、表面涂有绝缘漆的硅钢片叠压而成。在铁芯的内圆冲有均匀分布的槽，用以嵌放定子绕组，如图 3-4-2 所示。定子铁芯槽型分为 3 种：开口槽、半开口槽和半闭口槽。其中，开口槽用于大、中型容量的高压感应电动机；半开口槽用于中型、500 V 以下的感应电动机；半闭口槽用于小容量的低压感应电动机。

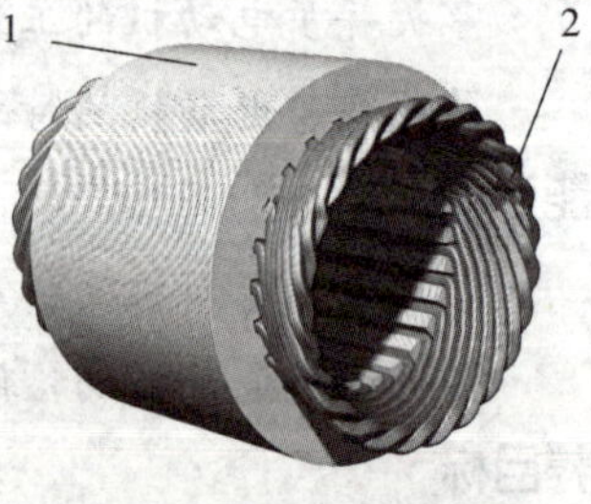

1—定子铁芯；2—定子绕组。

图 3-4-2　定子铁芯及绕组

（2）定子绕组

定子绕组是电动机的路部分，通入三相交流其作用吸收功率和产生旋转磁场。定子绕组由 3 个在空间上互隔 120° 对称排列、结构完全相同的绕组（每个绕组为一相）组成，根据需要连接 Y 形或△形。对于大、中型容量的高压感应电动机，定子绕组常采用Y连接，只有3根引出线，如图3-4-3（a）所示。对中、小型容量的低压感应电动机，通常把定子三相绕组的6根出线头都引出来，根据需要可接成Y形或△形。△形接法如图3-4-3（b）所示。定子绕组用绝缘的铜或铝导线绕成，嵌放在定子槽内。

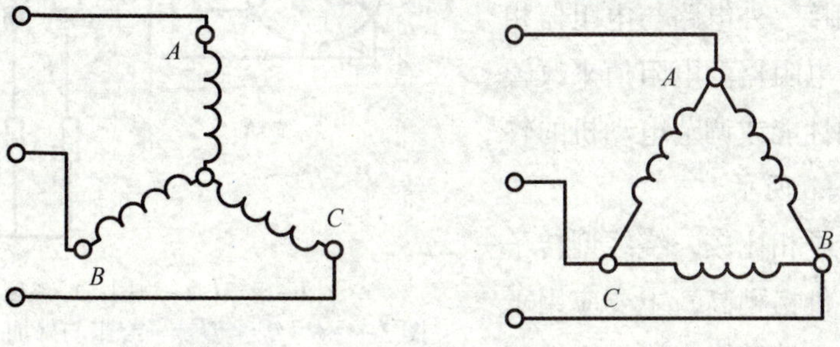

（a）Y形连接　　（b）△形连接

图3-4-3　定子绕组接法

（3）机座

机座主要用于固定定子铁芯和前、后端盖，支撑转子并起到防护和散热等作用，一般不作为工作磁路的组成部分。大多数采用铸铁铸造而成，大型容量的感应电动机采用钢板焊接而成，微型感应电动机多采用铸铝或塑料制成。根据电动机的防护方式、冷却方式和安装方式的不同，机座的样式也不尽相同。

2. 转子

交流感应电动机的转子包括转子铁芯和转子绕组。转子是可旋转的导体，通常多呈鼠笼状。

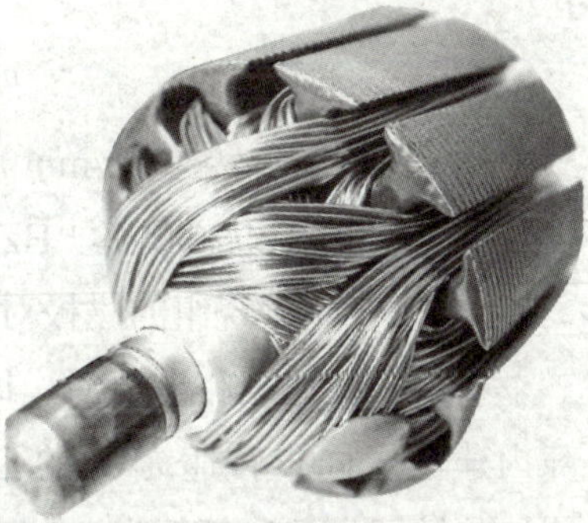

图3-4-4　转子铁芯及绕组

（1）转子铁芯

转子铁芯是电动机磁路的一部分，由0.5 mm厚的硅钢片叠压而成。铁芯固定在转轴或转子支架上，整个转子的外表呈圆柱形。与定子铁芯冲片不同的是，转子铁芯冲片是在冲片的外圆上开槽。

（2）转子绕组

转子绕组分为笼型和绕线型两类。

笼型转子绕组是一个自己短路的绕组。在转子铁芯的每个槽里嵌放一根导条，在铁芯的两端用端环连接起来，形成一个短路的绕组。如果把转子铁芯拿掉，剩下来的绕组形状像一个松鼠笼子，因此又叫鼠笼转子，如图3-4-5所示。导条的材料用铜或铝。

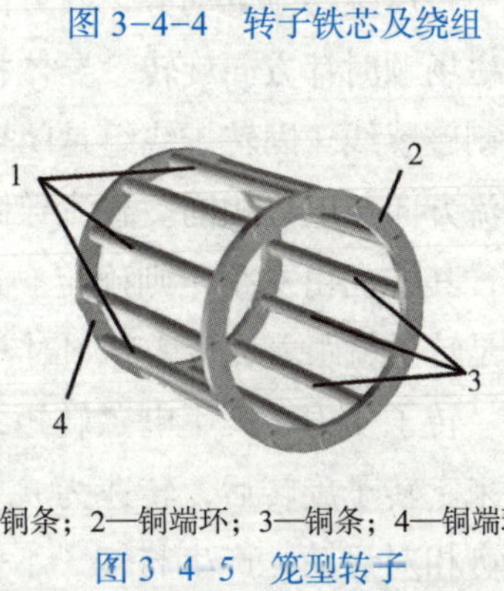

1—铜条；2—铜端环；3—铜条；4—铜端环。

图3 4 5　笼型转子

绕线型转子绕组也是一个对称三相绕组，绕组的结构与定子绕组类似，绕组的槽内嵌放用绝

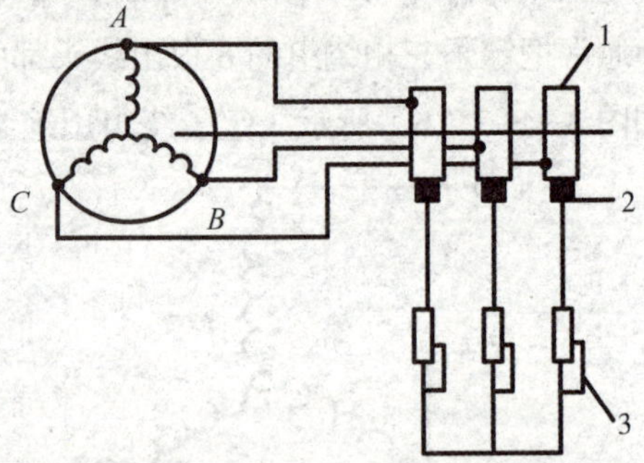

1—滑环；2—电刷；3—变阻器。
图 3-4-6　绕线型转子绕组与外加变阻器的连接

缘导线组成的三相绕组，一般都连接成 Y 形。转子绕组的 3 条引线分别接到 3 个集电环上，再通过一套电刷装置与外电路相接，外电路与电阻器相接，通过调节电阻器的电阻值来改善电动机的启动性能或调节电动机的转速，如图 3-4-6 所示。

与笼型转子相比较，绕线型转子结构稍复杂，价格稍高，主要应用于启动电流小、启动转矩大或需平滑调速的场合。

二、异步电动机工作原理

1. 三相异步电动机工作原理

感应电动机工作时，由定子绕组内的三相对称电流产生气隙基波磁场，也就是主磁场，其与转子绕组的感应电流相互作用产生电磁力，从而形成电磁转矩。气隙基波磁场的旋转速度与电源频率之间的关系为

$$n_1=\frac{60f}{p} \tag{3-1}$$

式中，n_1——同步转速（r/min）；

f——定子电源频率（Hz）；

P——定子绕组的磁极对数。

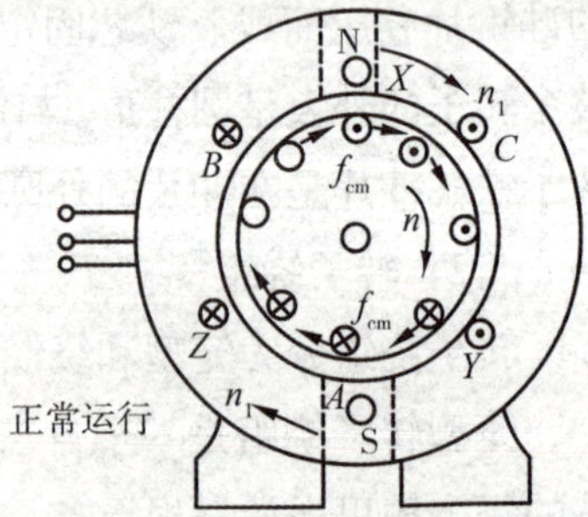

图 3-4-7　感应电动机工作原理

当定子接通三相电源后，即在定、转子之间的气隙内建立了同步转速为 n_1 的旋转磁场。磁场旋转时将切割转子导体，根据电磁感应定律可知，在转子导体中将产生感应电动势，其方向可由右手定则确定。若磁场顺时针方向旋转，导体相对磁极为逆时针方向切割磁感线。因转子绕组是闭合的，导体中有电流，电流方向与电势相同。载流导体在磁场中要受到电磁力，其方向由左手定则确定。这样，在转子导条上形成一个顺时针方向的电磁转矩，于是转子就跟着旋转磁场顺时针方向转动。

转子受力，产生电磁转矩，方向与主磁场旋转方向相同，转子便在该方向上旋转起来。转子旋转后，转速为 n，只要 $n<n_1$（n_1 为旋转磁动势同步转速），转子与磁场仍有相对运动，产生与转子不转时相同方向的电动势、电流及受力，电磁转矩仍旧为

顺时针方向，转子继续旋转。

由感应电动机的工作原理可知，感应电动机稳定运行时，转子转速 n 不能等于旋转磁场的同步转速 n_1，其转差转速 $\Delta n=n_1-n$，转差转速 Δn 与同步转速之比为感应电动机的转差率，用 s 表示，即

$$s=\frac{n}{n_1}=\frac{n_1-n}{n_1} \tag{3-2}$$

转差率是感应电动机的一个重要参数，正常运行时感应电动机转子转速接近于同步转速 n_1，转差率一般为 0.01~0.05。

2. 单相异步电动机旋转原理

单相交流电动机只有一个绕组，转子是鼠笼式的。当单相正弦电流通过定子绕组时，电动机就会产生一个交变磁场，这个磁场的强弱和方向随时间作正弦规律变化，但在空间方位上是固定的，所以又称这个磁场是交变脉动磁场。这个交变脉动磁场可分解为两个转速相同、旋转方向相反的旋转磁场，当转子静止时，这两个旋转磁场在转子中产生两个大小相等、方向相反的转矩，使合成转矩为零，所以单相异步电动机没有启动能力。

当我们用外力使电动机向某一方向旋转时（如顺时针方向旋转），这时转子与顺时针旋转方向的旋转磁场间切割磁感线运动变慢；转子与逆时针旋转方向的旋转磁场间切割磁感线运动变快。这样平衡就打破了，转子所产生的总的电磁转矩将不再是零，转子将顺着推动方向旋转起来。由此可知，单相异步电动机一旦启动，能自行加速到稳定运行状态，其旋转方向完全取决于启动时的旋转方向。

要使单相电动机能自动旋转起来，可在定子中加上一个启动绕组，启动绕组与主绕组在空间上相差 90°，启动绕组要串接一个合适的电容，使得与主绕组的电流在相位上近似相差 90°，即所谓的分相原理。这样两个在时间上相差 90° 的电流通入两个在空间上相差 90° 的绕组，将会在空间上产生（两相）旋转磁场，如图 3-4-8 所示。在这个旋转磁场作用下，转子就能自动启动。启动后，待转速升到一定时，借助于一个安装在转子上的离心开关或其他自动控制装置将启动绕组断开，正常工作时只有主绕组工作。因此，启动绕组可以做成短时工作方式。但很多时候启动绕组并不断开，我们称这种电动机为电容式单相电动机，如图 3–4–9 所示。要改变这种电动机的转向，可由改变电容器

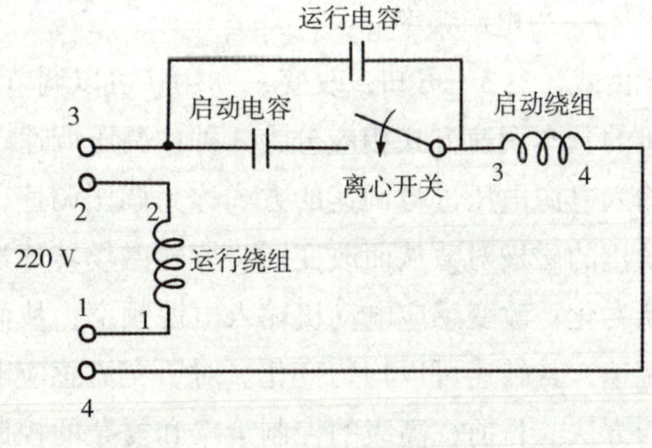

图 3-4-8　绕组及电容

串接的位置来实现。单相电动机还可以通过罩极法产生旋转磁场，又称单相罩极式电动机，如图 3-4-10 所示。

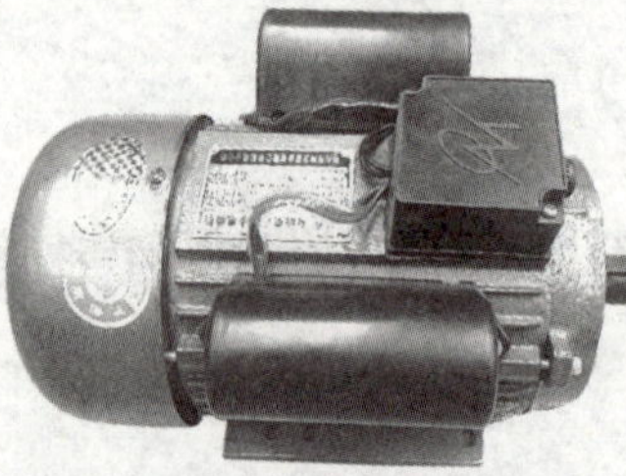

图 3-4-9 电容式单相电动机

图 3-4-10 单相罩极式电动机

三、异步电动机的控制技术

1. 异步电动机调速方式

交流感应电动机控制系统的主要作用是为电动机提供变压、变频电源，同时其电压和频率能够按照一定的控制策略进行调节，以使驱动系统具有良好的转矩 – 转速特性。交流感应电动机转速控制的基本公式为

$$n = n_1(1-s) = \frac{60f(1-s)}{p} \tag{3-3}$$

式中，n——电动机转子的转速；

n_1——同步旋转磁场的转速；

s——转差率；

p——磁极对数；

f——电源频率。

由式（3-3）可知，改变 s、p 和 f 可以调节电动机转速。因此，可以将交流感应电动机的基本调速方式相应分为 3 种：调压调速、变极调速和变频调速。改变感应电动机输入电源电压进行调速的方式称为调压调速，是一种变转差率调速方式；改变感应电动机的磁极对数从而改变同步旋转磁场转速进行调速的方式称为变极调速，其转速阶跃变化；改变感应电动机输入电源频率，从而改变同步磁场转速的调速方式称为变频调速，其转速可以均匀变化。对于交流感应电动机调速控制，一般采用控制多种变量的方法。目前，高级的控制策略和复杂的控制算法（如自适应控制、变结构控制和最优控制等）已经得以使用，以获得快速响应、高效率和宽调速范围的优势。

（1）变频调速

变频调速是通过改变电动机的电源频率进行调速。由于能连续改变电源频率 f，其速度的改变也是连续和平滑的。由异步电动机的转速表达式可知，改变了定子电源频率 f 就可以改变旋转磁场的转速，从而改变电动机的转速。异步电动机变频调速的控制方式主要有保持$\frac{U_1}{f_1}$值恒定的恒转矩变频调速方式、恒功率变频调速和变频器调速等3类。变频调速电机适用于要求精度高、调速性能好的场所。

（2）变极调速

变极调速是通过改变异步电动机定子旋转磁场的磁极对数改变旋转磁场转速 n_1，从而改变电动机的转速 n，来实现调速的。每当磁极对数增加1倍，旋转磁场的转速 n_1 就降低一半，转子转速也将降低一半。变极调速是有级调速方式。改变异步电动机的磁极对数是通过改变定子绕组的接线方式来实现的，如图3-4-11和图3-4-12所示。变极调速电机适用于不需要无级调速的生产机械，如金属切削机床、升降机、起重设备、风机和水泵等。

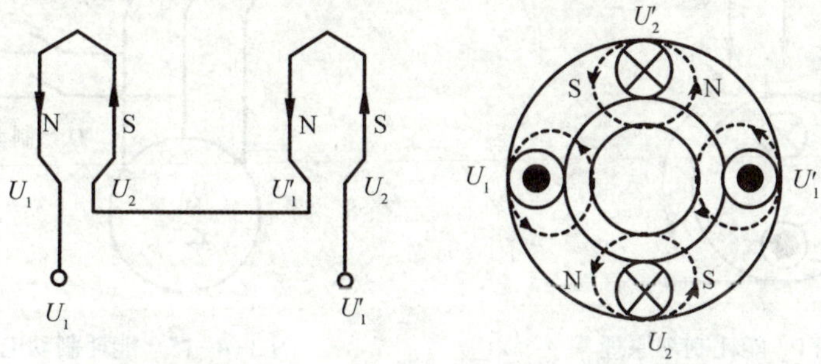

图3-4-11　变极调速时的四极磁场

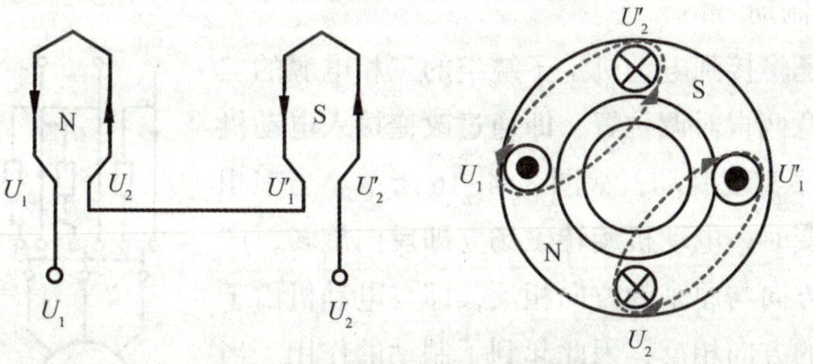

图3-4-12　变极调速时的两极磁场

（3）变转差率调速

变转差率调速方式是在绕线型异步电动机的转子绕组中串联接入电阻，通过改变转差率实现调速的。

这种调速方法的特点是：旋转磁场转速不变，但其改变了机械特性运行段斜率，转子串入的电阻越大斜率越大（机械特性越软），随着负载转矩增大，转速下降就越快，但最大转矩不变，如图3-4-13所示。这种调速方法设备简单，可实现连续调速，

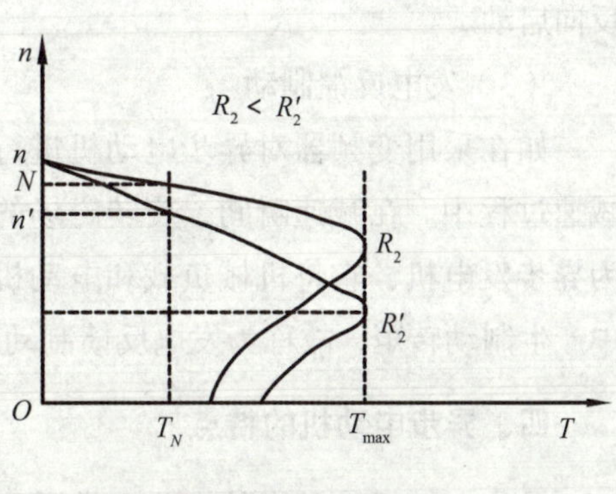

图3-4-13　变转差率调速机械特性

但在调速电阻上增加了能量损耗。

2. 异步电动机制动方式

（1）能耗制动

这种制动方法是在电动机断电之后，立即在定子绕组中通入直流电流，以产生一个恒定的磁场。它与继续转动的转子相互作用，产生一个与转子旋转方向相反的电磁转矩，迫使电动机迅速停下来。能耗制动原理如图 3-4-14 所示，电路如图 3-4-15 所示。

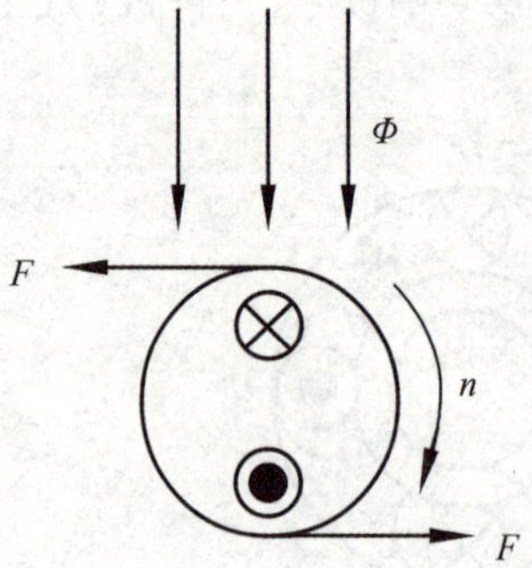

图 3-4-14　能耗制动原理

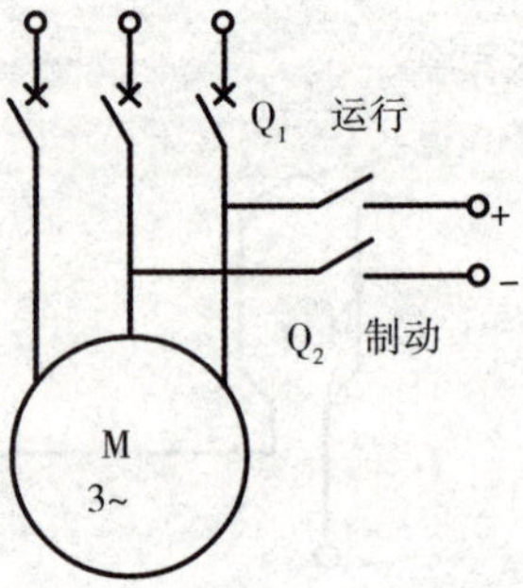

图 3-4-15　能耗制动电路

（2）反接制动

反接制动是将接到电动机定子绕组的三相电源的三根导线中的任意两根对调位置，即通过改变接入电动机三相电源的相序实现制动，如图 3-4-16 所示。当三相电源的相序改变时，电动机旋转磁场立即反向旋转，产生的电磁转矩方向与原来的方向相反，即与电动机由于惯性仍在转动的方向相反，因此起到了制动的作用。当电动机转运降为零时，应及时切断电源，否则电动机将反向启动。

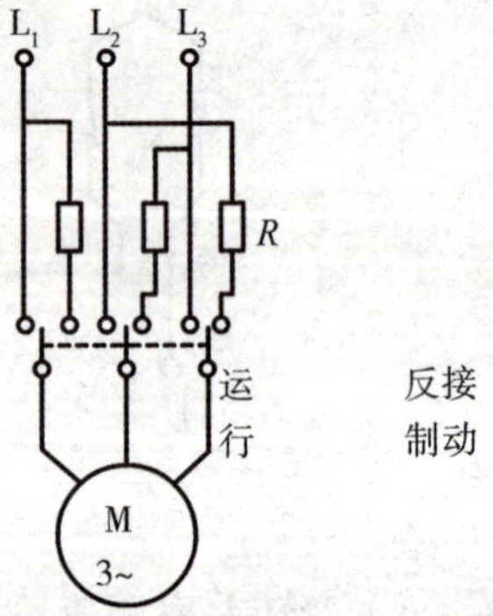

图 3-4-16　反接制动电路

（3）发电反馈制动

如在采用变频器对异步电动机进行调速时，降低变频器的输出频率使电动机处在减速过程中。在减速瞬间，旋转磁场的转速低于电动机的实际转速，异步电动机便成为异步发电机，它将机械负载和电动机所具有的机械能量反馈给变频器，并在电动机中产生制动转矩，故称为发电反馈制动。

四、异步电动机的特点

异步电动机的基本特点是，转子绕组不需与其他电源相连，其定子电流直接取自交流电力系统。与其他电机相比，异步电动机的结构简单，制造、使用、维护方便，运行可靠性高，质量小，成本低。以三相异步电动机为例，与同功率、同转速的直流电动机相比，前者质量只及后者的1/2，成本仅为1/3。它还具有接近恒速的负载特性，能满足大多数工农业生产机械拖动的要求。交流感应电动机由于成本低、坚固耐用、速度范围宽等特点，适合用于新能源汽车，目前采用交流感应电动机驱动系统的车辆主要有美国通用公司的EV-1型电动汽车、福特公司生产的电动汽车以及为人所熟知的特斯拉电动汽车等。

技能实训　三相异步电动机的拆装及故障分析

一、目的

①熟悉三相异步电动机的结构组成。

②掌握三相异步电动机的拆卸安装及注意事项。

③掌握三相异步电动机故障分析及处理。

二、实训步骤及内容

当维护、检修需要部分或者全部拆卸三相异步电动机时，必须特别注意防止电机定子绕组、转子绕组、轴承及其他零部件的损坏。如果拆卸（或装复）的步骤、操作方法不正确，就容易造成电动机的损坏或者引起故障。因此，首先要做好准备工作，即准备各种工具以及做好拆卸前得记录和检查工作，然后遵照操作规程，进行正确的拆装及检修。

1. 拆卸及测量过程

（1）电机拆卸前的准备

①准备好拆卸工具，特别是拆卸对轮的拉拔器、套筒等专用工具。

②布置检修现场。

③了解待拆电机结构及故障情况。

④拆卸时做好相关标记：

a. 标出电源线在接线盒中的相序。

b. 标出机座在基础上的位置，整理并记录好机座垫片。

c. 拆卸端盖、轴承、轴承盖时，记录好哪些属负荷端，哪些属非负荷端。

⑤拆除电源线和保护接地线，测定并记录绕组对地绝缘电阻。

（2）电机大修时检查项目

①检查电机各部件有无机械损伤，若有则应进行相应修复。

②解体电机，将所有油泥、污垢清理干净。

③检查定子绕组表面是否变色，漆皮是否裂纹，绑线垫块是否松动。

④检查定子、转子铁芯有无磨损和变形，通风道有无异物，槽楔有无松动或损坏。

⑤检查转子端环、风扇有无变形、松动裂纹。

⑥使用外径千分尺和内径千分尺分别测量轴承室、轴颈，对比文件包内标准是否合格。

（3）异步电机的拆卸步骤

中小型异步电机的拆卸如图 3-4-17 所示。

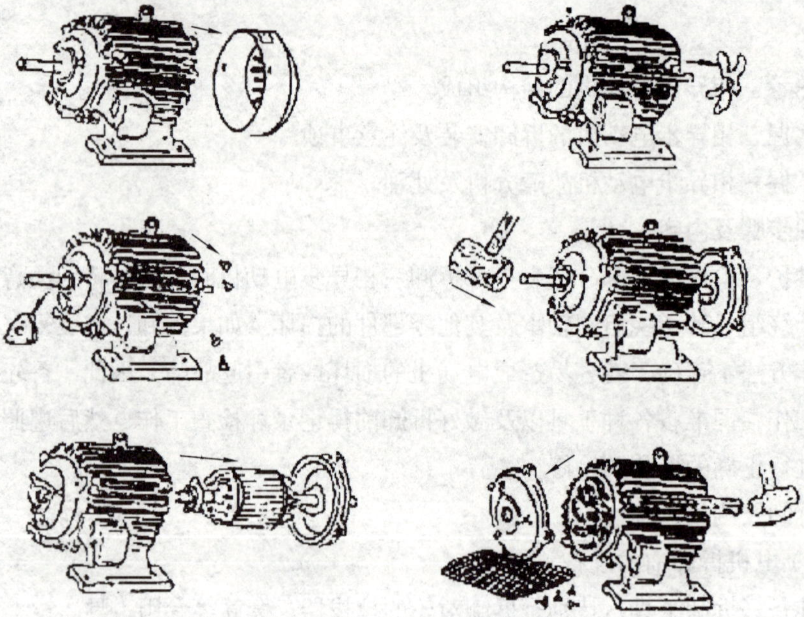

图 3-4-17 异步电机的拆卸

①对轮的拆卸：对轮常采用专用工具拉拔器进行拆卸。拆卸前，标出对轮正反、面，记下在轴上的位置，作为安装时的依据。拆掉对轮上制动螺钉和销子后，用拉马勾住对轮边缘，搬动丝杠，把它慢慢拉下，如图 3-4-18 所示。操作时，拉钩要匀称，使主螺杆与转轴中心重合，钩子受力应一致。旋动螺杆时，要注意保持两臂平衡，均匀用力。若拆卸困难，可用木槌敲击对轮外圆和丝杆顶端。注意：切忌硬拉或用铁锤敲击。

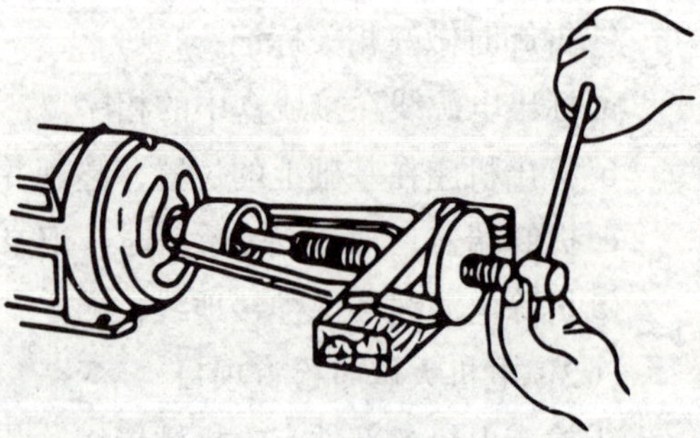

图 3-4-18 对轮的拆卸

②端盖的拆卸：拆卸端盖前应先检查紧固件是否齐全，端盖是否有损伤，并在端盖与机座接合处做好对正记号，接着拧下前、后轴承盖螺钉，取下轴承外盖，再卸下前、后端盖紧固螺钉。若是大、中型电机，可用端盖上的顶丝均匀加力，将端盖从机座止口中顶出。没有顶丝孔（退拔孔）的端盖，可用撬棍或螺钉旋具在周围接缝中均匀加力，将端盖撬出止口，如图 3-4-19 所示。

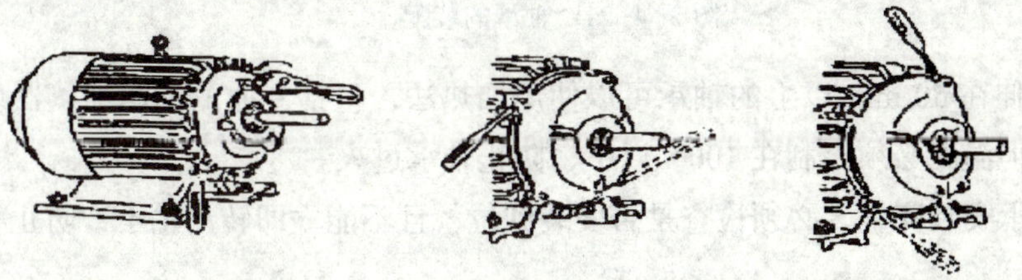

图 3-4-19　端盖的拆卸

③抽出转子：在抽出转子前，应在转子下面气隙和绕组端部垫上厚纸板，以免抽出转子时碰伤铁芯和绕组。对于较轻的转子，可以直接用手抽出；较重的转子可用吊车起吊。

④轴承拆卸：拆卸轴承常用的方法是用拉拔器直接拆卸，可以采用拆卸对轮的方法进行拆卸，如图 3-4-20 所示。

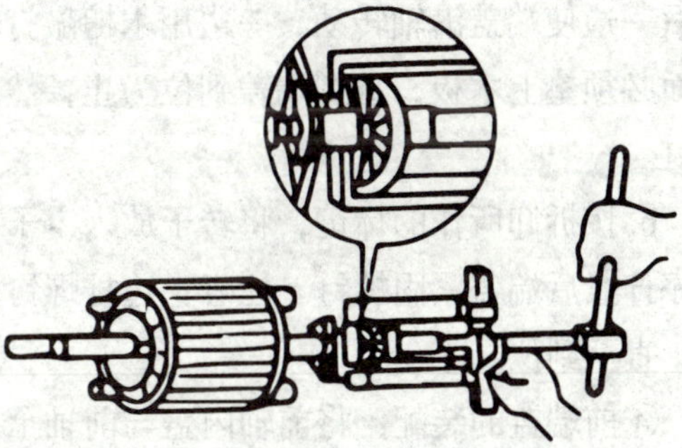

图 3-4-20　轴承拆卸

⑤测量：测量轴承室内径及外径尺寸。

（4）电机的装配

①轴承安装前工作：

a. 装配应先检查轴承滚动件是否转动灵活，转动时有无异响、表面有无锈迹。

b. 应将轴承内防锈油清洗干净，并防止有异物遗留在轴承内。

②轴承的安装：

a. 轴伸在 50 mm 以下的轴承可以使用直接安装方法，如使用铜棒敲击轴承内套将轴承砸入，或使用专用的安装工具，如图 3-4-21 所示。

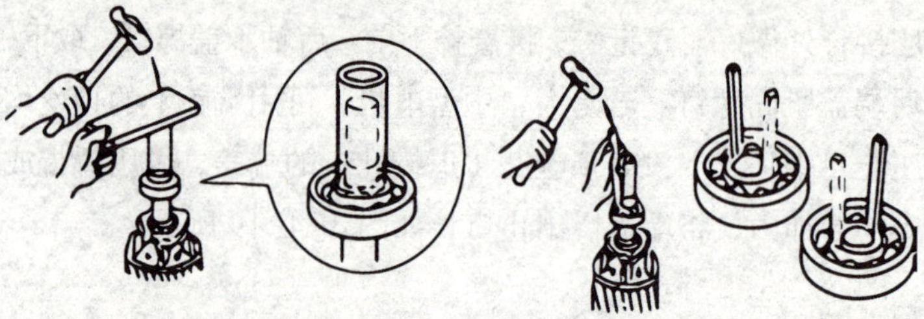

图 3-4-21　轴承的装配

b. 轴伸在 50 mm 以上的轴承可以使用加热法，包括专业的轴承加热器或电烤箱等，但温度必须控制在 100℃以下，防止轴承过火。

c. 轴承安装完毕，必须检查是否安装到位，且不能立即转动轴承，防止将滚珠磨坏

③后端盖的装配：

a. 按拆卸前所作的记号，转轴短的一端是后端。后端盖的突耳外沿有固定风叶外罩的螺钉孔。装配时将转子竖直放置，将后端盖轴承座孔对准轴承外圈套，然后一边使端盖沿轴转动，一边用木槌敲打端盖的中央部分。如果用铁锤，被敲打面必须垫上木板，直到端盖到位为止，然后套上后轴承外盖，旋紧轴承盖紧固螺钉。

b. 按拆卸所作的标记，将转子放入定子内腔中，合上后端盖。按对角交替的顺序拧紧后端盖紧固螺钉。注意：边拧螺钉边用木槌在端盖靠近中央部分均匀敲打，直至到位。

④前端盖的装配：将前轴内盖与前轴承按规定加好润滑油，参照后端盖的装配方法将前端盖装配到位。装配时先用螺钉旋具清除机座和端盖止口上的杂物，然后装入端盖，按对角顺序上紧螺栓，具体步骤如图 3-4-22 所示。

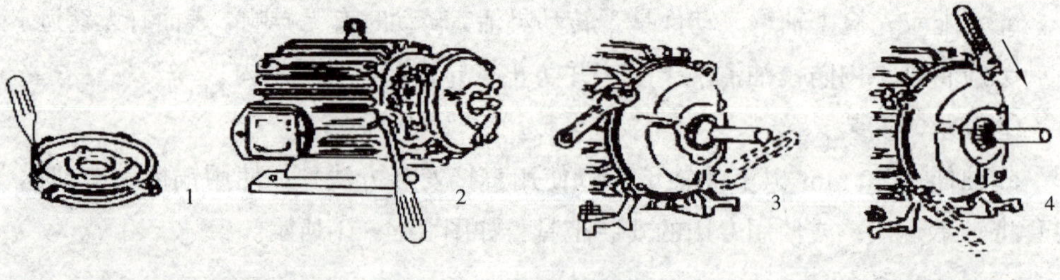

图 3-4-22　前端盖的装配

2. 三相异步电动机故障分析

（1）三相异步电机绕组故障分析和处理

①绕组接地：指绕组与铁芯或与机壳绝缘破坏而造成的接地。

故障现象：机壳带电、控制线路失控、绕组短路发热，致使电机无法正常运行。

产生原因：绕组受潮使绝缘电阻下降；电机长期过载运行；有害气体腐蚀；金属异物侵入绕组内部损坏绝缘；重绕定子绕组时绝缘损坏；绕组端部碰端盖机座；定子、转子摩擦引起绝缘灼伤；引出线绝缘损坏与壳体相碰；过电压（如雷击）使绝缘击穿。

检查方法：

a. 观察法。目测绕组端部及线槽内绝缘物，观察有无损伤和焦黑的痕迹，如有就是接地点。

b. 万用表检查法。用万用表低阻挡检查，读数很小，则为接地。

c. 绝缘电阻表法。根据不同的等级选用不同的绝缘电阻表测量每相绕组的绝缘电阻，若读数为零，则表示该相绕组接地，但对电机绝缘受潮或因事故而击穿，需依据经验判定，一般说来指针在 0 处摇摆不定时，可认为其具有一定的电阻值。

d. 电流穿烧法。用一台调压变压器，接上电源后，接地点很快发热，绝缘物冒烟处即为接地点。应特别注意测试小型电机的电流不得超过其额定电流的 2 倍，时间不超过半分钟；大电机为额定电流的 20%~50% 或逐步增大电流，到接地点刚冒烟时立即断电。

处理方法：

a. 绕组受潮引起接地的应先进行烘干，当冷却到 60~70℃时，浇上绝缘漆后再烘干。

b. 绕组端部绝缘损坏时，在接地处重新进行绝缘处理，涂漆，再烘干。

c. 绕组接地点在槽内时，应重绕绕组或更换部分绕组元件。

d. 最后应用绝缘电阻表进行测量，满足技术要求即可。

②绕组短路：绕组短路通常由于电动机电流过大、电源电压变动过大、单相运行、机械碰伤、制造不良等造成绝缘损坏所致，分绕组匝间短路、绕组极间短路和绕组相间短路。

故障现象：磁场分布不均，三相电流不平衡而使电机运行时振动和噪声加剧，严重时电机不能启动，而在短路线圈中产生很大的短路电流，导致线圈迅速发热而烧毁。

产生原因：电机长期过载，使绝缘老化失去绝缘作用；嵌线时造成绝缘损坏；绕组受潮使绝缘电阻下降造成绝缘击穿；端部和层间绝缘材料没垫好或整形时损坏；端部连接线绝缘损坏；过电压或遭雷击使绝缘击穿；转子与定子绕组端部相互摩擦造成绝缘损坏；金属异物落入电机内部以及油污过多。

检查方法：

a. 外部观察法。观察接线盒、绕组端部有无烧焦，绕组过热后变成深褐色，并有臭味。

b. 探温检查法。空载运行 20 min（发现异常时应马上停止），用手背碰绕组各部分，看是否超过正常温度。

c. 通电试验法。用电流表测量，若某相电流过大，说明该相有短路处。

d. 万用表或绝缘电阻表法。测任意两相绕组相间的绝缘电阻，若读数极小或为零，说明该两相绕组相间有短路。

处理方法：全部拆除，更换新绕组。

③绕组开路：由于焊接不良或使用腐蚀性焊剂，焊接后又未清除干净，就可能造成虚焊或松脱；受机械应力或碰撞时线圈短路、发生接地故障也可使导线烧毁，在并绕的几根导线中有一根或几根导线短路时，另几根导线由于电流的增加而温度上升，引起绕组发热而断路。一般分为一相绕组端部断线、匝间短路、并联支路处断路、多根导线并绕中一根断路、转子断笼。

故障现象：电机不能启动，三相电流不平衡，有异常噪声或振动大，温升超过允许值或冒烟。

产生原因：在检修和维护保养时碰断或制造质量问题；绕组各元件、极（相）组和绕组与引接线等接线头焊接不良，长期运行过热脱焊；受机械力和电磁场力使绕组损伤或拉断；匝间或相间短路及接地造成绕组严重烧焦或熔断等。

检查方法：

a. 观察法。断点大多数发生在绕组端部，看有无碰折、接头处有无脱焊。

b. 万用表法。利用电阻挡，对 Y 形接法的将一根表笔接在形的中心点上，另一根依次接在三相绕组的首端，无穷大的一相为断点；△形接法的断开连接后，分别测每组绕组，无穷大的则为断路点。

c. 绝缘电阻表法。阻值趋向无穷大的一相为断路点。

处理方法：断路在端部时，连接好后焊牢，包上绝缘材料，套上绝缘管，绑扎好，再烘干。绕组由于匝间、相间短路和接地等原因而造成绕组严重烧焦的，一般应更换新绕组。

（2）电机轴承异响分析与解决

①保持器发出“唏哩唏哩”声：

原因分析：由保持器与滚动体振动、冲撞产生，不管润滑脂种类如何都可能产生，承受力矩、负荷或径向游隙大的时候更容易产生。

解决方法：提高保持器精度；选用游隙小的轴承或对轴承施加预负荷；降低力矩负荷，减小安装误差；选用好的油脂润滑。

②连续“嗡嗡”蜂鸣声：

原因分析：电机无负荷运转时发出类似蜂鸣一样的声音，且电机发生轴向异常振动，开机或关机时有“嗡嗡”声。润滑状态不好、冬天且两端用球轴承的电机多发，主要是轴调心性能不好时轴向振动影响下产生不稳定振动。

学后测试

①简述异步电动机的结构组成。

②简述三相异步电动机的工作原理及调速方法。

③简述单项异步电动机的旋转原理。

④三相异步电动机可通过哪几种方式进行减速？

⑤简述异步电动机的特点。

⑥简述异步电动机的拆卸和安装流程。

任务五 永磁同步电动机的检修

教学目标

知识目标

· 掌握永磁同步电动机的结构组成。

· 掌握永磁同步电动机的工作原理。

· 了解永磁同步电动机的特点。

技能目标

· 掌握永磁同步电动机的拆卸与安装。

· 掌握永磁同步电动机的检修。

素养目标

具有相互协作的团队精神和妥善处理人际关系的能力。

知识链接

永磁同步电动机在电动汽车驱动方面具有很高的应用价值，得到国内、外电动汽车界的广泛重视，并已在日本得到了普遍应用。日本新研制的电动汽车大都采用永磁同步电动机驱动，比较典型的是在丰田普锐斯混联式混合动力轿车上的应用，具有高效、高控制精度、高转矩密度、良好的转矩平稳性及低振动噪声的特点，通过合理设计永磁三路结构获得较高的弱磁性能，是最具竞争力的电动汽车驱动电动机系统之一。

永磁同步电动机分为正弦波驱动电流的永磁同步电动机和方波驱动电流的永磁同步电动机。下面主要介绍以三相正弦波驱动的永磁同步电动机（见图 3-5-1）。

图 3-5-1　永磁同步电动机

一、永磁同步电机的结构组成

永磁同步驱动电机由定子绕组、定子铁芯、转子铁芯、旋转变压器、电源动力引出线、水冷系统和机壳等组成，其结构如图 3-5-2 所示。

1. 定子

永磁同步电机的定子与普通电动机基本相同，是由导磁的定子铁芯和导电的定子绕组以及固定铁芯和绕组用的一些部件组成的，如图 3-5-3 所示。电枢铁芯一般采用 0.5 mm 硅钢冲片叠压而成。为了能够产生旋转磁场，需要在三相交流电机的定子铁芯上安装 3 个相对其中心轴旋转 120° 的绕组，三相绕组以 Y 形电路或△形电路进行连接。

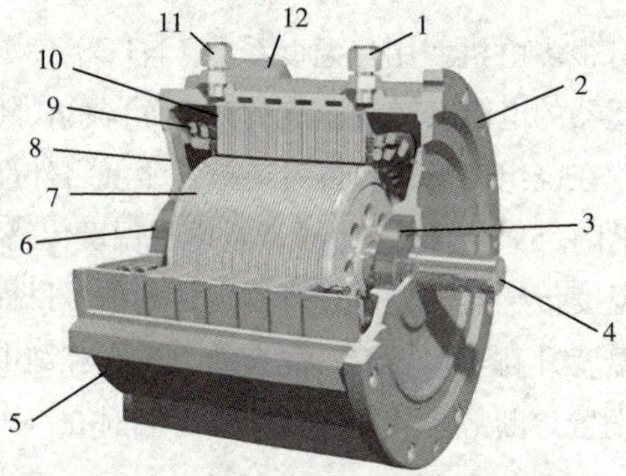

1—冷却水管接头；2—前端盖；3—轴承；4—轴；5—机座；6—轴承；7—转子铁芯；8—后端盖；9—三相绕组；10—定子铁芯；11—冷却水管接头；12—接线盒。

图 3-5-2　永磁同步电动机的结构

1—机座；2—定子三相绕组；3—定子铁芯；4—接线盒。

图 3-5-3　定子结构组成

2. 转子

永磁同步电动机的转子主要由永磁体、转子铁芯和转轴等构成，如图 3-5-4 所示。其中，永磁体主要采用铁氧体永磁和钕铁硼永磁材料；转子铁芯可根据磁极结构的不同，选用实心钢，或采用钢板或硅钢片冲制后叠压而成。按照永磁体在转子上位置的不同，永磁同步电动机的磁极结构可分为表面式和内置式两种。

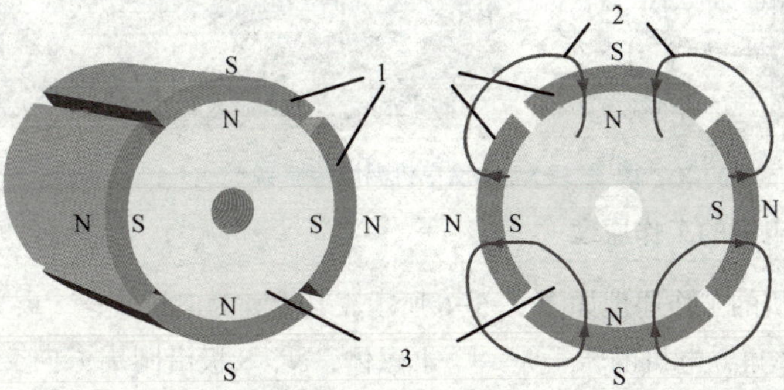

1—永磁磁极；2—磁感线；3—转子铁芯。

图 3-5-4　永磁同步电动机的转子结构

3. 永磁体位置传感器

与普通电动机相比，永磁同步电动机必须装有永磁体位置传感器，用来检测磁极位置，并以此对电枢电流进行控制，达到对永磁同步电动机驱动控制的目的。

在永磁同步电动机中，通常转子位置传感器与电动机轴连在一起，用来随时测定磁极的位置，为电子换向提供正确信息。目前，PMSM 系统的位置传感器有很多种方式，如光电编码式、磁敏式、电磁式和旋转变压器等。无论哪种测量方式，其本质都是用来测量转子位置信息的，只是安装的体积、方便程度、成本及可靠性要求不同而已。

4. 温度传感器

为避免因温度过高而造成组件损坏，有很多电机使用负温度系数（NTC）传感器监控电机定子绕组的温度。负温度系数传感器的电阻会随着温度的升高而降低，随着温度的降低而升高。这种传感器通常被放置在绕组内部，但也可能被置于绕组外部或放置在驱动桥润滑油中（混合动力汽车）。图 3-5-5 为比亚迪 e5 驱动电机温度传感器，不直接测量转子温度，而是根据定子内的温度传感器测量值进行确定，其信号以模拟方式由电机控制器读取和分析。若电机的温度升高至临界值，混合动力汽车和纯电动汽车控制系统将会限制电机的最大输出并设置诊断故障代码（DTC），同时在汽车仪表板上显示报警。

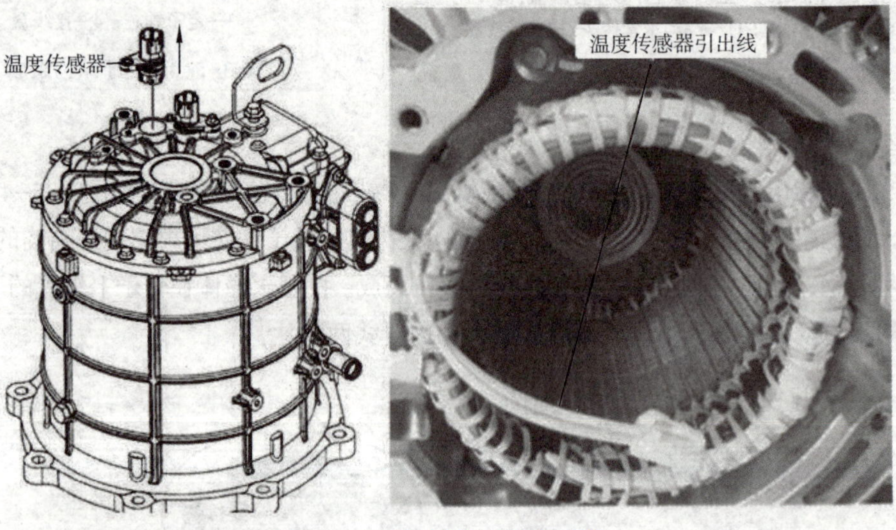

图 3-5-5　驱动单机温度传感器

二、永磁同步电机的工作原理

永磁同步电动机的工作原理如图 3-5-6 所示，其中 n 为电机转速，n_0 为同步转速，T 为转矩，θ 为功率角，电机的转子是一个永磁体，N、S 极沿圆周方向交替排列。电机的定子是三相对称绕组，电机运行时，三相正弦波电流流经定子三相绕组，在气隙中产生一个速度为 n_0 的旋转磁场。定子存在旋转磁动势，转子像磁针一样，随着定子的旋转磁场同步旋转。

同步电动机的转速可表示为

$$n = n_0 = \frac{60f}{p}$$

式中，f——电源频率（r/min）；

p——电动机磁极对数。

永磁同步电动机工作时，定子产生的旋转磁场带动永磁转子同步旋转并力图使定子、转子磁场轴线对齐，外加负载转矩后，转子磁场轴线将落后定子磁场轴线一个功率角θ，负载越大，功率角θ越大，直到一个极限角度，电动机停止工作。由此可见，同步电动机在运行中，必须与频率严格成比例旋转，否则会失步停转。所以，它的转速与旋转磁场同步，其静态误差为零。在负载扰动下，只是功率角θ变化，而不引起转速变化，响应时间是实时的。

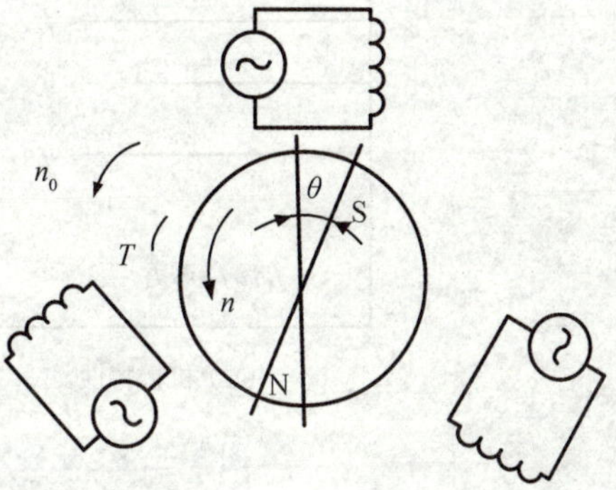

图 3-5-6　永磁同步电动机的工作原理

永磁同步电动机的驱动电路如图 3-5-7 所示，定子绕组产生旋转磁场的机理与感应电动机是相同的，其转子通过永久磁铁产生磁场，两个磁场相互作用产生转矩，定子绕组产生旋转的磁场，可看作一对旋转磁极吸引转子的磁极随其一起旋转。永磁同步电动机带负载时，气隙磁场是永磁体磁动势和电枢磁动势共同建立的，电枢磁动势对气隙磁场有影响，电枢磁动势的基波对气隙磁场的影响称为电枢反应。

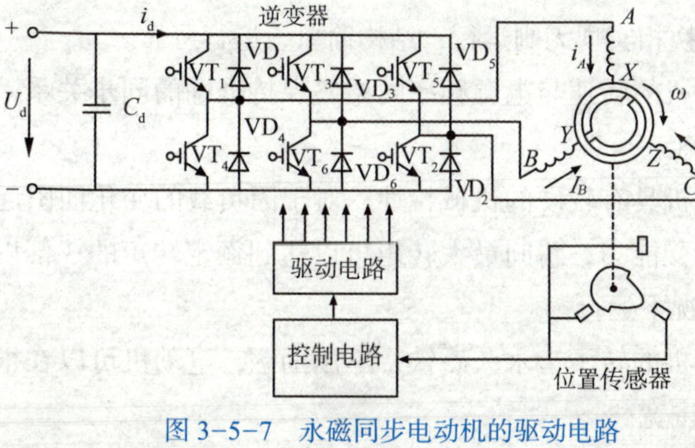

图 3-5-7　永磁同步电动机的驱动电路

扫一扫

二、永磁同步电机的运行特性

永磁同步电动机的运行特性主要包括机械特性和工作特性。

永磁同步电动机稳态正常运行时，转速始终保持同步转速不变，因此其机械特性为平行于横轴的直线。通过调节电源频率来调节电动机转速时，转速与频率成正比变化，如图 3-5-8（a）所示。

永磁同步电动机的工作特性是指当电源电压恒定时，电动机的输入功率P、电枢电流I、效率η、功率因数$\cos\varphi$等随输出功率变化的关系，如图 3-5-8（b）所示。

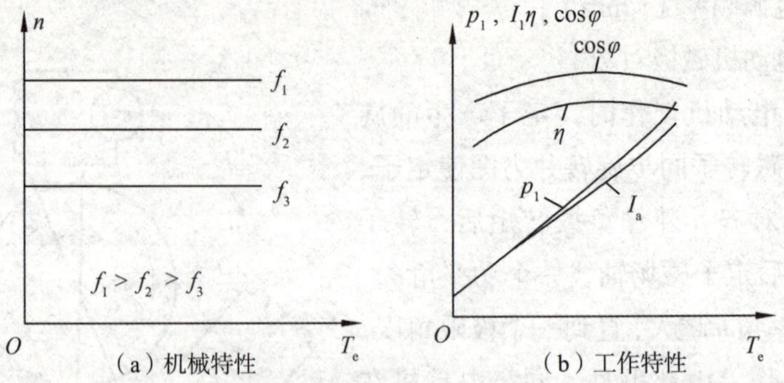

图 3-5-8　永磁同步电机的机械特性和工作特性

在正常工作范围内，永磁同步电动机的功率因数比较平稳，效率特性也能保持较高的水平。电动机的输入功率和电枢电流近似与输出功率成正比。

三、永磁同步电动机的特点

近年来，随着电力电子技术、微电子技术、新型电动机控制理论和稀土永磁材料的快速发展，永磁同步电动机得以迅速的推广应用。与传统的电励磁同步电动机相比，永磁同步电动机特别是稀土永磁同步电动机具有损耗少、效率高、节电效果明显的优点。

1. 永磁同步电动机的优点

①用永磁体取代绕线式同步电动机转子中的励磁绕组，从而省去了励磁线圈、集电环和电刷，以电子换相实现无刷运行，结构简单、运行可靠。

②永磁同步电动机的转速与电源频率间始终保持准确的同步关系，控制电源频率就能控制电动机的转速。

③永磁同步电动机具有较硬的机械特性，对于因负载的变化而引起的电动机转矩的扰动具有较强的承受能力，瞬间最大转矩可以达到额定转矩的 3 倍以上，适合在负载转矩变化较大的工况下运行。

④永磁同步电动机的转子为永久磁铁，不用励磁，电动机可以在很低的转速下保持同步运行，调速范围宽。

⑤永磁同步电动机与异步电动机相比，不需要无功励磁电流，因而功率因数高，定子电流和定子铜耗小，效率高。

⑥体积小质量轻。近年来，随着高性能永磁材料的不断应用，永磁同步电动机的功率密度得到很大提高，相比于同容量的异步电动机，体积和质量都大大减小，适合应用在许多特殊场合。

2. 永磁同步电动机的缺点

①由于永磁同步电动机转子为永磁体，无法调节，必须通过加定子直轴去磁电流分量削弱磁场。这会增大定子的电流，增加电动机的铜耗。

②永磁同步电动机的磁钢价格较高。

永磁同步电动机体积小、质量小、转动惯量小、功率密度高（可达 1 kW/kg），适合电动汽车空间有限的特点。另外，永磁同步电动机转矩惯量比大、过载能力强，尤其低转速时输出转矩大，适合电动汽车的启动加速。因此，永磁同步电动机在国内外电动汽车界被广泛关注，并得到了普遍应用。

技能实训　永磁同步电动机的拆装及故障分析

一、目的

①熟悉永磁同步电动机的结构组成。

②掌握永磁同步电动机的拆卸安装及注意事项。

③掌握永磁同步电动机故障分析及处理。

二、实训步骤及内容

当维护、检修需要部分或全部拆卸永磁同步电动机时，必须特别注意防止电机定子绕组、永磁转子、轴承及其他零部件的损坏。如果拆卸（或装复）的步骤、操作方法不正确，就容易造成电动机的损坏或者引起故障。因此，首先要做好准备工作，即准备各种工具以及做好拆卸前的记录和检查工作，然后遵照操作规程，进行正确的拆装及检修。

1. 拆卸及安装过程

永磁同步电动机结构与异步电动机等大部分电机结构类似，所以其拆装过程及转子、定子故障分析与异步电动机基本相同，此处不再赘述。

2. 永磁同步电动机组件的检测与更换

（1）维修说明

①电机内部：维修装配时都要清洁电机内部，不能有杂物。

②密封处：操作要求如下：

a. 彻底清洗接合面。

b. 接合面一定要涂抹密封胶（耐油硅酮密封胶 M-1213 型）。接合面包括接线盒盖与箱体、端盖与箱体接合处。

c. 铭牌接合处要用 AB 胶涂抹。

③卡环：操作要求如下：

a. 勿过分扩张卡环，以免使其变形。如果变形，需要更换。

b. 确保卡环完全卡入环槽。

④螺栓：电机上所有螺栓要用螺纹胶（赛特 242）涂抹紧固。如果螺栓有裂纹或损坏，应及时更换。螺栓完成紧固后用油漆笔做标记。

⑤轴承：操作要求如下：

a. 安装轴承前要用轴承加热器加热所用的轴承 80s。

b. 安装过程中，采用规定的工具进行操作。

⑥装配时用润滑油处的要求如下：

a. 三相动力线束总成与箱体装配孔装配时涂抹润滑油。

b.O 形圈与箱体装配时涂抹润滑油。

c. 密封盖与盖板装配时要涂抹润滑油。

d. 旋变接插件、温控接插件与箱体装配时涂抹润滑油。

（2）温度传感器的检测与更换

在 10~40℃温度下，测量温度传感器电阻时，用电阻表分别连接 3 和 6 端子，查看电阻表显示的电阻值是否在 50.04~212.5 kΩ 范围内。温度传感器端子及定义如图 3-5-9 所示。

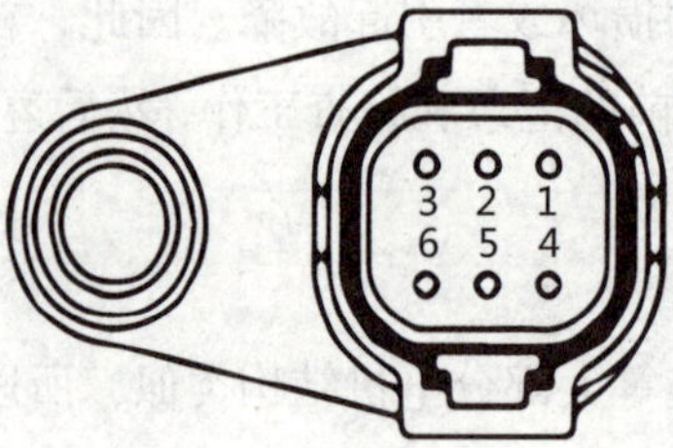

端子号	定义
1	
2	
3	温度传感器：红+
4	
5	
6	温度传感器：黑−

图 3-5-9　温度传感器端子及定义

发现温度传感器出现问题时，需要对温度传感器进行拆卸维修，如图 3-5-10 所示。在拆分过程中，请注意保护好所有零部件，防止零部件被意外损坏。

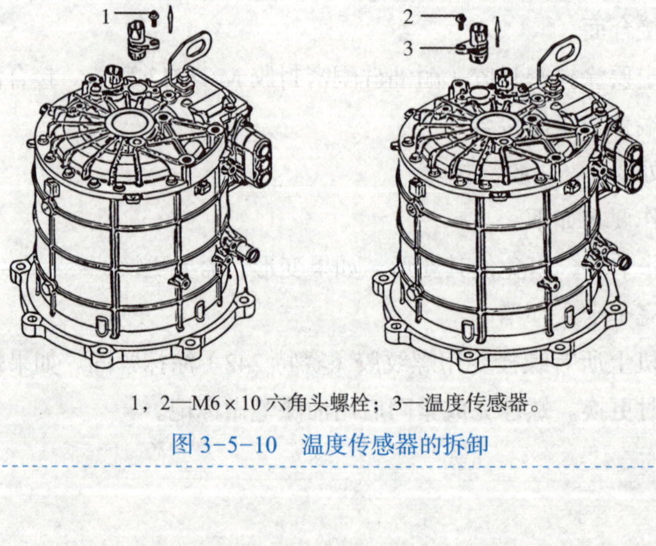

1，2—M6×10 六角头螺栓；3—温度传感器。

图 3-5-10　温度传感器的拆卸

具体拆装过程如下：

①用扳手将 M6×10 六角头螺栓拧下来。

②将温度传感器取出来，用斜口钳将温度传感器中间部分取下。

③取新的温度传感器连上旋变引线端插件，在温度传感器装配面涂上一层润滑油，箱体配合孔也涂上一层润滑油。再将温度传感器插入后箱体配合孔内。最后将 M6×10 六角头螺栓拧上，紧固力矩为 12 N·m。

（3）旋转变压器的检测与更换

在常温下，测量励磁电阻时，用电阻表分别连接 1、4 端子，查看电阻表显示的电阻值是否在标准值的范围内；同理，可测量正弦、余弦电阻值。旋转变压器端子及定义，如图 3-5-11 所示。

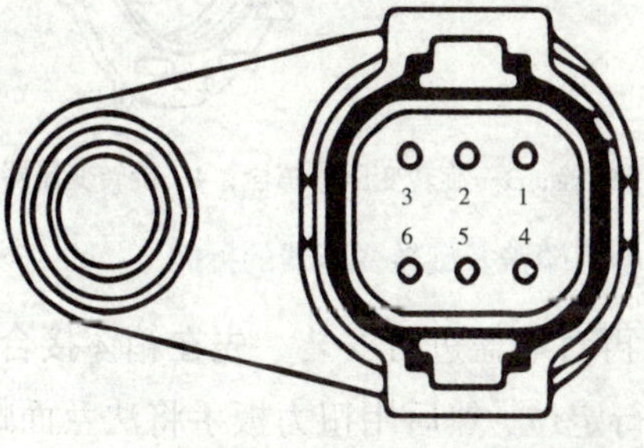

端子号	定义
1	exc+
2	cos+
3	sin+
4	exc−
5	cos−
6	sin−

测量项	标准值/Ω
励磁绕组电阻	6.5 ± 2
正弦绕组电阻	12.5 ± 4
余弦绕组电阻	12.5 ± 4

图 3-5-11　旋转变压器端子及定义

通过检测，若发现旋转变压器出现问题，需要对旋转变压器进行拆卸维修，如图 3-5-12 所示。由于旋转变压器安装在电机端盖上，需要先拆卸电机端盖。在拆卸端盖前，要检查紧固件是否齐全并记录损伤情况，以免在装配过程中有紧固件遗落在电机内部。

具体拆装过程如下：

①用扳手将法兰面螺栓拆下。

②用专用工具将轴的花键端顶起（转子和端盖是一体的），将端盖从壳体上取下。由于之前装端盖时在接合面处涂抹了密封胶，拆下端盖后需要对电机内部进行清洁，不能让异物掉入电机内部。

③用扳手将旋转变压器螺栓拆下，将定子引出线从旋转变压器接插件中拔出后取出旋转变压器。

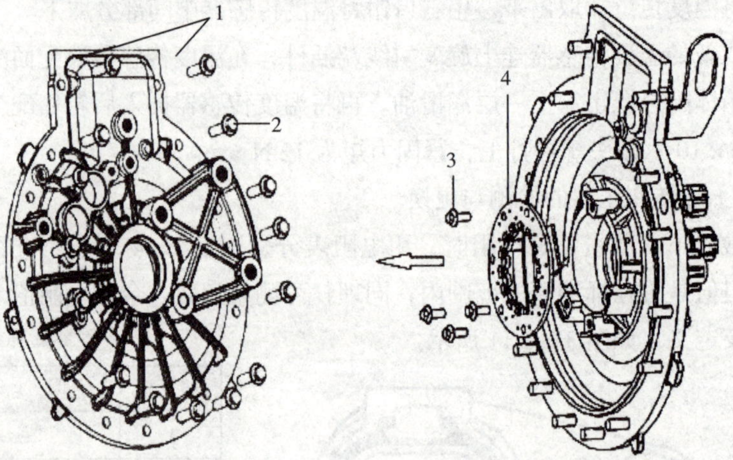

1—两只 M8×20 螺栓；2— M8×30 的螺栓；3—旋转变压器螺栓；4—旋转变压器。

图 3-5-12　电机端盖及旋转变压器的拆卸

④对电机内部全部维修完毕后，再对端盖进行安装。先在箱体接合面处涂抹密封胶，利用定位销对端盖与箱体进行定位，然后用扭力扳手将法兰面螺栓拧紧，力矩为 25 N·m。

（4）密封环的检测与更换

通过水压密封性检验或目测发现密封环出现问题时，需要对密封环进行拆卸更换，如图 3-5-13 所示。在拆分过程中，请注意保护好所有零部件，防止零部件被意外损坏。

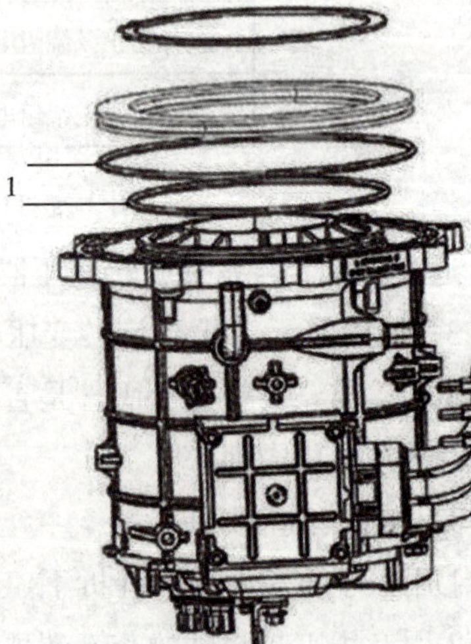

1—密封环带 O 形圈。

图 3-5-13　电机密封环

具体拆装过程如下：

①在拆卸密封环之前要确保电机水道内冷却液排放干净。

②将电机旋转变压器接插件端朝下平放，使用压缩空气在进水管处施加气压，出水管处堵塞密封。利用气压将密封环带 O 形圈压出后箱体。

③维修或更换密封环带 O 形圈或水道筋，安装时需要涂抹润滑油。

④安装完毕进行水压密封性测验。

学后测试

①简述永磁同步电动机的结构组成。
②简述永磁同步电动机的工作原理。
③简述永磁同步电动机的特点。
④简述永磁同步电动机的拆卸和安装流程。

任务六　开关磁阻电动机的检修

教学目标

知识目标

· 掌握开关磁阻电动机的结构组成。
· 掌握开关磁阻电动机的工作原理。
· 了解开关磁阻电动机的特点。

技能目标

· 掌握开关磁阻电动机的拆卸与安装。
· 掌握开关磁阻电动机的检修。

素养目标

具有计划组织能力和克服困难的能力。

知识链接

开关磁阻电动机（SR）是在20世纪80年代初随着电力电子、微型机和控制理论的迅速发展而发展起来的一种新型调速驱动电机，具有结构简单、运行可靠、成本低、效率高等突出优点，目前已成为直流电动机、交流电动机和永磁电动机调速系统强有力的竞争者，广泛应用在仪器仪表、家电、电动汽车等领域，如图3-6-1所示。

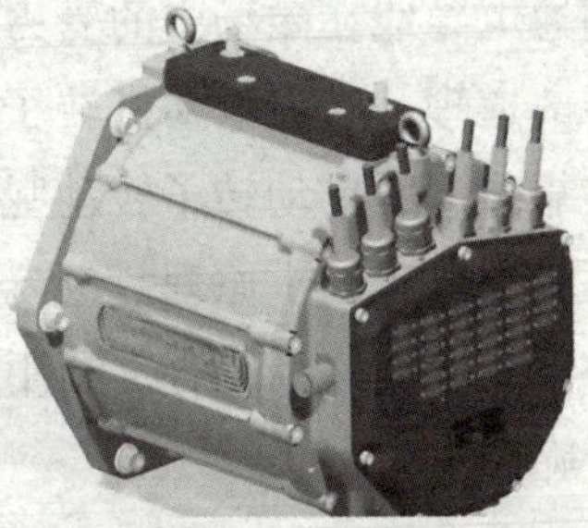
图3-6-1　开关磁阻电动机

一、开关磁阻电动机的结构组成

开关磁阻电动机的定子与转子都是由硅钢片叠压而成，转子上既无绕组也无永磁体，一般装有位置传感器；定子上绕有集中绕组，用来向电机提供工作磁场，径向相对的两个绕组串联构成一相绕组。定子与转子均采用凸极铁芯，这种形式成为双凸极结构。定子和转子的凸极有很多组合方式，开关磁阻电动机的定子凸极数量为偶数，转子凸极也为偶数，一般转子比定子少两个，共同组成不同极数的开关磁阻电机。最常见的三相 6/4 开关磁阻电动机中，定子上有 6 个凸极，转子有 4 个凸极；四相 8/6 开关磁阻电动机中定子上有 8 个凸极，转子上有 6 个凸极，如图 3-6-2 所示。定子、转子凸极组合方式见表 3-6-1。

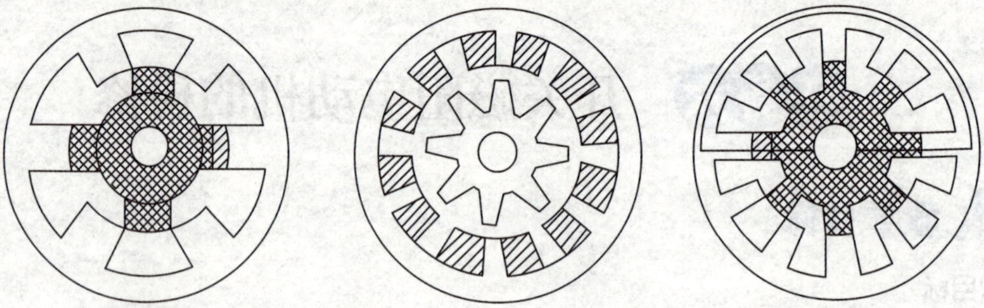

扫一扫

图 3-6-2 常见的开关磁阻电动机

表 3-6-1 定子、转子凸极组合方案

相数	3	4	5	6	7	8	9
定子极数 N_S	6	8	10	12	14	16	18
转子极数 N_t	4	6	8	10	12	14	16
步进角	30°	15°	9°	6°	4.28°	3.21°	2.5°

二、开关磁阻电动机的工作原理

在转子上没有线圈，这是磁阻电动机的重要特点。在介绍电动机工作原理时常用通电导线在磁场中的受力解释电动机旋转的道理，磁阻电动机转子上没有线圈，是靠什么力推动转子转动呢？磁阻电动机是利用磁阻最小原理，也就是磁通总是沿磁阻最小的路径闭合，利用磁引力拉动转子旋转。

三相 6/4 开关磁阻电动机的截面结构如图 3-6-3 所示，每相对的两定子凸极上为相互串联的相绕组，该电机有三相（A 相绕

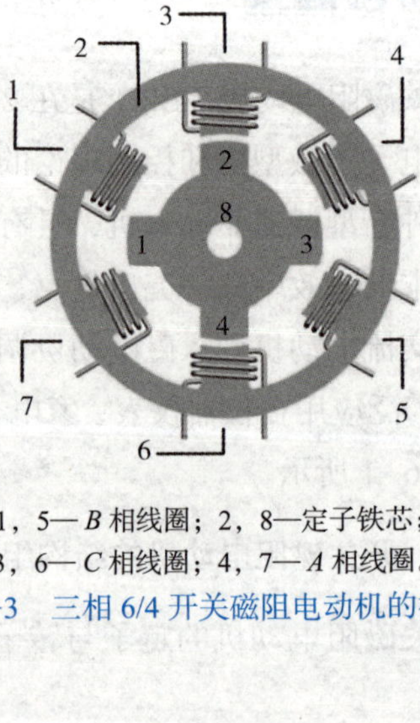

1，5—B 相线圈；2，8—定子铁芯；
3，6—C 相线圈；4，7—A 相线圈。

图 3-6-3 三相 6/4 开关磁阻电动机的截面结构

组、*B* 相绕组、*C* 相绕组），转子沿圆周均匀分布 4 个凸极，定子和转子凸极之间有很小的气隙。

转子凸极 2–4 与 *C* 相凸极对齐，转子凸极 1–3 与 *A* 相凸极之间相差一个角度 θ（θ=30°）。此时若 *A* 相绕组通电，*B*、*C* 相不通电，则在 *A* 相定子中建立了一个以 *A*–*A* 为轴线的对称磁场，磁力线从最近的转子凸极 1–3 通过转子铁芯，磁感线可看成极有弹力的线，在切向磁力的牵引下转子开始逆时针方向旋转。转子凸极轴线 1–3 逐渐向定子凸极的磁极轴线 *A*–*A* 靠拢，如图 3–6–4 所示。当磁力一直牵引转子转到 30° 时，转子凸极 1–3 与定子凸极 *A*–*A* 对齐时，此时磁路最短，磁场的切向磁力消失，转子将不再旋转。

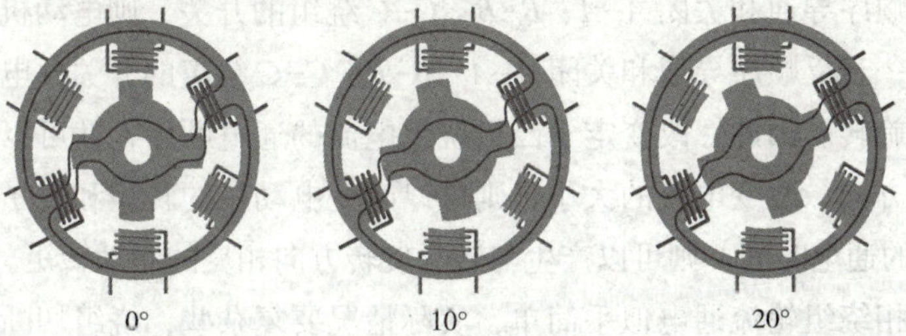

图 3–6–4　开关磁阻电动机 0~20° 工作原理

为了使转子继续转动，在转子转到 30° 前已切断 *A* 相绕组电源，在 30° 时接通 *B* 相绕组电源，则在 *B* 相定子中建立了一个以 *B*–*B* 为轴线的对称磁场，磁感线从最近的转子凸极 2–4 通过转子铁芯，在切向磁力的牵引下转子继续转动，如图 3–6–5 所示。当磁力一直牵引转子转到 60°，转子凸极 2–4 与定子凸极 *B*–*B* 对齐，磁场的切向磁力消失，转子将不再旋转。

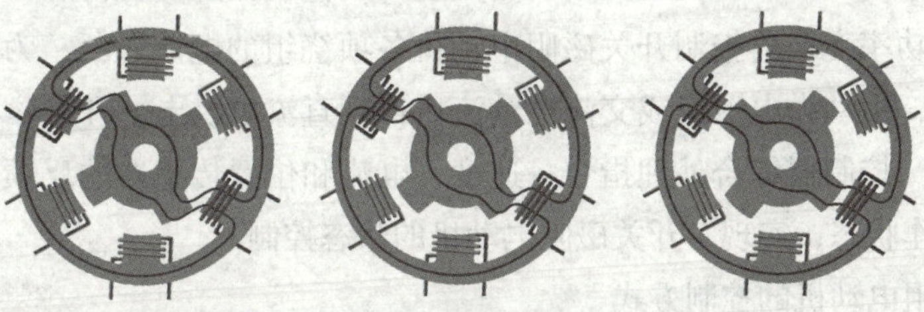

图 3–6–5　开关磁阻电动机 30° ~50° 工作原理

同理，可以根据图 3–6–6 对 *C* 相进行分析。当转子转到 90° 前切断 *C* 相电源，转子在 90° 的状态与前面 0° 开始时一样，重复前面过程，接通 *A* 相电源，转子继续转动。这样不停地重复下去，转子就会不停地旋转。

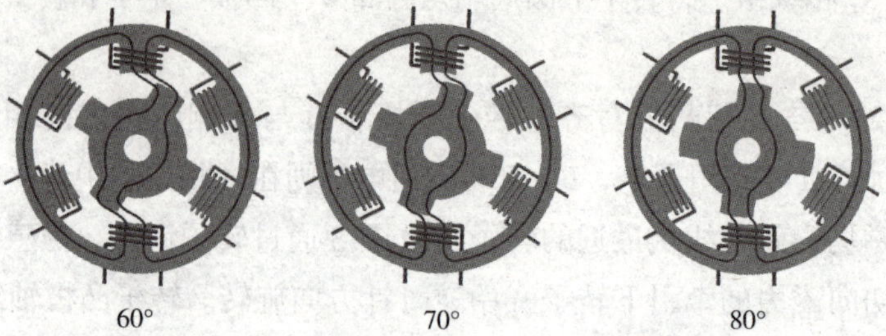

图 3-6-6　开关磁阻电动机 60°~80°　工作原理

以上就是磁阻电动机的工作原理，由于是利用了磁阻最小（磁导最大）原理，称之为磁阻电动机；由于线圈电流通断、磁通状态直接受开关控制，又称之为开关磁阻电动机。若按照顺序导通和关闭 *A–A*、*B–B*、*C–C* 绕组的开关，则电动机转子将按照逆时针方向旋转；若反顺序导通和关闭 *A–A*、*B–B*、*C–C* 绕组的开关，电动机转子将按照顺时针方向旋转。因此，改变定子凸极绕组电流的通电顺序，就可以改变开关磁阻电动机的旋转方向；改变电流的大小，则可以改变电动机的转矩和转子转速；若控制定子凸极绕组的通电时间，则可以产生与转子旋转方向相反的制动转矩。

A、*B*、*C* 各相绕组轮流通电似乎简单，实际情况要复杂些，绕组切断电源后产生的自感电流不会立即消失，要提前关断电源进行续流；为加大力矩，相邻相绕组有电流的时间会有部分重合；调节电动机的转速、转矩也要调整开关时间，各相绕组开通与关断时间与转子定子间的相对位置直接相关，故电机还装有转子位置检测装置为准时开关各相绕组电流提供依据，哪相绕组何时通断必须根据转子转到的位置与控制参数决定。

三、开关磁阻电动机控制系统

1. 开关磁阻电动机控制系统结构组成

开关磁阻电动机控制系统主要由功率变换器、控制器、位置传感器等组成，如图 3-6-7 所示。功率变换器控制开关磁阻电动机各项绕组的电流通断，为电动机提供运转所需的能量，由动力电池组或交流电整流后得到直流电供电，开关磁阻电动机绕组电流是单向的。控制器综合处理指令、速度、电流和位置传感器的反馈信号，控制功率变换器的工作状态，实现对开关磁阻电动机的状态控制。

扫一扫

2. 开关磁阻电动机的控制方式

开关磁阻电动机控制系统的可控参数主要有开通角、关断角、相电流幅值以及相绕组端电压。对这些参数进行单独控制或组合控制就能得到不同的控制方法，常用的控制方式有角度控制（APC）、电流斩波控制（CC）、电压控制（VC）和组合控制等。

3. 功率变换器

功率变换器是驱动系统的重要组成部分，并直接影响着系统的成本和性能，其主

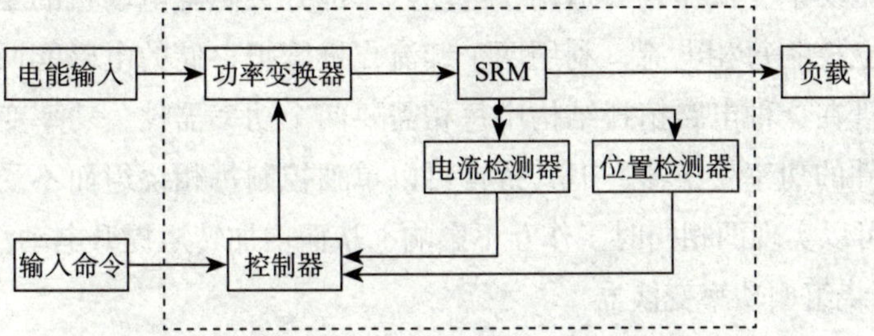

图 3-6-7　开关磁阻电动机控制系统结构

要作用有：连接电源与电动机，为其正常运行提供电能，满足所需的机械能转换；开关作用，使绕组与电源接通或者断开；续流作用，为绕组储能的回馈提供路径。功率变换器的合理设计是提高开关磁阻电动机调速系统性能的关键因素之一。开关磁阻电动机转矩方向与绕组电流方向无关，仅取决于绕组通电的顺序，即只需要单方面绕组电流，所以功率变换器设计较为简单、灵活。

理想的功率变换器主电路结构应同时具备以下条件：

①少而有效的主开关器件。

②可以将全部电源电压加给电动机绕组。

③可以通过主开关器件调制，有效控制每相电流。

④可以迅速增加相绕组电流。

⑤在负半轴绕组磁链减少的同时，能将能量回馈给电源。

（1）双开关型功率变换器

双开关型功率变换器电路每相具有两个主开关器件及两个续流二极管。如图 3-6-8 所示，当两个主开关器件同时导通时，电源向电机绕组供电；同时断开时，相电流通过续流二极管续流，将电机绕组中磁场储能以电能形式迅速回馈电源，实现强迫换相。

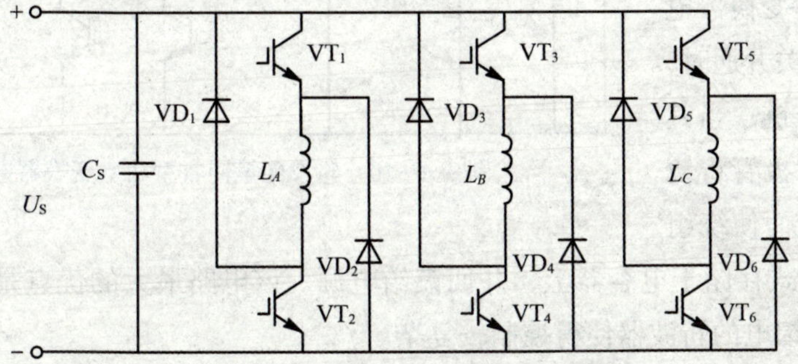

图 3-6-8　双开关型功率变换器电路

双开关型功率变换器尤其适用于电动汽车的开关磁阻电动机的驱动。它利用两个功率器件独立控制每相电流，利用两个续流二极管把存储的电磁能回馈给电动汽车电池充电。尽管在这种电路拓扑结构中每相需要两个功率器件，功率变换器成本要高于一个功率器件的功率变换器，但其桥臂可以单独控制每相绕组而不受其他绕组运行的影响，因此可以实现两相同时工作互不影响，从而增加转矩提升电动汽车驱动性能。

（2）双绕组型功率变换器

该功率变换器电路中，每相有主、副两个绕组，主、副绕组双线并绕，同名端反接，匝数比为 1 ：1。当主开关导通时，电源对主绕组供电；当主开关关断时，靠磁耦合将主绕组的电流转移到副绕组，通过二极管续流，向电源迅速回馈电能，实现强迫换相。缺点是副绕组之间不可能完全耦合，主开关关断时会产生较高的冲击电压，对主开关器件的额定工作电压要求较高，并需要良好的吸收网络；同时，由于电动机采用双绕组结构，绕组利用率下降，铜损增加，体积增大。这种主电路可以适用于任意相数的开关磁阻电动机，尤其适宜低压直流电源供电的场合。基本电路如图 3-6-9 所示。

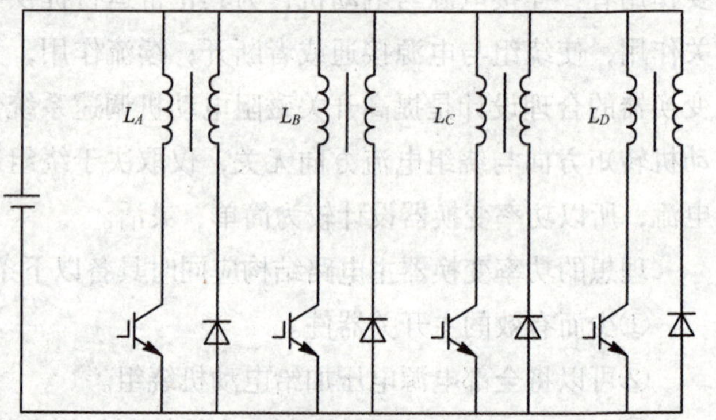

图 3-6-9　双绕组型功率变换器电路

（3）能量回收型功率变换器

能量回收型功率变换器通常有谐振能量回收、阻尼能量回收以及斩波能量回收几种形式。图 3-6-10 所示电路为斩波能量回收型功率变换器电路。当主电路开关开通时，绕组通电建立磁链；当其关断时，续流二极管将绕组电流续流，从而使绕组中磁能以电能形式存储于电容器上，并回馈给电源。该电路最大的优点是效率高，但由于增加了二次馈电的斩波器使得控制较复杂。

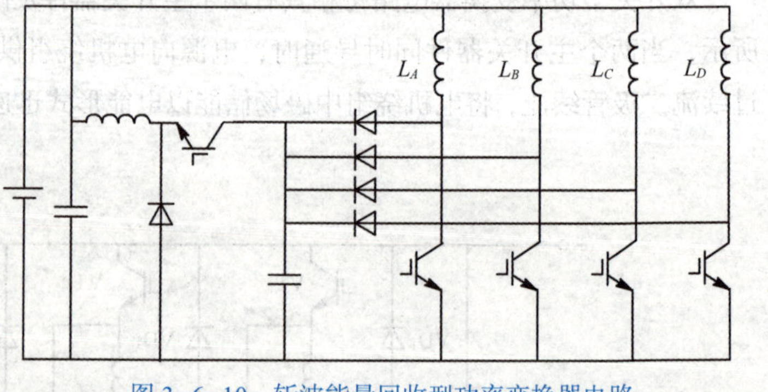

图 3-6-10　斩波能量回收型功率变换器电路

四、开关磁阻电动机的特点

与当前广泛应用的交流电动机相比，开关磁阻电动机驱动系统在设计成本、运行效率、调速性能、可靠性和散热性能等方面具有一定的优势。

1. 优点

①开关磁阻电机结构简单、紧凑牢固，适于在高速、高温环境下运行，具有良好的环境适应能力。

②功率转换器结构简单，容错能力强：由于转矩和励磁绕组电流方向无关，可以减少功率转换器的开关器件个数，系统可以短相工作，容错能力强。系统中的每个功率开关器件均直接与绕组串联，避免了直通短路的危险。因此，功率电路的保护电路可以简化，提高了系统的可靠性。

③可控参数多，调速性能好：开关磁阻电动机驱动系统参数主要有开通角、关断角、相电流幅值和相绕组电压，可控参数多，控制较为灵活，可以采用多种控制方式使电动机运行于最佳状态，而且可以在不增加辅助开关器件的情况下实现电动机四象限运行。

④启动转矩大，调速范围宽：开关磁阻电动机启动转矩较大，并且可以在较宽速度范围内实现恒功率运行，适用于频繁起停及正反方向的交替运行。

⑤效率高、功耗小：由于开关磁阻电动机转子不存在绕组，降低了电动机的铜损耗，并且能在很宽的功率和转速范围内都保持高效率。

2. 缺点

①开关磁阻电机产生的电磁转矩脉动较大，振动与噪声比较严重。

②功率开关元器件关断时，会在电机定子绕组端部及开关器件上产生较高的电压尖峰。

技能实训　电机绝缘检测

准备项目	电机绝缘检测
防护用品准备	绝缘手套、耐磨手套、护目镜
场地准备	实训车间
工具、材料准备	电驱动力总成台架或电机、绝缘测试仪

一、目的

能够检测电机绝缘电阻。

二、实训步骤及内容

1. 作业准备

①检查确认车辆或台架停放稳定可靠，防护到位。

②检查绝缘手套，校准兆欧表。

③拆开接线盒盖并断开高压接线座上三相线束。

2. 绝缘检测

①使用兆欧表检测并记录电机绝缘电阻。

②绝缘电阻测试完毕后，将被测端子接地放电。

3. 装复

①装复高压线并确认安装正确到位。

②工具设备清洁复位。

学后测试

①简述开关磁阻电动机的结构组成。

②简述开关磁阻电动机的工作原理。

③简述开关磁阻电动机的特点。

④简述开关磁阻电动机的拆卸和安装流程。

项目四
认识电动汽车的逆变器与变频器

任务一 认识逆变器

教学目标

知识目标

· 了解逆变器的定义和分类。

· 了解逆变器的工作原理。

技能目标

· 能独立完成逆变器的维护。

· 具有逆变器故障检修的能力。

素养目标

激发学生自信心、自豪感和创新意识。

知识链接

车载逆变器的整个电路大体上可分为两大部分，每部分各采用一枚 TL494 或 KA7500 芯片组成控制电路，其中第一部分电路的作用是将汽车电瓶等提供的 12 V 直流电，通过高频 PWM（脉宽调制）开关电源技术转换成 30~50 kHz、220 V 左右的交流电；第二部分电路的作用则是利用桥式整流、滤波、脉宽调制及开关功率输出等技术，将 30~50 kHz、220 V 左右的交流电转换成 50 Hz、220 V 的交流电。

一、逆变器的概述

1. 逆变器的定义

整流：把将交流电能转化为直流电能的过程。

逆变：将直流电能（电池、蓄电瓶）转化为交流电能（一般为 220 V、50 Hz 正弦波或方波）的过程。

逆变器：完成逆变功能的电路称为逆变电路，实现逆变过程的装置。

2. 逆变器分类

①按宏观分：普通型逆变器、逆变 / 控制一体机、邮电通信转用逆变器、航天 / 军队专用逆变器。

②按逆变器输出交流电能的频率分：工频逆变器（频率为 50~60 Hz）、中频逆变器（频率为 400 Hz~ 十几 kHz）、高频逆变器（频率为十几 kHz~MHz）。

③按逆变器输出的相数分：单项逆变器、三相逆变器、多相逆变器。

④按逆变器输出电能的去向分：有源逆变器、无源逆变器。

⑤按逆变器主电路形式分：单端式逆变器、推挽式逆变器、半桥式逆变器、全桥式逆变器。

⑥按逆变器主开关器件类型分：晶闸管逆变器、晶体管逆变器、场效应逆变器、绝缘栅双极晶体管（IGBT）逆变器。

⑦按直流电源分：电压源型逆变器（VSI）、电流源型逆变器（CSI）。

⑧按逆变器控制方式分：调频式（PWM）逆变器、调脉宽式（PWM）逆变器。

⑨按逆变器开关电路工作方式分：谐振式逆变器、定频硬开关式逆变器、定频软开关式逆变器。

3. 不同类型的逆变器

（1）集中式逆变器

设备功率为 50~630 kW，功率器件采用大电流 IGBT，系统拓扑结构采用 DC/AC 一级电力电子器件变换全桥逆变，工频隔离变压器的方式，防护等级一般为 IP20。体积较大，室内立式安装。

IP 防护等级：由两个数字所组成，第一个数字表示电器防尘、防止外物侵入的等级；第二个数字表示电器防湿气、防水侵入的密闭程度，数字越大表示其防护等级越高。

适用场合：一般用于日照均匀的大型厂房、荒漠电站、地面电站等大型发电系统，系统总功率大，一般是兆瓦级以上。

主要优点：逆变器数量少，便于管理；逆变器集成度高，功率密度大，成本低；逆变器各种保护功能齐全，电站安全性高、有功率因素调节功能和低电压穿越功能，电网调节性好。

主要缺点：直流汇流箱故障率较高，影响整个系统；集中式逆变器 MPPT 电压范围窄，组件配置不灵活；安装部署困难，需要专门的机房和设备；通风散热耗电系统维护相对复杂；逆变器发生故障停机，整个系统将停止发电。

（2）组串式逆变器

功率小于 30 kW，功率开关管采用电流的 MOSFET，拓扑结构采用 DC/DC

BOOST 升压和 DC/AC 全桥逆变两级电力电子器件变换，防护等级一般为 IP65。体积较小，可室外壁挂式安装。

适用场合：中小型屋顶光伏发电系统，小型地面电站。

主要优点：组串式逆变器 MPPT 电压范围宽，一般为 250~800 V，组件配置更为灵活；体积小，质量小，搬运和安装方便，占地少，在各种应用中可简化施工，自耗电低，故障影响小，维护方便。

主要缺点：电子元器件较多，功率器件和信号电路在同一块板上，设计和制造的难度大，可靠性稍差；功率器件电气间隙小，不合适高海拔地区，户外型安装，风吹日晒，很容易导致外壳和集热片老化；电气安全性稍差，不适合薄膜组件负极接地系统，直流分量大，对电网影响大；逆变器数量多，总故障率会升高，系统监控难度大；没有直流断路器和交流断路器，没有直流熔断器，系统发生故障时，不容易断开。

二、逆变器原理

1. 逆变的概念

将直流电转换为交流电的过程称为逆变。

无源逆变——把直流电逆变为某一频率的交流电供给负载。

有源逆变——把直流电逆变为交流电反送到电网（或交流源）。

2. 主要应用

各种直流电源的能源使用，如蓄电池、干电池、太阳能电池等；交流电机调速用变频器、不间断电源、感应加热电源等电力电子装置的核心部分。

图 4-1-1 是典型逆变电路，由 S_1~S_4 构成桥式电路，S_1 和 S_2 构成一个桥臂，S_3 和 S_4 构成另一个桥臂，形成两桥臂结构，具有降压特性。图 4-1-2~ 图 4-1-5 是具有其不同状态时的工作情况。

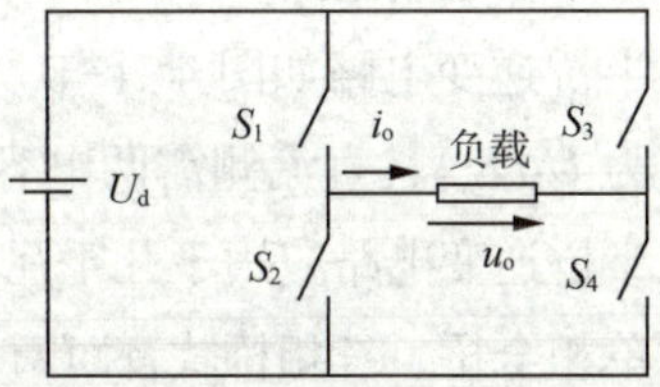

图 4-1-1　两桥臂结构逆变电路

3. 两桥臂结构逆变电路

同一桥臂的两个开关管不能同时导通，改变开关切换周期，可改变输出交流电频率，电阻负载时，负载电流 i_o 和 u_o 的波形相同，相位也相同，阻感负载时，i_o 相位滞后于 u_o，波形也不同。阻感负载时，i_o 相位滞后于 u_o，波形也不同。

两桥臂结构原理如图 4-1-6 所示，工作特性如图 4-1-7 所示。

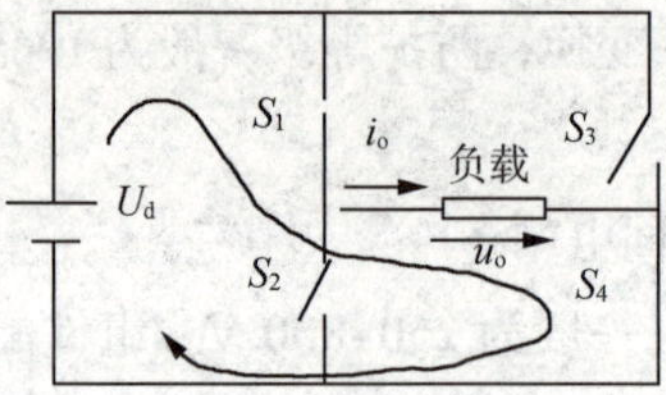

图 4-1-2　S_1、S_4 闭合，S_2、S_3 断开的电路图

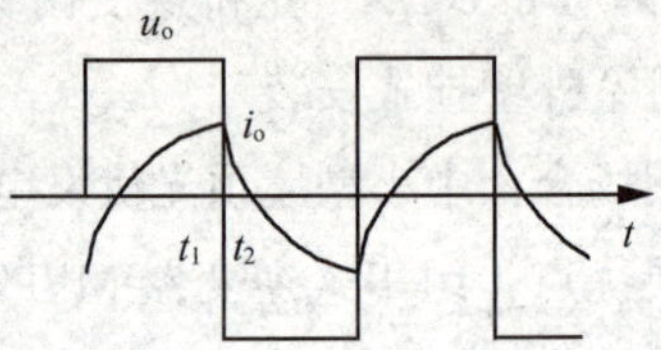

图 4-1-3　S_1、S_4 闭合，S_2、S_3 断开的波形图

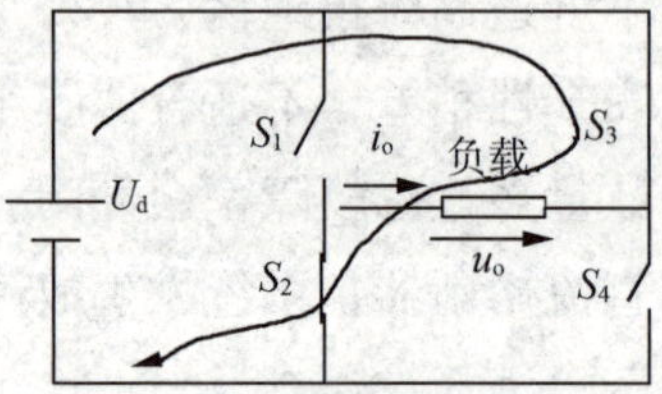

图 4-1-4　S_2、S_3 闭合，S_1、S_4 断开的电路图

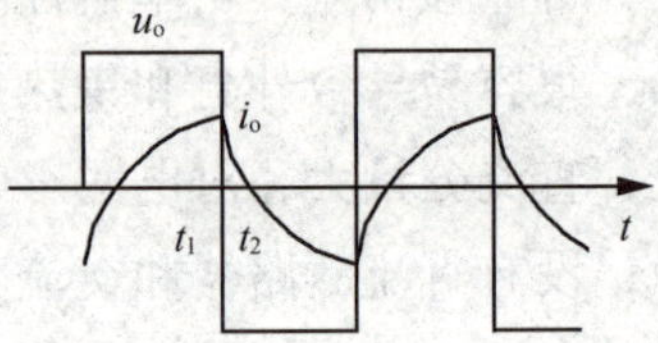

图 4-1-5　S_2、S_3 闭合，S_1、S_4 断开的波形图

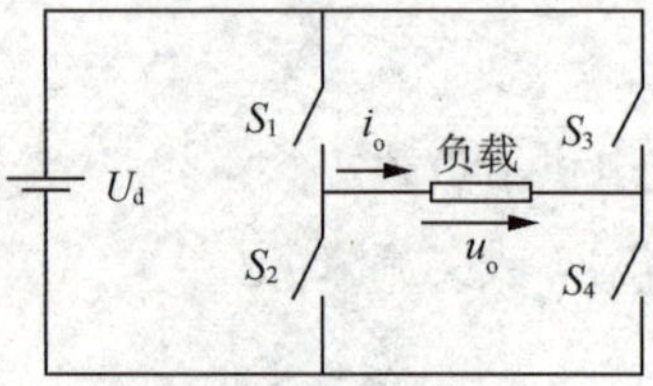

图 4-1-6　两桥臂结构逆变电路原理

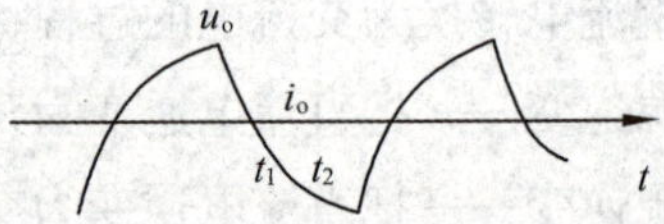

图 4-1-7　两桥臂结构逆变电路工作特性

4. 半桥逆变电路

半桥逆变电路如图 4-1-8 所示。其特点是电路简单，使用器件少；输出交流电压幅值为 $U_d/2$，且直流侧需两电容器串联，要控制两者电压均衡。

半桥逆变电路应用于几千瓦以下的小功率逆变电源。

单相全桥、三相桥式都可看成若干个半桥逆变电路的组合。

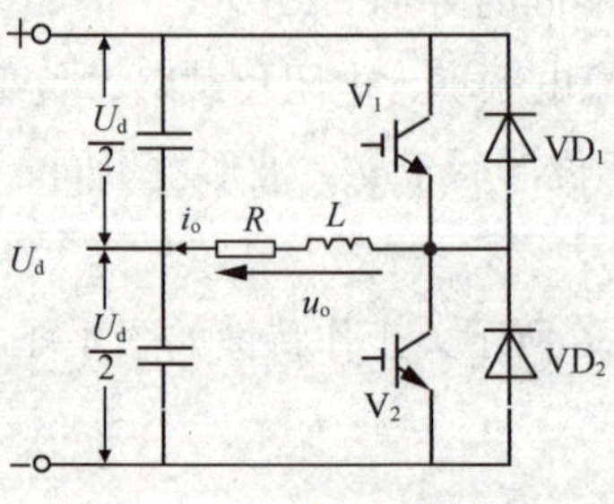

图 4-1-8　半桥逆变电路

技能实训 检修逆变器

准备项目	具体准备内容
防护用品准备	手套、抹布
场地准备	宽敞、明亮
工具、材料准备	逆变器、万用表、导线

安装完毕后，先要上电试运行，才能正式投入使用。

在试运行之前，应对设备的安装情况进行彻底检查，应特别检查直流和交流端的电压是否符合逆变器的要求，以及相序是否正确等。

检查系统的连接是否均已经符合相关标准规范的要求，并且系统已经良好接地。接地电阻对于整个系统安全具有决定意义，因此必须在首次试运转之前确定接地电阻符合要求。

1. 试运行前的检查

①记录现场环境参数（电压、温度和照射）。

②用兆欧量程的欧姆表测量电缆（在接线盒与逆变器之间）的电阻，精确记录所有值。

2. 检查逆变器

在逆变器上电前需要对其进行一系列检查：

①按照“安装检查清单”检查逆变器的安装，接线情况。

②确保交直流断路器都处于断开状态。

3. 检查电网电压

①检查逆变器的三相是否与电网三相相序连接正确。

②检查相电压及线电压是否都在预定范围内，并记录电压值。

③如果可能的话，测量相的THD（总谐波失真），查看曲线。若畸变情况很严重，逆变器可能无法运行。

4. 检查直流侧电压

直流侧应从汇流箱连接逆变器。

①确保PV输入极性正确。

②测量并记录每路PV（开路）电压。每路电压值应几乎相同，并却不超过允许的最大直流电压值。

阅读拓展

电动汽车动力电池内存储的高压直流电，之所以能够驱动交流电动机运转是由于电机控制器具有逆变器功能，可以把高压直流电转换为高压交流电，供交流电动机使用。而这一功能的实现离不开IGBT芯片。

绝缘栅双极型晶体管（Insulated Gate Bipolar Transistor，IGBT）是一种大功率的电力电子器件，新能源汽车最核心的技术，主要用于变频器逆变和其他逆变电路。其好坏直接影响电动车功率的释放速度：直接控制直、交流电的转换，同时对交流电机进行变频控制，决定驱动系统的扭矩（直接影响汽车加速能力）、最大输出功率（直接影响汽车最高时速）等。在新能源汽车制造中，IGBT 约占整车成本的 7% 左右，是除电池之外成本第二高的元件，也决定了整车的能源效率。国产车企想要更好的净利润表现，不断攻克 IGBT 关键技术是必经之路。

比亚迪、斯达半导等我国企业一直在关注 IGBT 等电动车核心技术的自主研发和创新。比亚迪自 2002 年进入半导体领域以来，于 2009 年推出国内首款自主研发的 IGBT 芯片，2018 年推出 IGBT 4.0 芯片并树立国内中高端车用 IGBT 新标杆。2021 年新推出的 IGBT 6.0 芯片采用新一代自主研发的高密度沟槽栅技术，相较同类产品在可靠性及产品性能上均实了现重大突破，已达到国际领先行列。

学后测试

①简述逆变器的定义。

②简述逆变器按输出电能的分类方式。

③简述逆变器的分类。

④简述逆变器的工作原理。

⑤简述逆变器检测的步骤。

任务二 认识变频器

教学目标

知识目标

· 了解变频器的定义与分类。

· 掌握变频器的结构及工作原理。

技能目标

· 能对变频器进行定期维护。

· 掌握变频器故障判断及检修方法。

素养目标

激发学生自信心、自豪感和创新意识。

知识链接

一、变频器概述

通用变频器的选择包括变频器类型的选择和容量的选择。选择变频器规格时应注意根据要求采用合适的选择方式和计算公式，根据工程实际情况确定具体调速方案，包括逆变器与电机的对应关系、整流器与逆变器的对应关系（是否采用成组驱动）、制动部分的结构方式及配置规模、采用哪种控制方式等。在选用变频器时，用户通常都要查看该型号变频器的产品资料，每个品牌的变频器都有多种规格型号供选择，一般通用变频器的技术数据分为型号及订货号、额定输入/输出参数、控制方式等，其中包括控制精度、控制参数、显示模式参数、保护特性参数及环境参数等五大类参数。这里介绍一下在实际工程应用中会涉及的有关参数的一些知识，供选型时参考。

1. 容量

通用变频器的容量用所适用的电动机功率（kW）、输出容量（kVA）、额定输出电流（A）表示。其中最重要的是额定电流，它是指变频器连续运行时输出的最大交流电流的有效值。输出容量取决于额定输出电流与额定输出电压下的三相视在输出功率。日本产的通用变频器的额定输入电压往往是 200 V 与 220 V、400 V 与 440 V 共用，变频器的输入电源电压常允许在一定范围内波动，因此输出容量一般用作衡量变频器容量的辅助手段。但德国西门子公司的变频器对电源电压则规定得很严格。日本的各变频器生产厂家在 1993 年达成了一项行业协议：变频器的型号规格中均标以所适用的电动机最大功率数（kW）。例如，富士公司的 FRN30G11S-4 表示产品型号为 FRENIC5000，标准适配电动机容量为 30 kW，系列名称为 G11S，电源电压为 400 V。

变频器所适用的电机功率（kW）是以标准的 2 或 4 极电机为对象，在变频器的输出额定电流以内可以传动的电机功率。

380 V、160 W 以下单台电动机与变频器间容量的匹配关系如表 4-2-1 所示。

表 4-2-1　80 V、160 W 以下单台电动机与变频器间容量的匹配关系

被控交流电动机容量 /kW	变频器输出容量 /kVA	被控交流电动机容量 /kW	变频器输出容量 /kVA
0.4，0.75	2	22，30	50
1.5，2.2	4	37	60
3.7	6	45，55	100
5.5	10	75，90	150
7.5	15	110，132	200
11，15	25	160	230
18.5	35		

2. 输入、输出参数

额定输入参数包括电源输入相数、电压、频率、允许电压频率波动范围、瞬时低电压允许值（相当于标准适配电动机 85% 负载下的试验值）、额定输入电流和需要的电源容量。

额定输出参数包括通用变频器的额定输出电压（不能输出比电源电压高的电压）、额定输出电流（在驱动低阻抗的高频电动机等场合，允许输出电流可能比额定值小）、额定过载电流倍数、额定输出频率等。变频器的最高输出频率因型号不同而差别很大，通常有 50/60 Hz、120 Hz、240 Hz、400 Hz 或更高，通用变频器中大容量的大都属于 50/60 Hz 这一类，而最高输出频率超过工频的变频器多为小容量。

关于输出频率的调节范围同样因通用变频器型号的不同而不同，较常见的有 0.5~400 Hz。400 Hz 以上属于中频。

输出频率的精度通常给出两种指标：模拟设定（如最高频率的 +0.2%）和数字设定（如最高频率的 +0.01%）。输出频率的设定分辨率通常给出 3 种指标：模拟设定（如最高频率的 1/3 000，例如 60 Hz 时为 0.02 Hz）、数字设定（如小于 99.99 Hz 时为 0.01 Hz，大于 100.0 Hz 时为 0.1 Hz 等）和串行通信接口链接设定（如最高频率的 1/20 000，小于 60 Hz 时为 0.003 Hz，120 Hz 时为 0.006 Hz 等）。

3. 控制参数

选用变频器时可根据控制参数及其说明选择所需要的参数，并核对与自己的需要是否相符，有些参数可能用不上，可以不予考虑。

（1）频率上下限

通常预设频率的上限值和下限值。

（2）跳越频率控制

通常设定跳越点的个数、跳越频率设定范围等，主要用于避免机械共振。

（3）瞬时过载能力

根据主回路半导体器件的过载能力，通用变频器的电流瞬时过载能力常常设计成150% 额定电流、1 min，或 120% 额定电流、1 min。与标准异步电动机（过载能力通常为 200% 左右）相比，变频器的过载能力较小。

4. 变频器类型的选择

变频器类型选择的基本原则是根据负载的要求进行选择。选择方法如下。

（1）风机和泵类负载

因为这类负载对转速精度没有什么要求，故选型时通常以价廉为主要原则，选择普通功能型通用变频器。

（2）恒转矩负载

多数负载具有恒转矩特性，但在转速精度及动态性能等方面要求一般不高，如挤压机、搅拌机、传送带、厂内运输电车、吊车的平移机构、吊车的提升机构和提升机等。选型时可选 V/f 控制方式的变频器。

（3）被控对象具有一定的动态、静态指标要求

这类负载一般要求低速时有较硬的机械特性，才能满足生产工艺对控制系统的动态、静态指标要求。如果控制系统采用开环控制，可选用具有无转速反馈矢量控制功能的变频器。

（4）被控对象具有较高的动态、静态指标要求

对于调速精度和动态性能指标都有较高要求以及要求高精度同步运行等场合，可采用带速度反馈的矢量控制方式的变频器。如果控制系统采用闭环控制，可选用能够四象限运行、V/f 控制方式、具有恒转矩功能型变频器。例如，轧钢、造纸、塑料薄膜加工生产线这一类对动态性能要求较高的生产机械，采用矢量控制的高性能通用变频器，不但能很好地满足生产工艺要求，还能降低调节器控制算法的难度。

二、变频器工作原理

各厂家生产的通用变频器，其主电路结构和控制电路并不完全相同，但基本的构造原理和主电路连接方式以及控制电路的基本功能都大同小异。图 4-2-1、图 4-2-2 为通用变频器结构原理和外观示意图。它主要包括 3 个部分：一是主电路接线端，包括接工频电网的输入端（R、S、T），接电动机的频率、电压连续可调的输出端（U、V、W）；二是控制端子，包括外部信号控制端子、变频器工作状态指示端子、变频器与微机或其他变频器的通信接口；三是操作面板，包括液晶显示屏和键盘。ABB 公司 ACS 600 变频器结构，如图 4-2-3 所示。

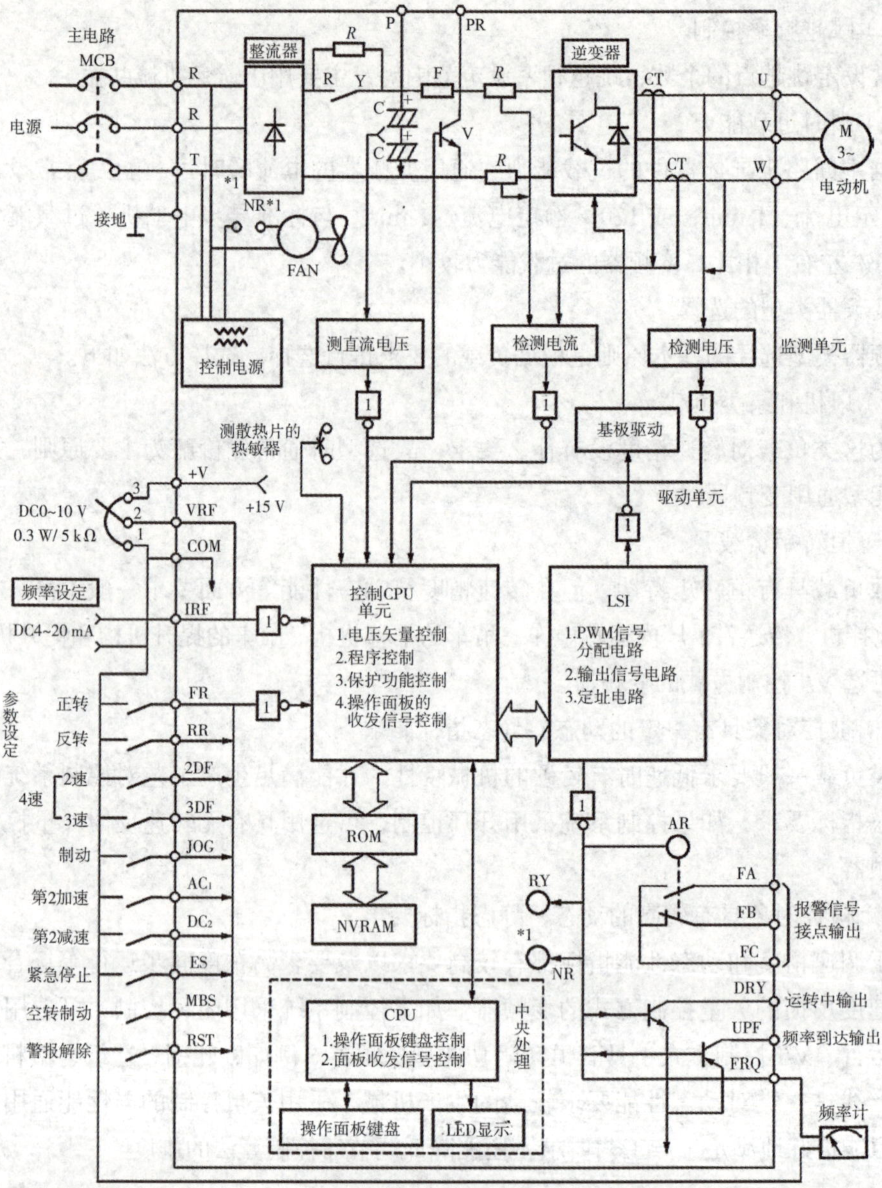

图 4-2-1 通用变频器结构原理

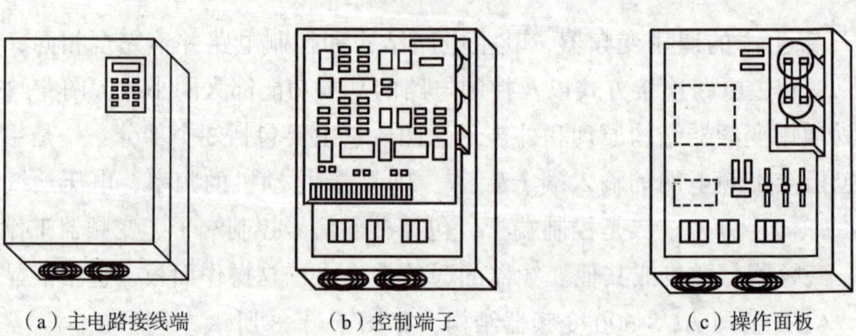

（a）主电路接线端 （b）控制端子 （c）操作面板

图 4-2-2 通用变频器外观结构

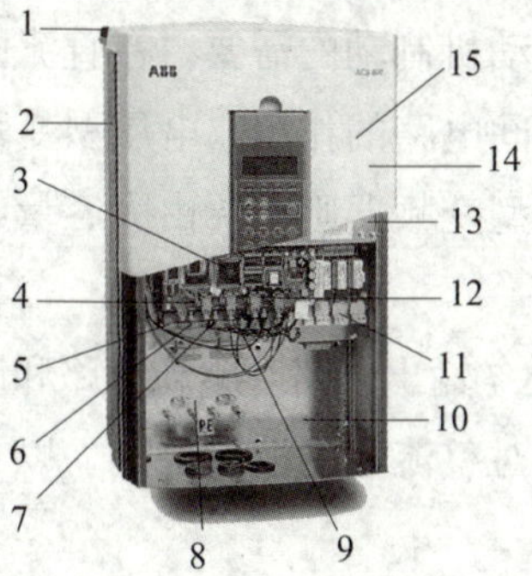

1—法兰式安装——用以将 75 kW 以下的变频器模块的散热器部分伸出柜外；2— IGBT 功率模块板——集成度高，结构紧凑，高可靠性，高性能；3— DSP——高速数字信号处理器；4—用于连接 PC 的光纤接口；5—3 个可编程的模拟输入（1 个电压信号，2 个电流信号）；6— 2 个可编程的模拟输出（电流信号）；7— 6 个可编程的数字输入 UL 和 CSA 认证以及 CE 标记；8—预留空间——为放置用光纤连接的输入和输出扩展模块、脉冲编码反馈模块、现场总线接口模块等可选件；9— RS-485 串行通信口用于控制盘链接；10—为厂内安装或在现场安装可选的制动斩波器保留的空间；11— 3 个可编程的数字输出（继电器接点）；12—抗干扰的光纤接口；13—金属封装适合于恶劣的工业环境；14—交流进线电抗器减小了谐波，提高了对电源动态干扰的抵抗力；15— IP00、IP22（NEMA1）、IP54（NEMA12）的防护等级。

图 4-2-3　ABB 公司 ACS600 变频器结构

通用变频器由主电路和控制电路组成，其基本构成如图 4-2-4 所示。其中，给异步电动机提供调压调频电源的电力变换部分称为主电路，主电路包括整流器、中间直流环节（又称平波回路）和逆变器等。

1. 整流器

电网侧的变流器为整流器，作用是把工频电源变换成直流电源。三相交流电源一般需经过压敏电阻网络引入整流桥的输入端。压敏电阻网络的作用是吸收交流电网浪涌过电压，从而避免浪涌侵入，导致过电压而损坏变频器。整流电路按其控制方式可以是直流电压源，也可以是直流电流源。电压型变频器的整流电路属于不可控整流桥直流电压源，当电源线电压为 380 V 时，整流器件的最大反向电压一般为 1 000 V，最大整流电流为通用变频器额定电流的 2 倍。

2. 逆变器

负载侧的变流器为逆变器。与整流器的作用相反，逆变器是将直流功率变换为所需求频率的交流功率。逆变器最常见的结构形式是利用 6 个半导体主开关器件组成的三相桥式逆变电路。通过有规律地控制逆变器中主开关的导通和关断，可以得到任意频率的三相交流输出波形。

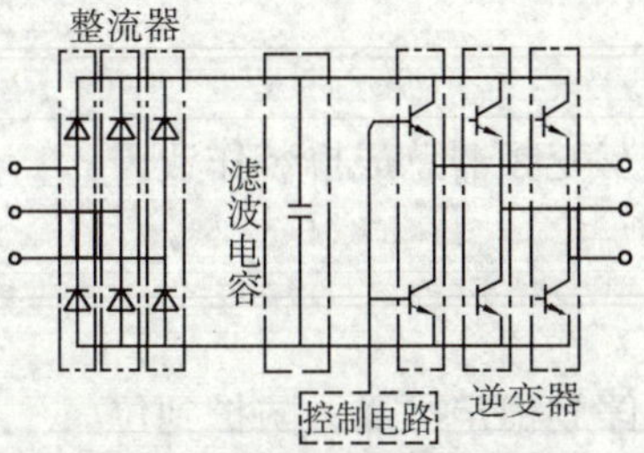

图 4-2-4　通用变频器的基本构成

中间直流环节实际上是中间直流储能环节，另一个作用是承担对整流电路输出进行滤波，以减小电压或电流的波动。此外，由于异步电动机制动的需要，在直流中间电路中还设有制动电阻及其他辅助电路，这就是直流中间电路的作用。电压型变频器直流中间电路的主要元器件是大容量电解电容，而电流型变频器则主要由大容量电感器组成。

控制电路常由运算电路、检测电路、控制信号的输入/输出电路、驱动电路和制动电路等构成，其主要任务是完成对逆变器的开关控制、对整流器的电压控制，以及完成各种保护功能等。

通用变频器中的制动电路是为了满足异步电动机制动的需要而设置的，对于大、中容量的通用变频器，为了节约能源，一般采用电源再生单元将上述能量回馈给供电电源。而对于小容量通用变频器，则通常采用制动电路，将异步电动机反馈回来的能量在制动电路上消耗掉。

汽车变频器（Variable-Frequency Drive，VFD）是应用变频技术与微电子技术，通过改变电机工作电源的频率调节交流电机的功率调节设备。变频器的关键由整流器（交流到直流）、滤波器、逆变器（直流到交流）、制动单元、驱动单元、检测单元微处理器单元等组成。逆变器通过开启和关闭内部IGBT调节输出电源的电压和频率，并根据电机的实际需要提供所需的电源电压，从而达到节能调速的目的。此外，变频器还具有过流、过压、过载保护等多种保护功能。随着工业自动化程度的不断提高，变频器得到了广泛的应用。

技能实训　拆卸变频器总成

准备项目	拆卸变频器总成
防护用品准备	绝缘手套、耐磨手套、护目镜
场地准备	实训车间
工具、材料准备	新能源汽车或台架、绝缘工具套装、万用表、兆欧表、绝缘胶带

一、目的

能够规范完成新能源汽车变频器总成拆装作业。

二、实训步骤及内容

1. 作业准备

①检查确认车辆或台架停放稳定可靠，防护到位。

②检查绝缘手套，校准万用表和兆欧表。

③确认点火开关已关闭，断开蓄电池负极并用绝缘胶带包扎。

④拆除维修开关并等待不少于 5 min，让高压完全泄放。

⑤排净冷却液，拔下变频器总成的冷却水管。

2. 拆卸变频器总成

①戴绝缘手套，拔下变频器总成的电气插件。用绝缘乙烯胶带包裹被断开的高压线路。

②万用表测量变频器端子电压应当小于 1 V。

③拆下等电位线。

④使用绝缘工具拆卸变频器总成固定螺栓。

3. 先拆的后装，后拆的先装。按与拆卸相反的步骤装复

4. 确认电气插件、等电位线、冷却水管安装到位

5. 装复蓄电池负极

6. 加注冷却液至合适位置（排气操作参阅维修保养手册）

7. 清除故障码，测试上电是否正常

8. 工具设备清洁复位

学后测试

①变频器的主要结构有哪些?

②变频器的工作原理是什么?

③变频器主要有哪些故障?

④如何对变频器进行检修?

项目五
纯电动汽车的检修

任务一 认识纯电动汽车

教学目标

知识目标

· 了解纯电动汽车的发展及优点。

· 掌握纯电动汽车的定义。

技能目标

· 能够针对实车说出纯电动汽车组成及相互部件间的连接关系。

· 能够说出纯电动汽车的发展对碳达峰碳中和的意义。

素养目标

· 养成严谨求实的科学态度，激发学生的求知欲望。

· 培养学生的探索精神和创新意识。

知识链接

目前人们所说的电动汽车多是指纯电动汽车，即采用单一蓄电池作为储能动力源的汽车。它利用蓄电池作为储能动力源，通过电池向电机提供电能，驱动电动机运转，从而推动汽车前进。从外形上看，纯电动汽车与日常见到的汽车并没有什么区别，区别主要在于动力源及其驱动系统，即纯电动汽车的电动机相当于传统汽车的发动机，蓄电池相当于原来的油箱。

一、纯电动汽车的概念

纯电动汽车指的是采用动力电池作为驱动能源，通过电池向电动机提供电能，驱动电动机运转，从而推动汽车行驶，其英文缩写为EV（Electric Vehicle）。由于纯电动汽车的主要驱动能源是动力电池，也有缩写成BEV（Battery Electric Vehicle ）的。

典型的BEV有北汽新能源纯电动汽车系列、比亚迪 e5（见图 5-1-1）、荣威 E50 等。

图 5-1-1　比亚迪 e5

二、纯电动汽车的发展现状

扫一扫

1. 发达国家现状

国外著名汽车公司都十分重视研究开发电动汽车，世界发达国家不惜投入巨资进行研究开发，并制定了相关的政策、法规推动电动汽车的发展。美国目前正在大力研制和推广使用燃料电池电动汽车和纯电动汽车，政府能源部与通用、福特和戴姆勒－克莱斯勒三大汽车制造商联合开发燃料电池电动汽车。现在，美国已有多个州加入了零排放计划，到规定年限后这些地区销售的汽车必须实现零排放，即只能为纯电动汽车和燃料电池电动汽车。以美国蓝鸟客车公司、英国 FRZAER-NASH 公司、日本丰田、日本本田为代表的电动客车和轿车已经上市；英国已有数万辆电动汽车在使用； 法国是世界上推广应用纯电动汽车最成功的国家之一，成立了电动汽车推广应用国家部际协调委员会，巴黎和拉罗舍尔已经建立了比较完善的纯电动汽车充电站网基础设施，制定了支持和激励使用电动汽车的政策，且已经初步形成了纯电动汽车运行体系。在近年的国际性大型运动会上，电动汽车也成为各国展示其科技实力和环保意识的工具之一。亚特兰大奥运会使用了美国蓝鸟客车公司生产的纯电动客车作为公务和电视转播车，悉尼奥运会购买了英国 FRAZER- NASH 公司近 400 辆电动客车作为运动员接送车辆。在混合动力电动汽车领域，日本丰田公司开发的 Prius 和本田公司开发的 Insight 混合动力电动汽车早已开始批量投放市场。欧洲各大汽车厂商争先恐后地推出了本公司研制的混合动力电动汽车，甚至德国的博世（BOSCH）等著名的零部件公司也积极与大汽车公司联手开发混合动力电动汽车技术。美国已有近 20 个城市试验使用混合动力电动公交车，瑞典、法国、德国、意大利、比利时等国计划在 9 个欧洲城市开通混合动力电动公共汽车线路。燃料电池电动汽车崭露头角，国外企业界纷纷组成强大的跨国联盟，以期达到优势互补的目的。例如，日本丰田与美国通用公司、日本东芝公司与美国国际燃料电池公司、德国 BMW 公司与西门子公司、雷诺汽车公司与意大利 DeNora 公司分别组成联盟开发燃料电池电动汽车；日本也已投资数亿美元开发燃料电池电动汽车。其中，以加拿大的巴拉德、美国的福特、德国的戴姆勒－克莱斯勒最具代表性，该联盟投资 10 亿加元开发生产电动汽车用燃料电池动力系统。在燃料电池电动汽车的研发热潮中，几乎所有国外大型企业集团全部介入，投入的总额超过百亿美元。但是，由于燃料电池的成本和寿命问题，使得这一项目进展缓慢。在燃料电池电动汽车的示范运行方面，世界各国也都不约而同地把注意力集中在大客车上，如欧盟的 CUTE 示范项目、UNDP/GEF 燃料电池商业化示范项目、美国加州的 CAHFC 示范项目和日本的 JHFC 计划等。与此同时，部分国家政府为促进电动汽车的发展，通过财税手段调整汽车发展结构。美、日等国政府对于电动车产品给予 10% 的鼓励性补贴，荷兰政府的补贴更是高达 30%，并对传统汽车开征燃料税，如欧洲部分国家燃料税高达 200%~300%，最低的美国也有 34%。

2. 中国现状

中国电动汽车虽然没有欧美等国家起步早，但国家从维护能源安全、改善大气环境、提高汽车工业竞争力、实现我国汽车工业的跨越式发展的战略高度考虑，从“八五”开始到现在，电动汽车研究一直是国家计划项目，并在 2001 年设立了“电动汽车重大科技专项”。通过组织企业、高等院校和科研机构，集中各方面力量进行联合攻关，现正处于研发势头强劲阶段，部分技术已经赶上世界先进水平。

由于纯电动汽车在成本和性能上与燃油汽车相比差距较大，市场更倾向于选择后者。尽管如此，目前社会各界对纯电动汽车都抱有极大热情，政府仍在纯电动汽车的示范推广中发着主导作用。纯电动汽车推广的最核心课题是市场，这是政府支持难以解决的，必须依靠技术进步和降低成本。纯电动汽车的发展前景主要取决于电池技术的突破，然而技术开发需要一个过程，不是可以规划的，也需要市场的推动。从中长期看，即使电池技术进一步成熟，燃油汽车和纯电动汽车两条技术路线仍然是并行的，只是适用于不同的环境。纯电动汽车适合城区短途运输，长途、大型客货运输仍将主要依赖燃油汽车。此外，随着纯电动汽车的技术进步，电机的效率也在不断提高。在仅考虑终端能源消耗的情况下，采用煤电作为能源来源的电动汽车与燃油汽车的能源效率和碳排放相差无几，若考虑储运、转换等过程的损耗，纯电动汽车的表现要更差。纯电动汽车的商业化建立在新能源的产业化基础之上，只有纯电动汽车的动力完全来自清洁能源时，其节能和环保优势才能得到充分体现。

三、纯电动汽车的优点

纯电动汽车，从字面就可以看出，采用电能为唯一的动力来源，不用内燃机或其他动力装置。纯电动汽车是只有电能一种动力来源的汽车。

1. 无污染、噪声小

电动汽车无内燃机汽车工作时产生的废气，不产生排气污染，对环境保护和空气的洁净是十分有益的，几乎是“零污染”。众所周知，内燃机汽车废气中的 CO、HC 及 NO_x、微粒、臭气等污染物形成酸雨、酸雾及光化学烟雾。电动汽车无内燃机产生的噪声，电动机的噪声也比内燃机小。

2. 结构简单，维修方便

电动汽车比内燃机汽车结构简单，运转、传动部件少，维修保养工作量小。当采用交流感应电动机时，电机不用保养维护，更重要的是电动汽车易操纵。

3. 能量转换效率高

电动汽车同时可回收制动、下坡时的能量，提高能量的利用效率。研究表明，电动汽车的能源效率已超过汽油机汽车。特别是在城市运行，汽车走走停停，行驶速度不高，电动汽车更加适合。电动汽车停止时不消耗电量，在制动过程中，电动机可自动转化为发电机，实现制动减速时能量的再利用。有些研究表明，同样的原油经过粗炼，送至电厂发电，经充入电池，再由电池驱动汽车，其能量利用效率比经过精炼变为汽油再经汽油机驱动汽车高。因此，使用电动汽车有利于节约能源和减少二氧化碳的排量。

4. 平抑电网的峰谷差

可在夜间利用电网的廉价“谷电”进行充电，起到平抑电网的峰谷差的作用。电动汽车的应用可有效地减少对石油资源的依赖，可将有限的石油用于更重要的方面。向蓄电池充电的电力可以由煤炭、天然气、水力、核能、太阳能、风力、潮汐等能源转化。除此之外，如果夜间向蓄电池充电，还可以避开用电高峰，有利于电网均衡负荷。

四、纯电动汽车的应用

纯电动汽车的特点是结构相对简单，生产工艺相对成熟，适合于行驶路线相对固定、有条件进行较长时间充电的车辆。纯电动汽车由于受续航里程、充电桩的数量及位置的影响，目前主要在短途推广使用。

纯电动汽车是完全由二次电池（如铅酸电池、镍镉电池、镍氢电池或锂离子电池等）提供动力的汽车。目前纯电动轿车和纯电动客车均已通过国家质检中心的型式认证试验，各项指标均满足有关国家标准和企业标准的规定。部分企业研发的纯电动轿车，其整车的动力性、经济性、续驶里程、噪声等指标已达到甚至超过国外同级别车型，初步形成了关键技术的研发能力。目前，进行纯电动汽车示范运行的城市有若干个，规模逐渐扩大。

扫一扫

技能实训 认识纯电动汽车

准备项目	具体准备内容
防护用品准备	护套
场地准备	4S 店
工具、材料准备	实训车辆、实训记录单

1. 目的

①了解纯电动汽车的优点及发展趋势。

②熟悉常见的纯电动汽车品牌。

2. 实训步骤及内容

①对照比较纯电动汽车与传统燃油车的结构特点。

②铺设护套，简单认识纯电动汽车的各部件的名称、作用、装配特点及相互安装关系。

③比较不同品牌纯电动汽车的异同。

④分组讨论纯电动汽车的优点及发展趋势。

学后测试

①什么是纯电动汽车?

②纯电动汽车具有哪些优点?

③目前新能源汽车发展很快，通过本课程的学习，请你谈谈对新能源汽车的认识并分析一下未来汽车的发展趋势。

任务二 纯电动汽车的检修

教学目标

知识目标

- 了解纯电动汽车的结构组成和辅助系统。
- 熟悉电机的驱动系统、电源系统。
- 掌握纯电动汽车驱动系统的布置形式。
- 理解纯电动汽车结构及原理。
- 学会纯电动汽车的使用、保养和维修。

技能目标

- 能独立进行纯电动汽车的维护保养。
- 能掌握电池管理系统、电动机驱动系统和充电系统的检修。

素养目标

· 培养学生爱岗敬业的职业素养和精益求精的职业道德。

· 树立学生团队意识和动手实践能力。

知识链接

随着国家“节能和新能源汽车”战略的提出，我国新能源汽车连续 3 年位居全球产销大国，销量超 180 万辆相比去年，80 万辆增长 50%，新能源客车已经出口到世界 30 多个国家和地区。

新能源汽车作为汽车行业的新宠，渐渐地在市场上崭露头角，但在汽车行业中从事电动车维修人员很少，新能源汽车维修技师必将成为立足现在、面向未来的热门职业。本部分内容主要介绍纯电动汽车的检修（以比亚迪 e5 为例）。

一、纯电动汽车的结构组成

如图 5-2-1 所示，纯电动汽车主要由驱动系统、动力电池系统、控制系统、辅助系统和底盘系统等组成。汽车行驶时，由动力电池输出电能（电流）通过控制器驱动电动机运转，电动机输出的转矩经传动系统带动车轮前进或后退。电动汽车续驶里程与动力电池容量有关，动力电池容量受诸多因素限制。要提高一次充电续驶里程，必须尽可能地节省动力电池的能量。

图 5-2-1　比亚迪 e5 基本结构

扫一扫

控制系统主要包括高压电控总成和主控制器总成。

高压电控总成集成两电平双向交流逆变式电机控制器模块（VTOG）、车载充电器模块、DC/DC 轻换器模块和高压配电模块，漏电传感器。

主控制器总成位于副仪表台，主要负责控制真空泵、冷却风扇、车速信号等。

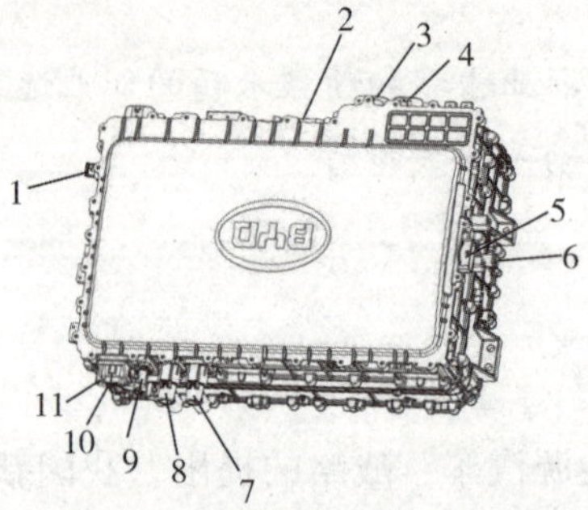

1— DC 直流输出接插件；2— 33pin 低压信号接插件；3—高压输出空调压缩机接插件；4—高压输出 PTC 接插件；5—动力电池正极母线；6—动力电池负极母线；7— 64pin 低压接信号插件；8—入水管；9—交流输入 L2、L3 相；10—交流输入 L1、N 相；11—驱动电机三相输出接插件。

图 5-2-2　比亚迪 e5 高压电控总成外部接口示意图

扫一扫

二、电机的驱动系统

电机驱动系统主要由电机控制器（VTOG）、驱动电动机和机械传动装置等构成，作用是将存储在动力蓄电池中的电能高效地转化为车轮的动能，并能够在汽车减速制动时，将车轮的动能转化为电能充入动力蓄电池。

电机控制器（VTOG）是电机驱动系统的控制中心，通过控制驱动电动机电流实现电动汽车的前进、倒退，维持电动汽车的正常运转，保证能够按照驾驶员的意愿输出合适的电流参数，实时调整驱动电动机输出，以实现整车的怠速、前行、倒车、停车、能量回收以及驻坡等功能。电机控制器（VTOG）以绝缘栅双极型晶体管（IGBT）模块为核心，辅以驱动集成电路、主控集成电路。

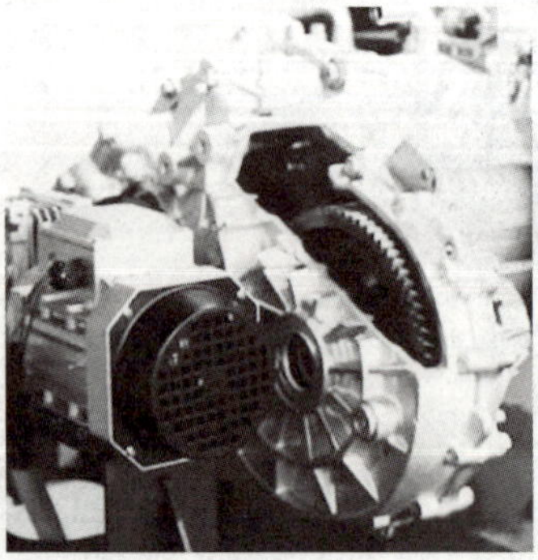

图 5-2-3　比亚迪 e5 动力总成

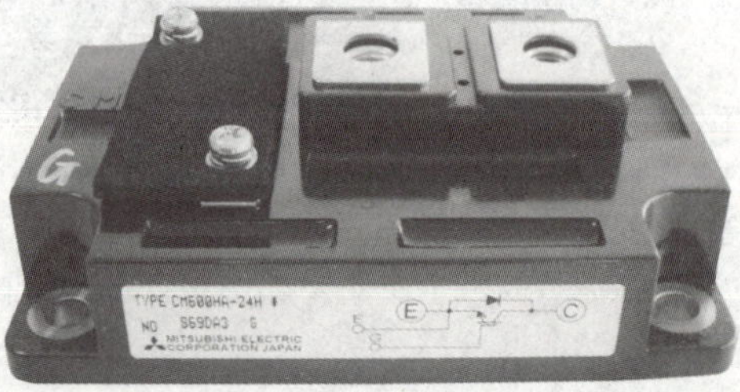

图 5-2-4　绝缘栅双极型晶体管（IGBT）

驱动电机采用永磁同步电机（PMSM），具有效率高、体积小、质量小、可靠性高等优点； 驱动电机是动力系统是将电能转化为机械能的部件，电机控制器可采集电机运行状态信息。比亚迪 e5 驱动电机，如图 5-2-5 所示。

旋转变压器的作用是检测驱动电机转子的位置，电机控制器解码后转换为转速；旋变传感器固定在壳体上，信号齿圈固定在转子上；旋变传感器线圈由正旋、余旋、励磁三组线圈组成一个传感器。在结构上，由定子和转子组成。定子绕组为变压器的一次侧。转子绕组为变压器的二次侧。激磁电压接到定子绕组上，其频率通常为 400 Hz、500 Hz、1 000 Hz 和 5 000 Hz；转子绕组输出感应电压，输出电压随被测角位移的变化而变化，如图 5-2-6 所示。

温度传感器的作用是检测电机绕组温度，提供散热风扇开启的条件之一。温度传感器类型为 PT1000 型热敏电阻，温度为 0℃时电阻值为 1000 Ω，温度每增加 1℃，阻值增加 3.8 Ω。风扇开启条件：45℃≤温度 <50℃，风扇低速启动；温度≥ 50℃时风扇高速启动；温度降至 40℃时风扇停止启动。

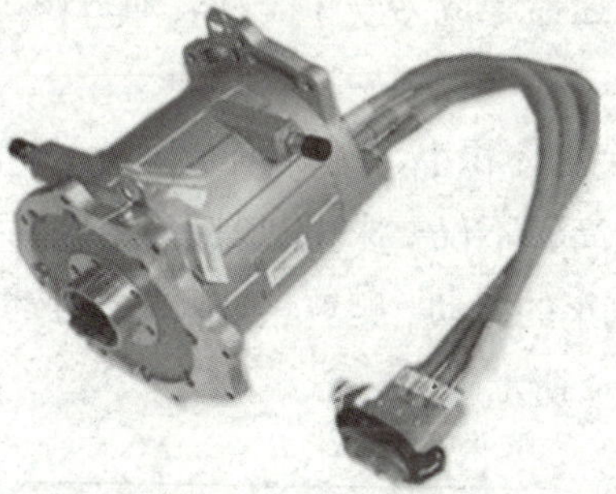

图 5-2-5　比亚迪 e5 驱动电机

图 5-2-6　旋转变压器

机械传动装置将驱动电动机的驱动转矩传输给汽车的驱动轴，从而带动汽车车轮行驶。由于驱动电动机本身具有较好的调速特性，其变速机构被大大简化。同时，驱动电动机可带负载直接启动，省去了内燃机汽车的离合器；驱动电动机可以容易地实现正反向旋转，不用通过变速器中的倒挡齿轮组实现倒车。比亚迪 e5 变速箱，如图 5-2-7 所示。

图 5-2-7　比亚迪 e5 变速箱

扫一扫

三、纯电动汽车的驱动系统的布置形式

纯电动汽车驱动系统布置形式是指驱动轮数量、位置以及驱动电机系统布置的形式。按照电动汽车上驱动电机的数目不同，电动汽车驱动系统布置形式可分为单电机驱动系统和多电机驱动系统。按照电机驱动方式，可以分为前轮驱动、后轮驱动和四轮驱动。

后轮驱动方式是传统的布置方式，适合中高级电动轿车和各种类型电动客货车，有利于车轴负荷分配均匀，汽车操纵稳定性、行驶平顺性较好。

后轮驱动方式主要有传统后驱动布置形式、电机－驱动桥组合后驱动布置形式、电机－变速器一体化后驱动布置形式、轮边电机后驱动布置形式、轮毂电机后驱动布置形式等。

1. 传统后轮驱动布置形式

传统后驱动布置形式与传统内燃机汽车后轮驱动系统的布置形式基本一致，带有离合器、变速器和传动轴，驱动桥与内燃机汽车驱动桥一样，只是将发动机换成电机。

变速器通常有 2~3 个挡位，可以提高电动汽车的启动转矩，增加低速时电动汽车的后备功率。这种布置形式一般用于改造型电动汽车，如图 5-2-8 所示。

2. 电机－驱动桥组合后驱动布置形式

电机－驱动桥组合后驱动布置形式取消了离合器、变速器和传动轴，但具有减速差速机构，把驱动电机、固定速比的减速器和差速器集成为一个整体，通过两个半轴驱动车轮。

这种布置形式的整个传动长度比较短，传动装置体积小，占用空间小，容易布置，可以进一步降低整车的自重；但对电机的要求较高，不仅要求电机具有较高的启动转矩，而且要求具有较大的后备功率，以保证电动汽车的启动、爬坡、加速超车等动力性。一般低速电动汽车采用这种布置形式，如图 5-2-9 所示。

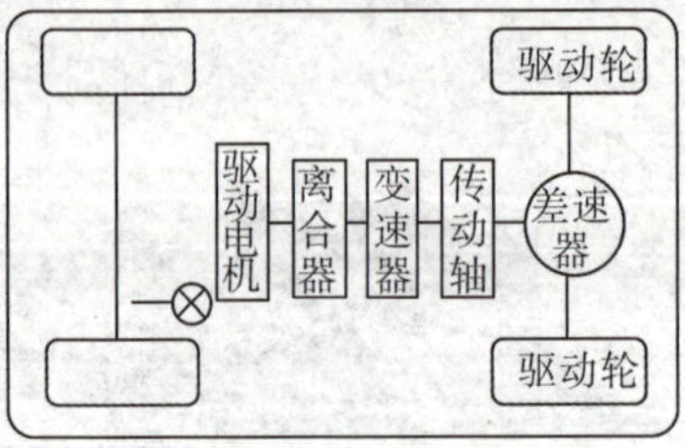

图 5-2-8　传统后驱动布置形式

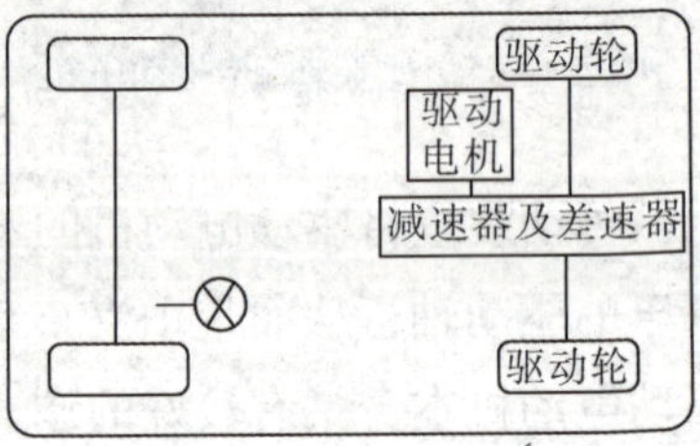

图 5-2-9　电机－驱动桥组合后驱动布置形式

3. 电机－变速器一体化后驱动布置形式

电机－变速器一体化后驱动布置形式相比单一的电机驱动系统，一体化驱动系统可以综合协调控制电机和变速器，最大限度地改善电机输出动力特性，增大电机转矩输出范围，在提升电动汽车的动力性的同时，使电机最大限度地工作在高效经济区域内。变速器一般采用 2 挡自动变速器，如图 5-2-10 所示。

4. 轮边电机后驱动布置形式

轮边电机后驱动布置形式，轮边电机与减速器集成后融入驱动桥上，采用刚性连接，减少高压电器数量和动力传输线路长度；优化后的驱动系统可降低车身高度、提高承载量、提升有效空间。轮边电机后驱动布置形式可用于电动客车，如图 5-2-11 和图 5-2-12 所示。

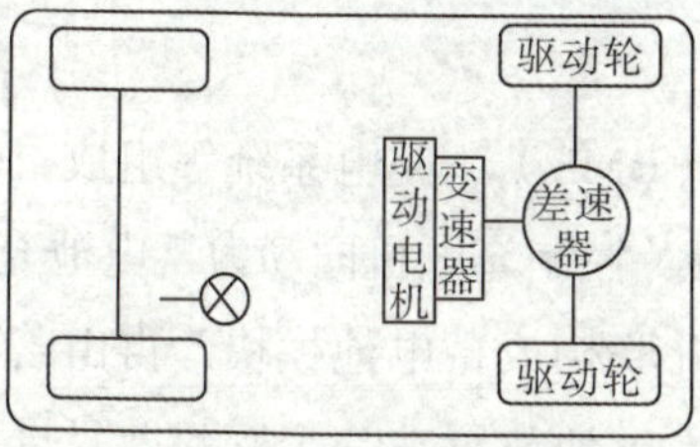

图 5-2-10　电机 - 变速器一体化后驱动布置形式

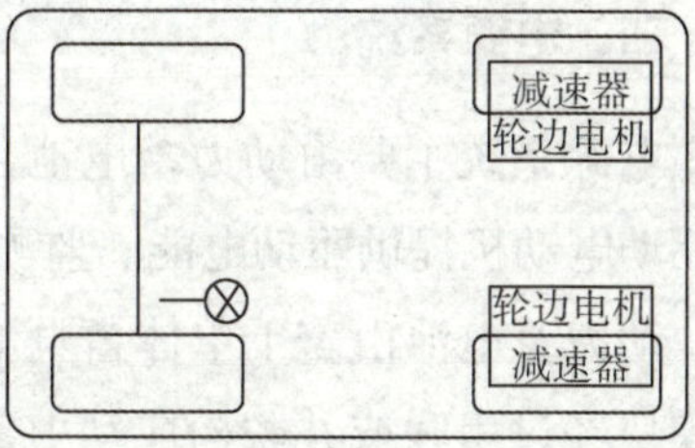

图 5-2-11　轮边电机后驱动布置形式

图 5-2-12　轮边电机实物

5. 轮毂电机后驱动布置形式

轮毂电机后驱动布置形式轮毂电机直接安装在车轮上，此时轮毂是电机的转子，羊角轴承座是定子，如图 5-2-13 所示。

轮毂电机后驱动的纯电动汽车大大减少了零部件数量，动力系统的体积变小，让车辆的动力系统变得更加简单，大大提高了车内空间的实用性和利用率。每个车轮独立的轮毂电机比一般电动汽车省掉了传动半轴和差速器等装置，同样节省了大量空间且传动效率更高。轮毂电机剖视图，如图 5-2-14 所示。

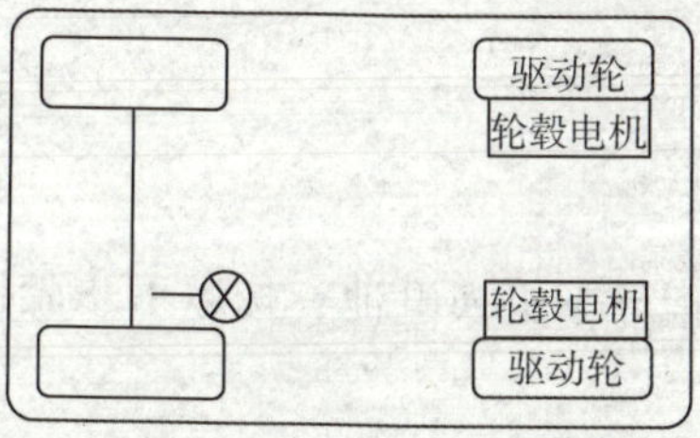

图 5-2-13　轮毂电机后驱动布置形式

图 5-2-14　轮毂电机剖视图

扫一扫

四、电源系统

电源系统主要由动力蓄电池、能量管理系统（BMS）、充电系统等组成，作用是向驱动电动机提供驱动电能、监测电源使用情况以及控制充电机向动力蓄电池充电。

动力蓄电池由若干单体蓄电池通过串联和或并联构成蓄电池模块，再由若干蓄电池模块经过串联或并联构成动力蓄电池组。动力蓄电池放置在一个密封并且屏蔽的电池箱里面，使用可靠的高低压接插件与整车进行连接。电池箱体的作用为承载并保护动力蓄电池组及其内部的电气元件，需要具有较高的强度和刚度，并且防尘防水。

动力电池系统是 EV 车动力能源，为整车驱动和其他用电器提供电能。比亚迪 e5 的动力电池系统由动力电池模组、电池信息采集器、串联线、托盘、密封罩、电池采样线组成，额定总电压为 653.4 V，总电量为 42.47 kW · h，布置在整车地板下面。

图 5-2-15　电池管理系统 BMS 实物

图 5-2-16　比亚迪 e5 动力电池

1. 比亚迪 e5 动力电池诊断流程

①把车开进维修间。

②检查蓄电池电压：标准电压值为 12~14 V，如果电压值低于 12 V，在进行下一步之前请充电或更换蓄电池。

③对接好接插件，整车上 ON 挡电，进入电池管理器故障代码诊断。

④针对故障进行调整，维修或更换。

⑤确认测试，结束。

2. 比亚迪 e5 动力电池更换流程

若确定动力电池有问题需要维修，请在厂家的指导下更换电池，按以下步骤拆卸更换。

①将车辆退电至 OFF 挡，等待 5 min。

②用举升机将整车升起到合适的高度。

③使用专用的举升设备托着电池包。

④戴绝缘手套，拔掉电池包的电池信息采样通信线，然后拔直流母线接插件。

⑤使用 M18 的套筒卸掉托盘周边紧固件，卸下动力电池包。

⑥戴绝缘手套，用万用表测试更新的动力电池包母线是否有电压输出，没有电压输出就更换装车。

⑦戴绝缘手套，将新的动力电池包放到装电池包举升设备上。

⑧戴绝缘手套，安装托盘的紧固件，力矩 135 N·m；戴绝缘手套，接动力电池包直流母线接插件，然后接电池信息采样通信线接插件。

⑨上电，检测动力电池系统问题是否解决，若无问题，结束。

五、辅助系统

比亚迪 e5 的辅助系统主要包括辅助动力源、空调器、动力转向系统、刮水器、照明和除霜装置、冷却系统、加热系统等。辅助动力源主要由 DC/DC 转换器和辅助电源组成，作用是向动力转向系统、空调器及其他辅助设备提供动力。在传统汽车上，制动系统真空助力器所需要的真空度来自发动机进气歧管，这在电动车上无法实现，因此需要配备电动真空泵。

电动真空助力系统工作原理：当驾驶员发动汽车时，12 V 电源接通，电子控制系统模块开始自检，如果真空罐内的真空度小于设定值，真空压力传感器输出相应电压值至控制器，此时控制器控制电动真空泵开始工作。当真空度达到设定值后，真空压力传感器输出相应电压值至控制器，此时控制器控制真空泵停止工作。当真空罐内的真空度因制动消耗，真空度小于设定值时，电动真空泵再次开始工作。如此循环。

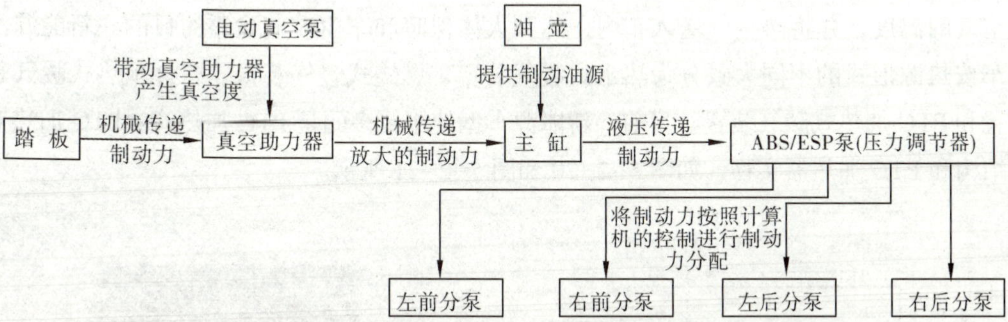

图 5-2-17　电动真空助力工作原理

电动助力转向系统（EPS）是由扭矩传感器、电子控制单元、ECU 和助力电机共同组成。电子控制单元根据各传感器输出的信号计算所需的转向助力，并通过功率放大模块控制助力电机的转动，电机的输出经过减速机构减速增扭后驱动齿轮齿条机构产生相应的转向助力，如图 5-2-18 所示。

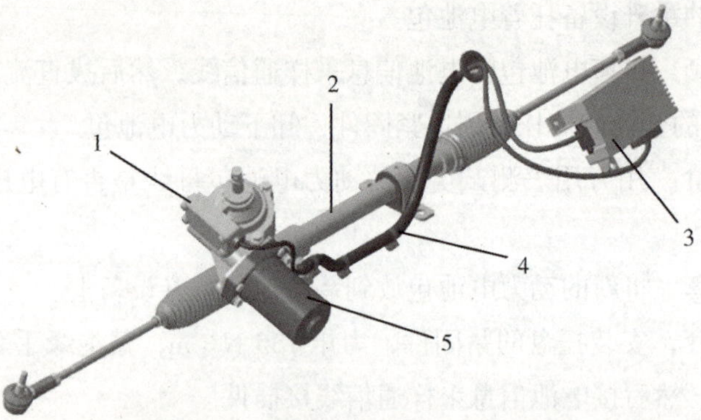

1—扭矩传感器；2—转向机；3—ECU；4—线束；5—电机。

图 5-2-18　电动助力转向系统组成

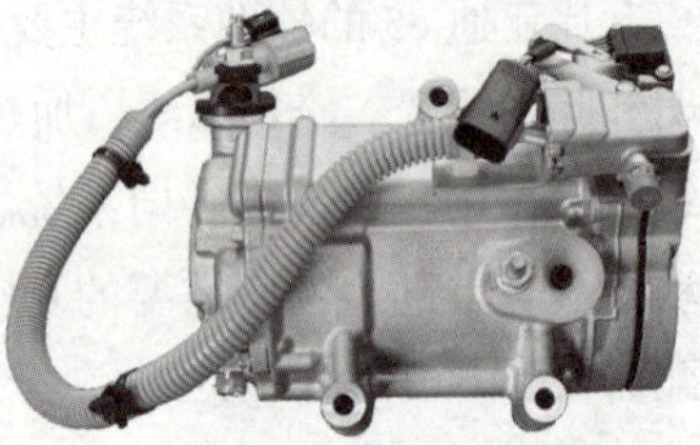

图 5-2-19　电动压缩机实物

电动汽车的空调与暖风系统与传统汽车在系统构成上存在着差别，不同类型的电动汽车又有不同的特点。纯电动汽车没有发动机作为空调压缩机的动力源，也没有发动机余热可以利用以达到取暖、除霜的效果。根据电动汽车的特点，电动汽车空调的制冷系统与传统汽车基本相同，主要由一体化压缩机（图 5-2-19）、冷凝器、膨胀阀、蒸发器和储液干燥器等部件组成，还增加了电气系统的空调驱动器。电动汽车已不再安装内燃机，或主要不以发动机作为动力源，显然空调制冷所使用的压缩机大多已不能以发动机来驱动，而改由电动机来驱动。这种驱动方式取消了传统的外驱式皮带轮，电动机一般与压缩机组装为一体，形成全封闭的结构。

制热系统是将车外新鲜空气引入热交换器，吸收其中某种热源的热量，从而提高空气的温度，并将热空气送入车内，达到人体保暖和车窗玻璃除霜的目的。新能源汽车按热源形式的不同大致分为热水式暖气装置、燃烧式暖气装置、综合预热式暖气装置和 PTC 加热式暖气装置。目前，新能源车型使用更多的是 PTC 加热式。PTC 加热器结构和 PTC 加热器实物，如图 5-2-20 和图 5-2-21 所示。

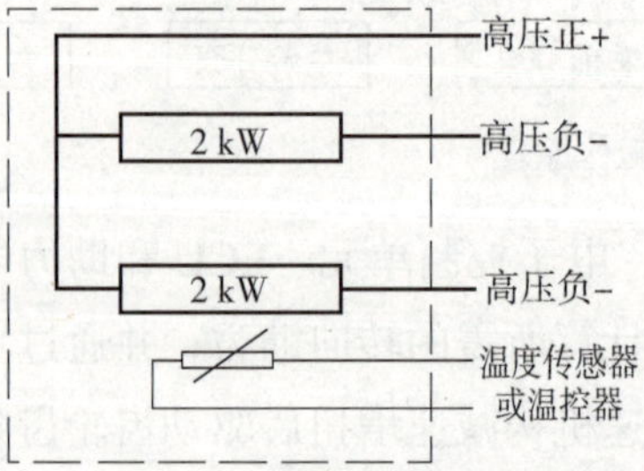

图 5-2-20　PTC 加热器结构

图 5-2-21　PTC 加热器实物

PTC加热器由两组电热阻丝并联组成，单独控制。温度传感器用来检测加热器本体的温度，进行控制加热器导通和切断。

冷却系统的作用是将电机、电机控制器及充电机产生的热量及时散发出去，保证其在要求的温度范围内稳定高效地工作。冷却系统由两个体系构成：冷却水回路和冷却风流道。比亚迪 e5 的冷却液，如图 5-2-22 所示。

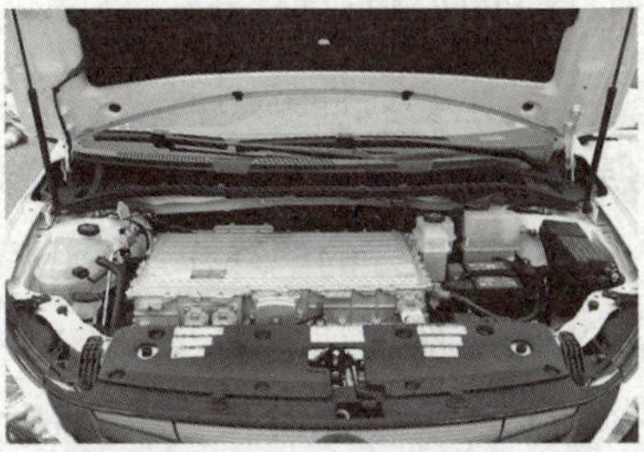

图 5-2-22　比亚迪 e5 的冷却液

六、纯电动汽车的结构及原理

纯电动汽车高压部件主要包括动力蓄电池、驱动电动机、电机控制器（VTOG）、空调压缩机、PTC 本体、DC/DC 转换器、车载充电机等，各高压部件均经过高压控制盒与动力电池连接。

高压控制盒是指用于在电动汽车高压电力系统的输电、配电、电能转换和消耗中起通断、控制或保护等作用，耐压等级在 2 000 V 以上的电气单元，位于电动汽车动力电池组与所有高压电负载之间。

图 5-2-23　比亚迪 e5 的高压电控总成

比亚迪 e5 的高压电控总成俗称“四合一”（图 5-2-23），主要有直流转换模块（DC/DC）、电机控制模（VTOG）、电动空调压缩机（EAS）和 PTC 电阻加热器等 4 个系统。车辆快充系统和车载充电器（OBC）都集成在内。

高压电控总成有以下优点：减少高压电缆的数量和便于高压电缆的布置；高压母线端子置于高压电控总成内部，提高用电的安全性；提高各系统的可靠性和可维修性；将高压母线端子安装在内部的铜排上，提高母线的屏蔽效果；将 DC/DC、VTOG、EAS、PTC、OBC 模块集成在高压电控总成内，大大节省了前舱内部空间。比亚迪 e5 的高压电缆，如图 5-2-24 所示。

图 5-2-24　比亚迪 e5 的高压电缆

DC/DC（直流 / 直流）转换器的作用有些类似于内燃机汽车上的发电机。电动汽车整车行驶过程中，一般由 DC/DC 转换器给整车低压系统供电，同时给低压蓄电池充电，基本不需要低压蓄电池向外输出电流；低压 12 V电气系统的供电与低压蓄电池的充电是通过 600 V以上的高压直流电转化而来的，因此把这个转化装置叫作 DC/DC 转换器，在新能源汽车上使用的主要是降压 DC/DC 转换器。

高压元器件之间通过线缆传递电能，而这些线缆对操作者也必然存在高压威胁，所以国际通用的标准是将这些高压线缆用颜色鲜明的橙色外皮或者护套保护起来，不仅能起到良好的绝缘作用，还有必要的警示效果。

为了保证纯电动汽车供电安全，在高压供电电路采用了高压互锁设计，目的是整车在高压上电前确保整个高压系统的完整性，使高压处于一个封闭的环境下工作，提高安全性。当整车在运行过程中高压系统回路断开或完整性受到破坏时，需要启动安全防护，防止带电插拔高压连接器给高压端子造成的拉弧损坏。

扫一扫

七、纯电动汽车使用、保养和维修注意事项

1. 比亚迪 e5 的使用和维护

按照比亚迪 e5 使用说明书要求进行使用和维护。比亚迪 e5 的仪表板，如图 5-2-25 所示。

使用时，密切注视汽车驾驶室仪表板上相关电机及其控制系统指示灯的显示，出现不正常，即刻停车检查。

为了避免人身伤害，不要接触电机及控制器的高电压电缆（橙色）及其接头。刚驾驶完的车辆，发动机舱室电动机、DC/DC 转换器、电机控制器、散热器油管等的温度很高，切勿触摸。

图 5-2-25　比亚迪 e5 的仪表板

发现电机运行突然出现异常振动、噪声、过热、异味、无力等现象，应及时检查排除。

禁止超载超速，以免电机长期过载损坏。

长期不用的纯电动汽车，应保存在通风、干燥、清洁的地方，以免电机受潮损。

在新能源汽车使用与维护过程中必须贯彻“安全第一，预防为主”的方针。在新能源汽车全部停电或部分停电的电气设备上工作，必须完成下列措施：停电、挂锁、验电、放电、悬挂标示牌、装设遮栏。

2. 维修作业安全操作规程

①必须穿戴齐全个人安全防护用品。禁止佩戴手表、戒指、项链等首饰，防止高

压系统短路，造成人员伤害、车辆和工具损坏。

②开始作业前必须设置安全隔离，并放置安全警示牌。

③开始作业前必须对工位铺设的绝缘垫进行绝缘检测。

④必须用干净的布或塑料罩对车辆进行保护，以免损坏车辆。

⑤工作要由两名或更多工作人员完成时，应及时、充分地沟通。

⑥高压断电、验电和放电完成之前必须戴绝缘手套。

⑦举升车辆之前必须按操作规程进行相应的检查，车辆举升高度原则上不超过1.7 m。

⑧在进行动力电池拆装过程中，必须严格注意动力电池举升车的举升高度和与动力电池的接触情况。

⑨在拆装各类线束（缆）时，一定要注意各插接件按要求进行断开与接合。

⑩操作教程中任何设备工具的操作都必须符合操作安全规程。

3. 高压安全断电基本流程

（1）断电操作

先将车钥匙置于 OFF 挡，并拔下蓄电池负极电缆随后对桩头做绝缘包裹，之后通过断开（拨出）低压控制线束插件。

（2）验电操作

验电的目的就是检测高压直流是否还有输出，以保证后续的安全操作，所以检查端应该是在动力电池输出端。

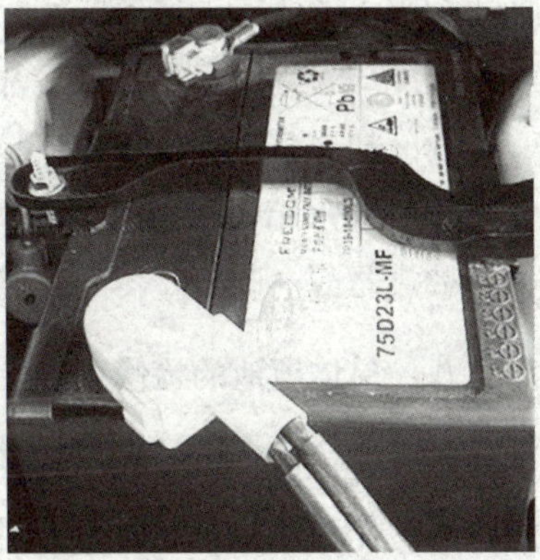

图 5-2-26　比亚迪 e5 的低压蓄电池

（3）放电操作

用放电工装对着负载端放电，直至放电工装指示灯熄灭为止，然后使用万用表对其电压进行测量，确保直流电压在 36 V 以下，方可确认放电结束。

4. 驱动电机系统的日常维护

①对驱动电机、驱动电机控制器表面进行清洁（需下电）检查高、低压线束插件是否连接牢靠（需下电）。

②检查副水箱中的冷却液是否充足，各水管接头有无滴漏现象（需下电）。

③检查风扇、水泵是否工作正常，检查电压是否为 9~16 V。

④检查车辆运行过程中驱动电机是否有异响，注意区分是机械噪声（类似“咔咔”“哒哒”声），还是电磁噪声（类似“滋滋”声，频率高，刺耳）。如果是后者，可暂时不考虑处理。

5. 动力电池系统的日常维护

①动力电池外箱检查、除尘。

②检查插接件及紧固件情况。

③检查固定螺栓力矩检测。

④检查动力电池标识牌是否缺失。

⑤电池管理系统绝缘监控故障检查。

⑥检查动力电池加热功能是否正常。

⑦检查故障报警界面有无故障。

⑧进行充电测试。

⑨检查驱动电机、驱动电机安装是否牢靠，紧固螺栓是否松动。

⑩检查驱动电机与减速器轴花键状态，如花键表面油脂有流失，需及时补充（该操作可以 1~2 万千米做一次）。

6. 冷却系统的日常维护

①冷却液液位及冰点：每两年或行驶 4 万千米使用冰点测试仪检测防冻液浓度，低于 35% 应换用新防冻液。

②冷却管路：目测检查冷却系统管路及各零部件接口处有无泄漏情况。

③冷却液泵：视检泵接口是否有渗漏痕迹，是否有异响、停转现象。

④散热水箱：在电机及电机控制器冷却后在散热器后部（电机便）使用压缩空气冲走散热器或空调冷凝器的碎屑，严禁使用水枪对散热器散热片喷施清洗。

八、单体电池的检修

磷酸亚铁锂（LiFeP）为近年来新开发的锂离子电池电极材料，人们习惯称其为磷酸铁锂。作为正极活性物质使用，主要用于动力锂离子电池，凭借其良好的性能，在电动汽车上具有较好的发展前景。

LiFeP 电池的工作原理是：电池充电时，正极材料中的锂离子脱出来，经过电解液，穿过隔膜进入到负极材料中；电池放电时，锂离子又从负极中脱出来，经过电解液，穿过隔膜回到正极材料中。

磷酸铁锂正极材料具有以下优点：安全性优良、对环境友好、耐过充性能优良、高的可逆容量、工作电压适中、电压平台特性好、非常平稳、与大多数电解液系统兼容性好、储存性能好、无记忆效应、结构稳定、循环寿命长、可以大电流充电、充电时体积略有减小、与碳基负极材料配合时的体积效应好。

比亚迪 e5 的每个单体标称电压为 3.3 V，终止充电电压为 3.6 V，终止放电电压为 2.0 V，如图 5-2-27 所示。单体电池电压异常会导致车辆不能充电或上电，严重时甚至发生漏电事故。

单体电池电压异常故障及相关参数范围见表5-2-1。

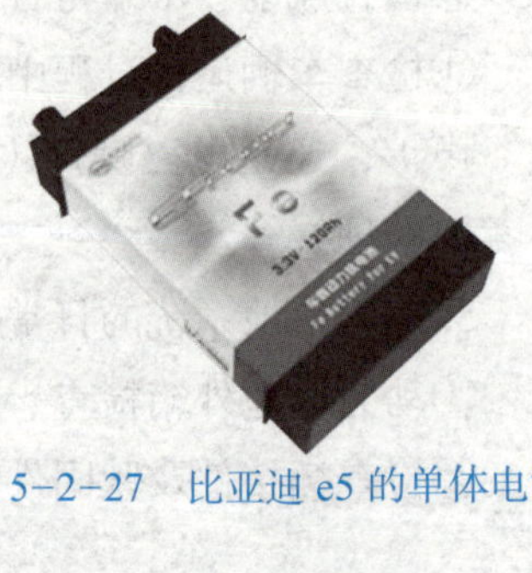

图 5-2-27　比亚迪 e5 的单体电池

表 5-2-1　单体电池电压异常故障及相关参数范围

序号	故障	相关参数范围	序号	故障	相关参数范围
1	单体电池过充	3.85~4.00 V	7	单体电池严重欠压	2.50~2.79 V
2	单体电池较严重过压	3.65~3.84 V	8	单体电池过放	2.00~2.49 V
3	单体电池一般过压	3.40~3.64 V	9	单体电池一般过温	40~49℃
4	单体电池电压正常	3.20~3.39	10	单体电池较严重过温	50~60℃
5	单体电池一般欠压	3.00~3.19 V	11	单体电池严重过温	≥ 61℃
6	单体电池较严重欠压	2.80~2.99 V	12	单体电池漏电	

单体电池电压低处理方法：单体电池电压显示值较其他的单体电池电压值偏低，测量单体电池电压值进行对比，若实际值较显示值偏高，并且与其他的单体电池电压相同，则以实际的测试值为标准对BIC单体电池电压进行校准；若测量值与显示值相同，则人为对电压值偏低的单体电池或电池模组进行充电均衡。

如果存在单体电池故障，则应利用诊断仪读取相关故障码和数据流，检查BIC的电压采集样线是否断裂、虚接。必要时应更换BIC模块，并对故障的单体电池或电池模组进行更换。

扫一扫

九、电池管理系统的检修

比亚迪 e5 采用分布式电池管理系统，电池管理控制器位于高压电控后部，由电池管理控制器（BMC）、电池信息采集器、电池采样线组成。电池管理控制器的主要功能有充放电管理、接触器控制、功率控制、电池异常状态报警和保护、SOC/SOH 计算、自检以及通信功能等；电池信息采集器的主要功能有电池电压采样、温度采样、电池均衡、采样线异常检测等；动力电池采样线的主要功能是连接电池管理控制器和电池信息采集器，实现二者之间的通信及信息交换。比亚迪 e5 的电池管理系统 BMS 和电气原理图及接插件定义，如图 5-2-28 和图 5-2-29 所示。

扫一扫

1. 电池管理系统的检修诊断流程

①把车开进维修间。

②检查蓄电池电压及整车低压线束供电是否正常，标准电压值为 12~14 V；如果电压值低于 12 V，在进行 NEXT 之前请充电或更换蓄电池或检查整车低压线束。

③对接好接插件，整车上 ON 挡电，进入电池管理器故障代码诊断。

④针对故障进行调整，维修或更换。

⑤确认测试。

⑥结束。

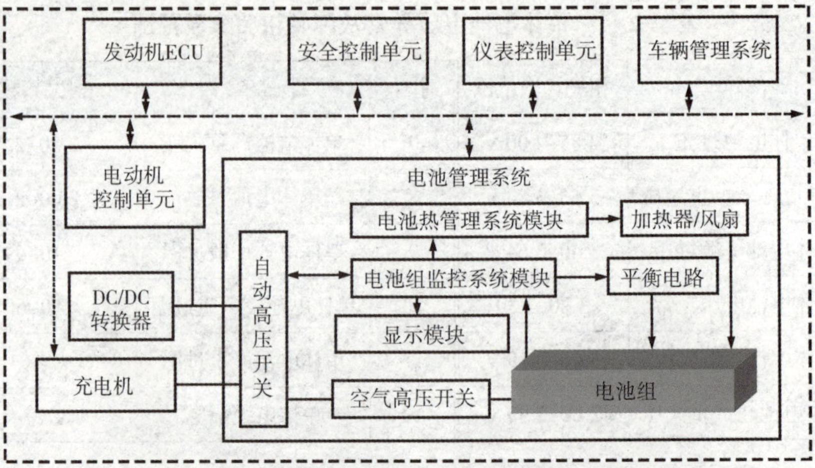

图 5-2-28 比亚迪 e5 的电池管理系统 BMS

扫一扫

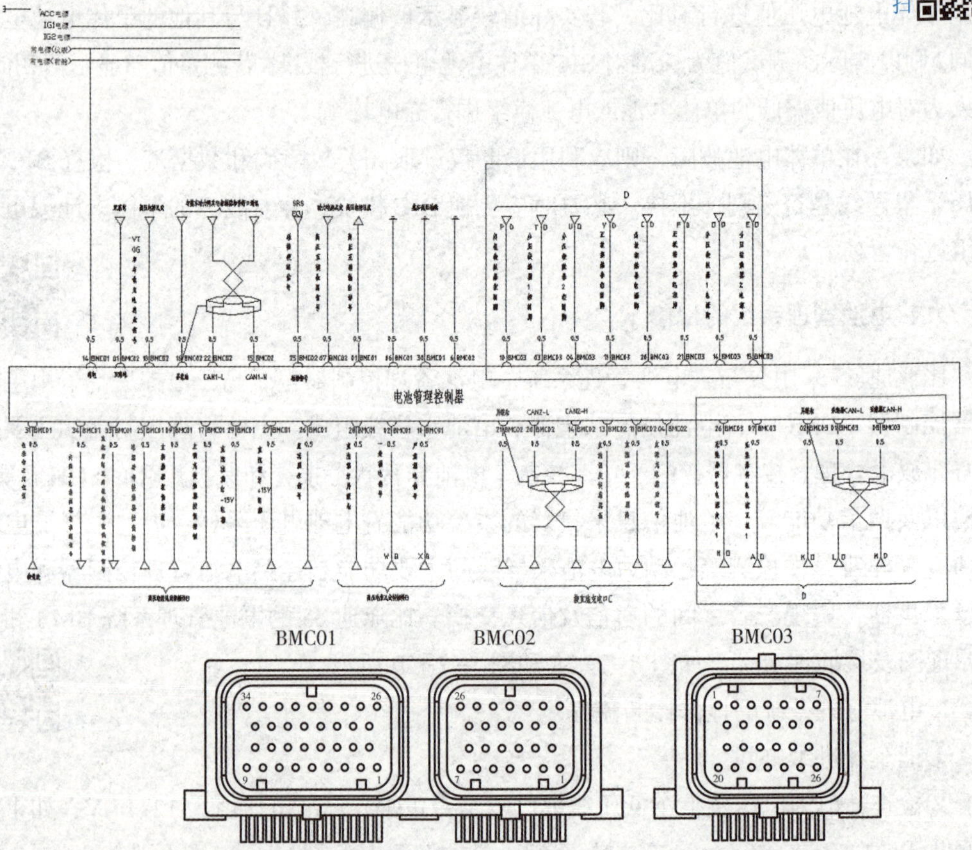

图 5-2-29 比亚迪 e5 电气原理图及接插件定义

2. 电池管理控制器更换流程

若确认电池管理器有问题，导致车辆不能运行，请按以下步骤拆卸。

①将车辆退电至 OFF 挡，等待 5 min。

②打开前舱盖。

③拔掉电池管理控制器上连接的动力电池采样线和整车低压线束的接插件，拔掉整车低压线束在电池管理控制器支架上的固定卡扣。

④用 10 号套筒拆卸电池管理控制器的 3 个固定螺母。

⑤更换电池管理器，插上动力电池采样线和整车低压线束的接插件，确认。

⑥用 10 号套筒拧紧电池管理控制器的 3 个固定螺母。

⑦整车上电再次确认问题是否解决。若解决，结束。

扫一扫

十、电动机驱动系统的检修

电力驱动系统是电动汽车的核心，也是区别于内燃机汽车的最大不同点。电动汽车对驱动系统的要求很高。

一般认为，驱动系统应符合下列要求：瞬时功率大，短时过载能力强，以满足爬坡及加速的需要；调速范围宽广；在运行的全部速度范围和负载范围内，具有较高的效率。也就是在电机所有工作范围内综合效率高，以尽量提高电动汽车一次续驶里程；可靠性高，使用方便简单，价格低廉；功率密度高，体积小，质量轻。

1—高压线束；2—转子；3—壳体；
4—定子；5—冷却液管路接口。

图 5-2-30　驱动电机内部结构

1. 常见故障的诊断思路

①通过车辆使用情况或结合仪表指示的故障灯初步确定故障范围。

②使用专业诊断仪进入系统读取故障码及数据流（图 5-2-32），进行数据的分析比对。

③查阅维修资料，掌握整车控制策略及驱动电机系统的控制策略、驱动电机系统的组成特别是电机控制器采集信号所用的温度传感器、电机位置传感器等的类型、正确的信号波形及数据范围。

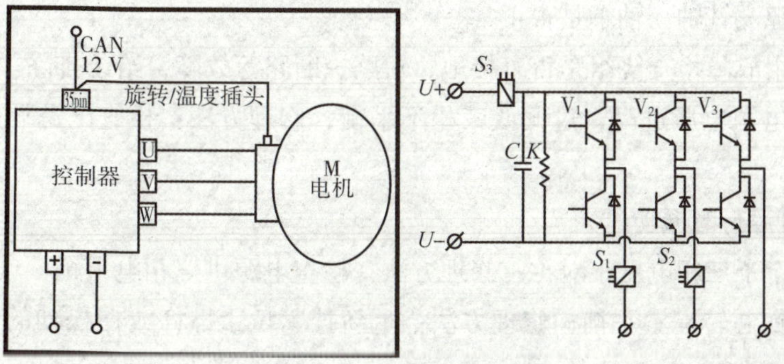

图 5-2-31　驱动电机原理

名称	值	参考值	单位
电机开启状态	关闭		
制动踏板状态	松开		
驻车开关状态	踏下		
挡位	P挡		
工作模式	经济		
上电启动开始命令	开始上电		
READY指示灯状态	亮起		
挡位故障状态	无故障		
油门错误	无故障		

图 5-2-32 比亚迪 e5 诊断数据流

④使用诊断仪、示波器或万用表对怀疑的部位进行在线的实时数据测量，判断波形及数据的正确性。

⑤高压安全断电、放电和验电操作。

⑥线路及连接器检查。初步检查线路及插接器是否连接牢固、位置是否正确、插接器内针脚是否有倒针、退针的现象。使用万用表测量相关线路电阻是否符合规定、有无短路、断路现象。

⑦若以上线路没有发现问题，尝试检查或更换电机控制器或驱动电机。驱动电机的检测项目包括电枢线圈短路、断路、搭铁检测，以及磁场线圈短路、断路、搭铁检测，换向器检测。

2. 电机运行常见故障及修理方法

（1）电机启动困难或不启动

①原因：电源电压过低；修理方法：调整电压到所需值。

②原因：电机过载；修理方法：减轻负载后再启动。

③原因：机械卡住；修理方法：检查后先停车解除机械锁止然后再启动电机。

（2）电机运行温升高

①原因：负载过大；修理方法：减轻负载。

②检查气隙及转轴、轴承是否正常。

③电机绕组故障检查绕组是否有接地、短路、断路等故障，给予排除。

④原因：电源电压过高，过低或三相不平衡；修理方法：检查电源调整电压值，使其符合要求。

（3）电机运行时振动过大

①原因：定子三相电压不对称；修理方法：检查电源供三相电平衡。

②原因：铁芯转配不平衡；修理方法：重新拧紧拉紧螺杆或在松动的铁芯片中打入楔子固定。

③原因：定子绕组并联支路中某支路断裂；修理方法：检查直流电阻，查出后焊接。

④原因：定转子气隙不均匀；修理方法：调整电动机气隙使其均匀。

⑤原因：电动机底座和基础板不坚固；修理方法：坚固电动机地脚螺栓，加强基础。

⑥原因：联轴器松动；修理方法：拧紧连接螺栓，必要时更换螺栓。

⑦原因：转轴弯曲；修理方法：进行调直或更新。

⑧原因：转子磁极松动；修理方法：检查固定键，重新紧固。

⑨原因：负载不平衡；修理方法：检查出机械负载故障并排除。

⑩原因：机组定中心不好；修理方法：重新定中心。

⑪ 原因：基础自由振动频率与电机的振动频率接近；修理方法：改变基础的自由振动频率，使两者不产生共振。

⑫ 原因：转子不平衡；修理方法：平衡检查试验。

3. 电机总成的拆装与保养项目

①永磁同步电机与变速器的分离。

②永磁同步电机与变速器的组装。

③输入轴齿轮的分离。

④输入轴齿轮的装配。

⑤副轴齿轮的分离。

⑥副轴齿轮的装配。

⑦差速器齿轮的分离。

⑧差速器齿轮的装配。

⑨齿轮组磨损状况。

⑩电机定转分离与安装。

⑪电机定转子的检测。

⑫副轴与差速器工作数据的检测。

十一、充电器无法充电的检修

比亚迪 e5 电动车有两种充电方式：直流充电和交流充电。

充电系统主要组成部分：交流充电口、直流充电口、高压电控总成、动力电池包、电池管理器。交流充电接口端子（见图 5-2-33）定义为：PE—保护接地；PP—控制确认 2；L_1、L_2、L_3—三线交流电；N—中线；CP—控制确认 1。直流充电接口端子（见图 5-2-34）定义为：▽—充电 CAN 屏蔽；S+ —充电通信 CAN-H；DC+ —直流电源正；A+ —低压辅助电源正；PE—保护搭铁端子；A-—低压辅助电源负；DC- —直流电源负；S- —充电通信 CAN-L。

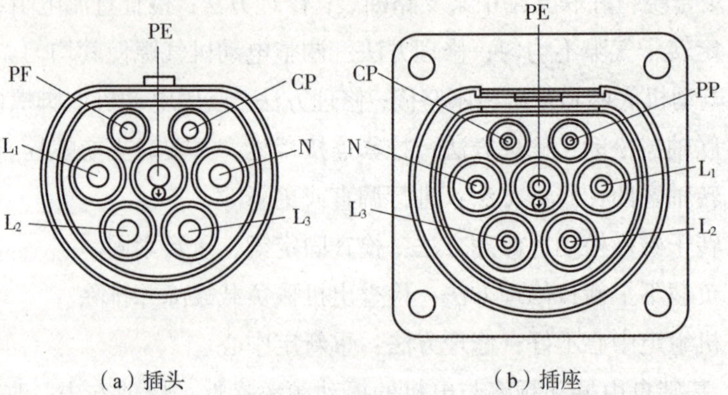

扫一扫

图 5-2-33　比亚迪 e5 的交流充电接口插头和插座端子布置图

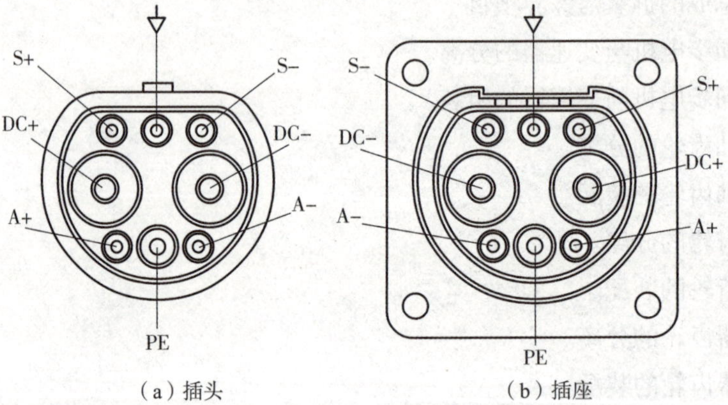

扫一扫

图 5-2-34　比亚迪 e5 的直流充电接口插头和插座端子布置图

交流充电主要是通过交流充电桩、壁挂式充电盒以及家用供电插座接入交流充电口，通过高压电控总成将交流电转换为 650 V 直流高压电给动力电池充电。

直流充电主要是通过充电站的充电柜将直流高压电直接通过直流充电口给动力电池充电。

1. 充电器无法充电的检修诊断流程

①把车开进维修间。

②检查蓄电池电压：标准电压值为 12.8~13.7 V。如果电压值低于 12.8 V，在进行下一步之前请检查电控故障或进行充电，也可更换蓄电池。

③参考故障症状现象判断故障症状可能发生部位。

直流无法充电：直流充电口、高压电控总成、电池管理器、线束；

交流无法充电：交流充电口、高压电控总成、电池管理器、线束。

④调整、维修或更换。

扫一扫

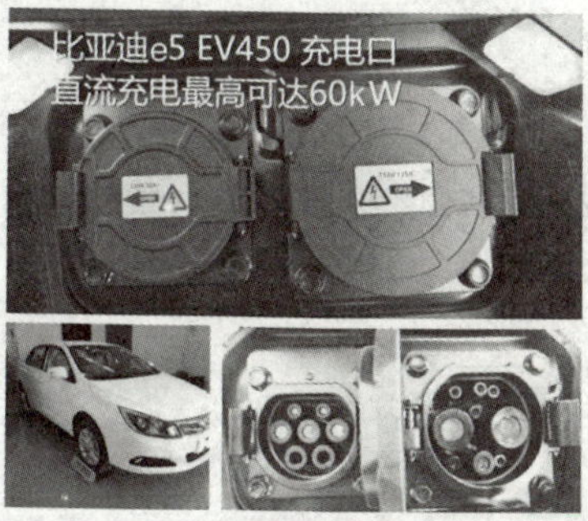

图 5-2-35　比亚迪 e5 交直流充电接口实物

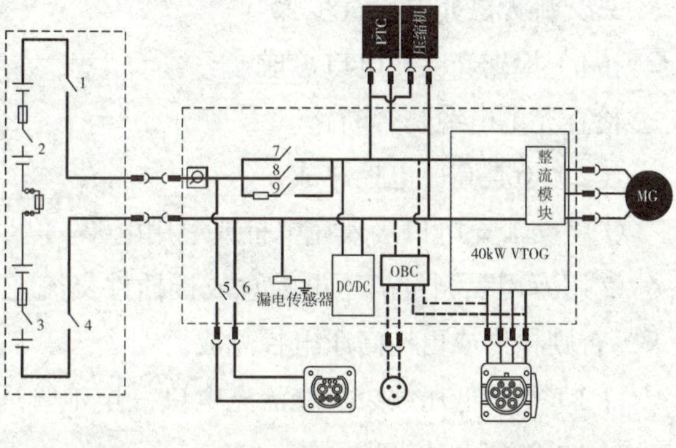

1—正极接触器；2—电池包分压接触器 1；3—电池包分压接触器 2；4—负极接触器 1；5—直流充电正极接触器；6—直流充电负极接触器；7—主流接触器；8—交流充电接触器；9—预充接触器。

图 5-2-36　比亚迪 e5 充电系统电路原理图

⑤确认测试。

2. 直流无法充电检查步骤

（1）检查直流充电口总成高低压线束

①挡位置为 OFF 挡。

②分别拔出直流充电口总成的高压接插件和低压接插件。

③分别测试正负极电缆和低压线束是否导通。

④用万用表检查低压接插件与充电口端值是否正常。

（2）检查电池管理器低压接插件线束

①电源置为 OFF 挡。

②拔出电池管理器低压接插件 BMC02。

③用万用表检查电池管理器接插件 BMC02 与充电口端子值。

（3）检查高压电控总成

①电源置为 OFF 挡。

②连接充电枪，准备充电。

③用万用表检查电池管理器接插件 BMC02 与车身地值。

④断开充电枪。

⑤拔下电池管理器接插件，将直流充电正负极接触器控制脚与车身地短接，将吸合充电正负极接触器。

⑥用万用表测量充电口 DC+ 与 DC−，正常值约为 650 V。

（4）更换电池管理器

（5）诊断完毕

3. 交流无法充电检查步骤

（1）检查交流充电口总成

检查充电电缆是否断路。

（2）检查高压电控总成

①将交流充电口接入充电桩或家用电源。

②用万用表测量高压电控总成接插件交流充电感应信号脚端子电压。正常值小于1 V，否则检修或更换高压电控总成。

（3）检查低压线束（交流充电口 – 电池管理器）

（4）转到电池管理系统

4. 充电口拆卸安装

拆卸维修前需启动开关 OFF 挡、蓄电池断电、拆掉前保总成。

（1）拆卸直流充电口

①拆掉充电口上安装板和充电口法兰面安装螺栓。

②打掉两颗搭铁螺栓。

③退掉高低压接插件并拆掉扎带。

④取出直流充电口。

（2）安装直流充电口

①先将直流充电口高低压线束穿过车身安装钣金。

②将直流充电口小压板装上，打紧两个法兰面螺栓。

③打紧 4 颗法兰面安装螺栓。

④固定好高压线束扎带并接上所有高低压接插件，打紧两个搭铁螺栓。

（3）拆卸交流充电口

①断开交流充电口高低压接插件并拆掉高压线束扎带，拆卸两个搭铁螺栓。

②拆卸 4 个法兰面固定螺栓。

③向外取出交流充电口。

（4）安装交流充电口

①将交流充电口线缆由外向里安装。

②打紧 4 个充电口法兰面安装螺栓。

③接好高低压接插件。

④分别扣上小支架和水箱上横梁上面的扎带孔位。

⑤打紧两个搭铁螺栓。

技能实训一　认识比亚迪 e5 纯电动汽车

准备项目	具体准备内容
防护用品准备	护套
场地准备	实训室
工具、材料准备	实训车辆、实训记录单、胎压计、手电筒、实训工装、绝缘万用表、制动液、冷却液、玻璃清洗剂、清洗工具

1. 目的

（1）认识比亚迪 e5 纯电动汽车结构特点。

（2）了解比亚迪 e5 纯电动汽车保养和维修注意事项。

2. 实训步骤及内容

（1）模拟车主日常维护保养的操作，进行驾驶室内部检查

灯光：□正常　□异常

喇叭：□正常　□异常

转向灯：□正常　□异常

雨刮器：□正常　□异常

雨刷洗涤功能：□正常　□异常

仪表指示灯：□正常　□异常，警示灯 / 信息提示

安全带及锁止功能：□正常　□异常

制动功能：□正常　□助力不足

空调功能：□正常　□不制冷　□不制热

（2）进行车身检查

雨刮片：□正常　□橡胶硬化　□裂纹　□更换

拆卸方法：将雨刮臂从风窗玻璃上提起，通过按压锁定按钮②，顺着雨刮片①的方向，使雨刮片与雨刮臂③接头顺势分脱开。

（3）进行驾驶室内部检查

机盖主锁位置：□驾驶室　□机盖下部

机盖二级锁位置：□驾驶室　□机盖下部

蓄电池状态：□正常　□亏电

（4）冷却液检查和加注

冷却液更换周期：□ 2 年　□ 3 年

散热器盖打开时，冷却液的状态：□热态　□冷态

冷却液的高度：□ MAX 与 MIN 之间　□ MIN 以下，采取措施：添加冷却液

如果冷却系统发生泄漏，则：□更换冷却液　□联系新能源服务商

（5）制动液检查和加注

制动液更换周期：□ 2 年　□ 4 万千米

加注口盖取下方式：□旋转 1/4　□旋转 1/2

制动液的高度：□ MAX 与 MIN 之间　□ MIN 以下，采取措施：添加制动液

如果制动液位明显下降，则：□更换冷却液　□联系新能源服务商

（6）挡风玻璃清洗剂加注

检查周期：□每天　□每周

洗涤液加注量应 < 3.5 L。

风窗洗涤器喷嘴：□洁净　□脏污，需清洁

（7）进行车底检查

漏油痕迹：□有，位置　□无

减速器油首次更换周期：□ 3 000 千米　□ 3 个月

轮胎气压检查周期：□每天　□每周

左前：□正常　□异常

左后：□正常　□异常

右前：□正常　□异常

右后：□正常　□异常

气门嘴：□正常　□异常

轮胎胎纹表面出现轮胎标记个数：□ 0　□ 1　□ 2　□ 3　□ 4　□ 5　□ 6

（8）进行车辆清洁

①车身清洗。

冲洗车身时，使用　□冷水　□温水　□热水清洗。洗车之后，用软布擦拭。

雨刮片清洗：□温热肥皂水　□洗涤剂

②驾驶室内部清洗。

地毯清洗：□装潢清洁剂　□清水

皮革清洗：□温水　□洗涤剂

塑料部件：□装潢清洁剂　□清水

仪表板、CD、DVD 和显示屏：□干布　□清水

安全气囊的罩盖清洗位置：□方向盘中央面板　□装有乘客安全气囊的仪表板区域

座椅安全带：□温水　□洗涤剂

（9）恢复设备，清理场地

技能实训二 纯电动汽车的检修

准备项目	具体准备内容
防护用品准备	护套
场地准备	实训室
工具、材料准备	实训车辆、实训记录单、胎压计、手电筒、实训工装、绝缘万用表

1. 目的

（1）了解纯电动汽车检修的安全操作规程。

（2）掌握纯电动汽车的检修方法。

2. 实训步骤及内容

（1）故障现象

车主反映使用两个月的比亚迪 e5 出现电机不转故障，但汽车仪表盘上却显示正常。

（2）故障诊断

①出现此故障原因可能是电机损坏判断，或者是控制器损坏。

②分别检测电机霍尔信号线，用手慢慢转动电机，每相电压应在 0~5 V 变化。若电压无变化，则为电机霍尔元件损坏，应更换电动汽车电机或电机霍尔元件。如每相电压变换正常，且供电正常，则控制器损坏，更换控制器。

③用万用表检测控制器电源输入端电压，电压应大于 36 V（电池充足电）。若无电压，应检查输入线。检查控制器转把电源电压（接转把的红、黑线），正常电压为 5~6 V。若无 5 V 电压，拔下转把插座，电压恢复 5 V，则可能为电机霍尔元件短路；若仍无 5 V 电压，则为控制器故障，应更换控制器。

④验证后电机出现问题，修理后试车，故障排除。

学后测试

①简单介绍比亚迪 e5 纯电动汽车组成及相互部件间的连接关系。

②请你谈谈比亚迪 e5 纯电动汽车的结构特点。

③通过本课程的学习，请你谈谈比亚迪 e5 纯电动汽车的保养和维修注意事项。

④简述纯电动汽车的结构组成及基本原理。

⑤通过本课程的学习，请你谈谈新能源汽车检修的基本思路。

项目六

混合动力汽车的检修

2020年，我国明确提出“2030年前实现碳达峰、2060年前实现碳中和”的发展目标。在该目标的指导下，各个产业链掀起一场自上而下的减碳运动。在这场运动中，新能源汽车被寄予厚望。中国汽车工程学会会士、常务理事徐向阳指出：“我国锂电池资源严重缺乏，锂电池主要金属对外依赖度超过80%。从资源安全角度来看，单一的纯电动技术路线不可取。”在他看来，混动与电动是长期并存、战略互补的关系，而不是你死我活的关系。国际汽车工程师学会会士尧命发表示：“混合动力是降低碳排放最有效、成本最低的路径，由于大幅减少电池的使用，对环境的影响可以预见，是未来实现零碳排放的路径之一。”

任务一 认识混合动力汽车

教学目标

知识目标

- 了解混合动力汽车的分类及其代表车型。
- 了解混合动力汽车的现状与前景。

技能目标

- 会识别不同类型的混合动力汽车。
- 会释读混合动力汽车铭牌及参数。

情感目标

- 激发自豪感自信心。
- 培育社会责任感和环保意识。

知识链接

一、混合动力汽车的概念

国际电子技术委员会（International Electrotechnical Commission，IEC）对混合动力车辆的定义为："在特定的工作条件下，可以从两种或两种以上的能量存储器、能量源或能量转化器中获取驱动能量的汽车。"能量存储器即可以储存能量的器物，如蓄电池、超级电容器等；能量源即能够提供能量的源泉，如汽车油箱里的燃油、电动车上的动力电池；能力转换器即能够将能量转化的器物，如发动机将燃油化学能转化为机械能、电动机将电能转化为机械能等。通常所说的混合动力汽车一般是指油电混合动力汽车，它是在车上同时配电力驱动系统和辅助动力单元，发动机持续工作时间长，中高速动力性好，电动机低转速高扭矩、无污染、低噪声。油、电二者优势互补，汽车的热效率可提高 10% 以上，废气排放可改善 30% 以上。2010 年，全球进入汽车混合动力时代。

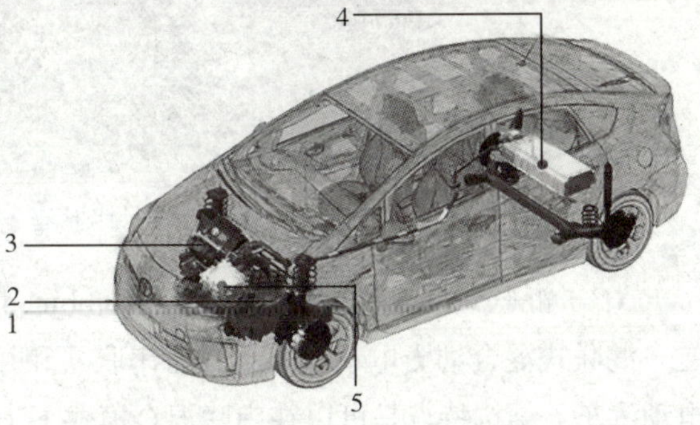

1—无级变速器；2—驱动电机；3—汽油机；4—电池组。

图 6-1-1　混合动力汽车动力系统组成

图 6-1-1 为混合动力汽车动力系统组成。

扫一扫

二、混合动力汽车的分类

1. 按照动力系统结构形式划分

（1）串联式混合动力电动汽车（Series Hybrid Electric Vehicle，SHEV）

扫一扫

串联式混合动力电动汽车是指车辆行驶系统的驱动力只来源于电动机的混合动力电动汽车，结构特点是发动机带动发电机发电，电能通过电机控制器输送给电动机，由电动机驱动汽车。另外，动力电池也可以单独向电动机提供电能驱动汽车，如理想 one（见图 6-1-2）、宝马 i3 增程版、传祺 GA5 增程版。

图 6-1-2　理想 one

（2）并联式混合动力电动汽车（Parallel Hybrid Electric Vehicle，PHEV）

并联式混合动力电动汽车是指车辆行驶系统的驱动力由电动机及发动机同时或单独供给的混合动力电动汽车，结构特点是并联式驱动系统可以单独使用发动机或电动机作为动力源，也可以同时使用电动机和发动机作为动力源驱动汽车，如本田思域混动版、比亚迪－秦 ProDM（图 6-1-3）、奔驰 S400Hybrid。

扫一扫

图 6-1-3　比亚迪－秦 Pro DM

扫一扫

（3）混联式混合动力电动汽车（Combined Hybrid Electric Vehicle）

混联式混合动力电动汽车是具备串联式和并联式两种混合动力系统结构的混合动力电动汽车，结构特点是可以在串联混合模式下工作，也可以在并联混合模式下工作，同时兼顾了串联式和并联式的特点，如丰田凯美瑞双擎（图 6-1-4）、荣威 550 Plug-in、凯迪拉克 CT6 PHEV。

图 6-1-4　丰田凯美瑞双擎

扫一扫

2. 按照混合度划分

（1）微混合型混合动力电动汽车（Micro Hybrid Electric Vehicle）

微混合型混合动力电动汽车是以发动机为主要动力源，不具备纯电动行驶模式的混合动力电动汽车。只具备停车怠速停机功能的混合动力电动汽车是一种典型的微混合模式。一般情况下，电动机的峰值功率和发动机的额定功率比≤ 5%。

（2）轻度混合（弱混合）型混合动力电动汽车（Mild Hybrid Electric Vehicle）

轻度混合（弱混合）型混合动力电动汽车是以发动机为主要动力源，电动机作为辅助动力，在车辆加速和爬坡时，电动机可向车辆行驶系统提供辅助驱动力矩，但不能单独驱动车辆行驶的混合动力电动汽车。一般情况下，电动机的峰值功率和发动机的额定功率比为 5%~15%。

（3）中度混合型混合动力电动汽车（Moderate Hybrid Electric Vehicle）

中度混合型混合动力电动汽车是以发动机和 / 或电动机为动力源的混合动力电动汽车。一般情况下，电动机的峰值功率和发动机的额定功率比为 15%~40%。

（4）重度混合（强混合）型混合动力电动汽车（Full Hybrid Electric Vehicle）

重度混合（强混合）型混合动力电动汽车是以发动机和 / 或电动机为动力源且电动机可以独立驱动车辆行驶的混合动力电动汽车。一般情况下，电动机的峰值功率和发动机的额定功率比 >40%。

3. 根据是否能外接充电电源划分

（1）插电式混合动力汽车

插电式混合动力汽车既有传统汽车的发动机、变速器、传动系统、油路、燃油箱，也有电动车的高压蓄电池、电机、控制电路，而且蓄电池容量比较大，有充电接口。它可充电，也可加油，使用方便。代表车型有宝马 530 Le、大众帕萨特 PHEV、比亚迪宋 PLUS DM−i、理想 one 等。

（2）非插电式混合动力汽车

非插电式混合动力汽车是以汽油驱动和电力驱动组成的混合动力来驱动汽车的。其设计的核心是把发动机的排量设计得更小一些，达到节约化石燃油的目标，同时通过电驱动系统补充不足的动力。代表车型有丰卡罗拉双擎、本田雅阁混动 4、广汽传祺 GS8 混动、吉利星越 L 雷神 Hi · X。

三、混合动力汽车的发展历程及趋势

1. 国外发达国家混合动力汽车的发展

混合动力汽车的起源可以追溯到 1900 年，洛纳 · 保时捷制造了世界上第一辆油电混合汽车，这辆车使用内燃机发电为驱动汽车的电动机供电。这个新奇事物也成为费迪南德 · 波尔舍汽车生涯的开始，但由于当时技术限制，以及内燃机车占主导地位的社会现实，混合动力并没能进一步发展。1952 年 12 月，美国洛杉矶发生的光化学烟雾污染事件，使各国意识到机动车对大气污染的严重性。1973 年 10 月，石油输出国组织对石油的提价和对西方发达国家实施的石油禁运导致了战后资本主义国家最严重的一次经济危机，使各发达国家意识到能源危机。伴随着人类可持续发展战略的提出，20 世纪 90 年代以来，世界各主要车企在新能源政策支持和排放法规的倒逼下大力发展节能汽车和新能源汽车。1993 年，美国能源部与三大汽车公司签订了混合动力电动汽车开发合同，进行为期 5 年的研发工作。1998 年，北美国际汽车展上推出通用 Precept、福特 Prodigy、戴 - 克 Dodge ESX3 三款混合动力型样车。1993 年 9 月，丰田研发执行副总裁发起了 G21 项目。1995 年东京车展上，丰田发布了名为 Prius（普锐斯）的混合动力概念车，它具备能量回收系统和启停功能。1997 年 12 月，第一代普锐斯成功量产，作为全球第一款量产的混合动力车型。它采用行星齿轮实现动力解耦的混合动力系统，至今已经改进至 4 代，一直是全球市场占有率最高的系统（图 6-1-5）。

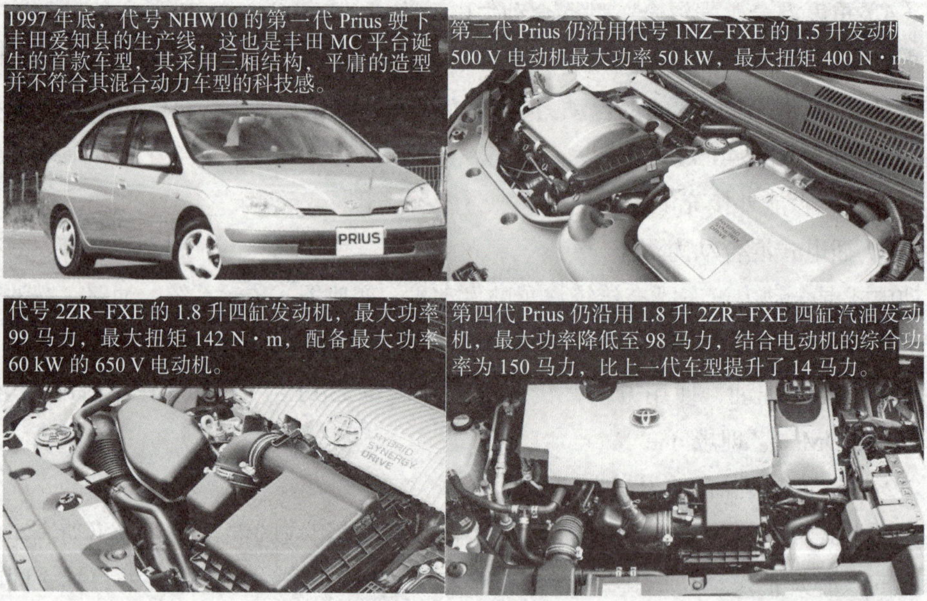

图 6-1-5　普锐斯的进化

本田在 1999 年量产上市混动轿车 Insight（音赛特），搭载一个小功率电机与发动机简单并联的弱混合动力系统。从此，本田整合电机助力（Integrated Motor Assist，IMA）混合动力系统先后搭载到了思域、雅阁、CR-Z 以及讴歌品牌车型上，虽然售价高昂，并且性能与丰田 THS 混动系统相比不太完美，但仍取得了相对不错的销量。2000 年，丰田普锐斯进入北美和欧洲市场，由于出色油耗和稳定性能表现赢得市场肯定。2008 年洛杉矶车展，福特推出第一代的 Fusion Hybrid 车型（美版新蒙迪欧混动）；2009 年，通用公司开发出了 Yukon SUV 混动版。2010 年，通用量产出增程式混合电动车雪佛兰沃蓝达。反观欧洲厂家，由于柴油车在欧洲的流行，欧洲厂家偏向于发动机技术（比如缸内直喷、涡轮增压）和氢燃料技术的研发。直到德国政府在 2008 年推出 10 年内普及 100 万辆插电以及纯电车计划后，宝马、奔驰、保时捷等才陆续推出混合动力车型，例如宝马推出 5 系、7 系以及 X6 的衍生车型并把自家的混合动力技术命名为 Active Hybrid；奔驰也推出了 ML450 Hybrid、S400 Hybrid 等车型。由于售价高昂售价和不太出众的节能效果，消费者更倾向于选择廉价柴油车型。日益严峻的环境污染问题、紧缺的石油矿产资源、各国持续推出的新能源政策，以及零排放计划的缓慢不前，等待已久的混合动力技术再次被推上主流的舞台。

2010 年后全球混合动力汽车进入快速发展期，2011 年 85 万辆、2012 年 156 万辆、2013 年 163 万辆、2014 年 176 万辆，截至 2015 年年底全球混合动力车型累计销售超过 1 000 万辆，远超纯电动、燃料电池技术路线车型。日本是最早从事混合动力汽车研究的国家，丰田、本田、三菱等整车生产企业均推出轻混、中混及全混等不同混合方案的系列产品，代表车型有丰田凯美瑞、普锐斯、雷克萨斯、本田 CR-Z、Insight 等。日韩企业技术路线从混合动力、纯电动过渡到燃料电池汽车。大众、奥迪、宝马等混动车型以中混、全混为主，代表车型有大众途锐、奥迪 A6/Q5、宝马 5 系 /7 系的混动版，欧洲插电式混合动力车的销量超过纯电动车的销量，并且未来还将以迅猛势头保持增长。美国通用和福特都较早推出混合动力车型，福特采用的是丰田授权的 THS 混动系统，通用则使用了与宝马、奔驰共同开发的双模式（Dual-Mode）混合动力系统。双模式混合动力系统于 2004 年问世，通过使用离合器实现由类似 THS 系统的单模式向双模式技术发展，进而降低对电机性能和结构的要求。通用在 2012 年发布了 Volt EREV，该构型可以看作通用 Dual-Mode 的简化构型和 PHEV 的拓展。美系车企发展增程式电动和纯电动路线。

2. 我国混合动力汽车的发展

“十五”期间国家高新技术发展计划“863 电动汽车专项”中指出，将混合电动汽车技术的开发放在突出位置。2005 年针对混合动力汽车的标准正式发布，同年丰田第 2 代普锐斯在长春投产。我国汽车工业基础薄弱自主品牌技术积累不足，我国政府不遗余力支持、鼓励汽车产业重组与变革。2010 年，中国政府颁布实施《关于开展私人购买新能源汽车补贴试点的通知》，其中并未将混合动力汽车纳入新能源汽车的补贴范围。通知中对纯电动汽车和插电式电动汽车的补贴分别达到最高 6 万元和 5 万元，但油电混合动力产品却被归于“节能汽车”类别，只给予 3000 元的资金补贴。“十一五”期间基本建立了以纯电动汽车、混合动力汽车、燃料电池汽车为“三纵”，多能源动力总成控制系统、驱动电机及控制系统、动力蓄电池及管理系统为“三横”的“三纵三横”体系。2012 年，国务院发布《节能与新能源汽车产业发展规划（2012—2020）》，对发展目标、研发布局、技术路线、产品定义等当时产业急需解决的重大问题作出了明确指示和全局部署，进一步推动了传统汽车企业加快布局新能源汽车产品。我国混合动力汽车品牌结构市场上的多家汽车厂商都在进行混合动力汽车的研发与生产，知名企业主要有比亚迪汽车有限公司、上海汽车集团股份有限公司、吉利汽车控股有限公司、中国第一汽车集团公司、重庆长安汽车股份有限公司、东风电动车辆股份有限公司、郑州宇通客车股份有限公司、北汽福田汽车股份有限公司等。由于政策引导，目前自主品牌主要为插电式混动车，代表车型如比亚迪－秦 Pro、比亚迪－宋 DM、荣威 eRX5（图 6-1-6）。

图 6-1-6　荣威 eRX5

2020 年 10 月发布的《节能与新能源汽车技术路线图 2.0》明确指出：到 2025 年，国内混合动力新车要占传统能源车的 50% 以上，2030 年达到 75% 以上，2035 年传统能源车要实现全面混动化。

强烈的政策信号和技术发展驱动下，头部中国车企纷纷推出了专为混动车型设计开发的专用平台，如比亚迪的 DM-i 超级混动系统、长城的柠檬 DHT 混动平台、奇瑞的鲲鹏 DHT 混动平台、吉利的雷神智擎 Hi · X 平台、长安蓝鲸动力、东风的马赫动力 MHD 混动系统以及广汽的“绿擎技术”等。造车新势力异军突起，理想汽车的理想 one 凭借出色的的增程式混动系统和优秀的产品力一直占据中大型 SUV 销量榜首。零跑、赛力斯也加入增程混动市场。面临行业百年未有之大变局，混动技术的快速发展，为中国汽车实直道超车提供了机会。

四、阅读拓展

早在 2008 年，比亚迪推出了全球首款量产的插电式混动汽车比亚迪 F3 DM。作为比亚迪第一代混动系统，技术上没那么成熟，市场认可也没那么高，但这款车对比亚迪还是有着里程碑式的意义。2013 年比亚迪推出第二代混动系统主要装配车型秦 DM。这一代由于绿牌政策和网约车叠加效应，初步得到市场的认可。2015 年，搭载比亚迪第三代 DM 的车型唐 DM 上市。 相比于 DM 二代，比亚迪这一次调整很大，电机变成了三电机，车辆变为四驱，542 黑科技（百千米加速 5 s 以内；全时电四驱；百千米油耗 2 L 以内）即由此而来。2021 年比亚迪推出第四代混动 DM-i 超级混动，相比以往的 DM 技术，DM-i 属于全新的设计采用电驱为主的核心思路，取消了复杂的变速器结构，改用单速变速器，结构更精简。产品实现了与同级别燃油车购置同价，凭借超低油耗、静谧平顺、卓越动力的特点，推动比亚迪插电式混合动力车型销量节节攀升，引领行业发展新风向。2021 年比亚迪共售出 603 783 辆插电式汽车。乘联会数据显示，2022 年上半年，在插电式混合动力领域，比亚迪市占率高达 50% 以上。依托科技领先、质量领先、市场领先的全面实力，比亚迪新能源乘用车业务的海外布局也在加速拓展。以前有种说法，世界上混动只有两种，一种是丰田，另一种是其他；现在慢慢变成了，一种是比亚迪，另一种是其他。比亚迪新能源让中国制造走向世界。

扫一扫

技能实训　认识混合动力汽车

准备项目	混合动力汽车一辆、无线终端、多媒体大屏
防护用品准备	护套
场地准备	理实一体教室
工具、材料准备	高压防护手套、护目镜

1. 作业准备

①检查车辆外观，安放车轮挡块。

②安装车内三件套，安装车外三件套。

③戴高压手套和护目镜。

2. 检查、判断

①环车检查，确认车辆有无充电口。判断该车属于插电混合动力还是非插电混合动力。

②查看手册找到高压蓄电池，记录电池包相关信息；找到驱动机，查找记录相关型号参数；查找发动机名牌，记录发动机参数。

③根据电池容量和电机功率判断该车属于轻度混合动力还是重度混合动力。

④根据发动机参数判断发动机是否属于阿特金森循环发动机。

⑤上网查找该车型更多动力配置参数，判断该车电动机和发动机是串联、并联还是混联。

学后测试

①混合动力汽车分类方法有哪几种？

②举例说出国内外各 3 款混合动力车型。

任务二 混合动力汽车的检修

教学目标

知识目标

· 了解混合动力汽车的结构组成。

· 理解混合动力系统控制原理。

技能目标

· 能独立完成混合动力汽车的保养和机械机构拆装。

· 具有查阅手册、分析数据流检修电气综合故障能力。

素养目标

· 培样学生的团队意识和工匠意识。

· 激发学习热情和自信。

知识链接

关于混合动力汽车种类，有这样的说法：混合动力汽车有两种，丰田的和非丰田的。由此可见丰田混动在混动汽车领域的重要地位。截至 2017 年 1 月，丰田混合动力汽车全球销量超 1 000 万辆，其中最畅销车型普锐斯占 4 成。内燃机和电动机作为动力源的混合动力汽车，除了节能环保外，还可以提供更加优越的驾乘体验。动力分流构型的 ECVT 混合动力变速器实现了流畅静谧堪称完美的驾驶质量。

伴随着我国政策的不断推动、混动汽车市场规模的快速增长以及自主品牌整体技术实力的上涨，中国汽车品牌开始积极寻求技术突破与品牌向上。而今国内混动市场出现百花齐放的局面，也为更多消费者带来了物美价优之选。比亚迪 DM-i 超级混动就是其中的最成功的优秀代表。

一、丰田普锐斯混合动力汽车组成

作为丰田的标杆车型，普锐斯的地位是不言而喻的。自 1997 年诞生至今已经历 3 个世代的演变，在 2018 年洛杉矶车展第 4 代小改款（图 6-2-1）闪亮现身。

图 6-2-1　2019 款丰田普锐斯

普锐斯除了在第 1 代小改款时曾针对油电动力结构进行更新外，其余历代车款在小改款时全部保持现有动力基础架构。该款车基于丰田全新的模块化平台打造，环状结构骨骼使新普锐斯的车体扭转刚性上升了 60%。在配置方面，第 4 代普锐斯搭载了 Toyota Safety Sense P 安全系统，包括 PCS（碰撞安全系统）、LDA（车道偏离警示系统）、AHB（远光灯自动控制系统）、ACC（自适应巡航）和带有行人探测功能的预碰撞安全系统。这套安全系统是基于单眼摄像头和毫米波雷达探测器等检测远处的障碍物以实现诸多功能的。动力配置上，第 4 代普锐斯维持之前 1.8 L 油电混合动力匹配 ECVT 电子无级变速系统，曾成功上榜 2016 沃德世界十佳发动机。

二、丰田普锐斯汽车的结构与工作原理

根据丰田官网公布信息，新一代普锐斯仍采用 Toyota Hybrid System- Ⅱ（简称 THS- Ⅱ）。它主要由发动机、混合动力传动桥 、HV 蓄电池、带转换器的变频器总成、电动空调压缩机等组成，如图 6-2-2 所示。

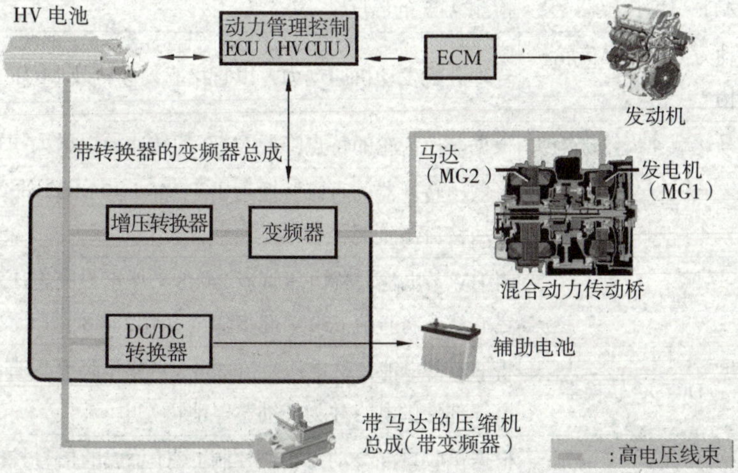

图 6-2-2　普锐斯混合动力系统组成

混合动力系统主要组件的功能见表 6-2-1。

表 6-2-1 混动系统主要组件功能

组件		功能
混合动力车辆控制 ECU 总成		对混合动力系统进行综合控制。 1. 接收来自各种传感器和 ECU（ECM、MG ECU）、蓄电池智能单元（蓄电池电压传感器）和防滑控制 ECU 的信息，并据此计算所需扭矩及输出功率。混合动力车辆控制 ECU 总成将计算结果传输至 ECM、MG ECU 和防滑控制 ECU 2. 监视 HV 蓄电池的 SOC 3. 监视高压系统的绝缘故障 4. 控制 DC/DC 转换器 5. 控制逆变器水泵总成 6. 控制蓄电池冷却鼓风机总成
混合动力车辆传动桥总成	1 号马达发电机（MG1）	由发动机驱动的 MG1 产生高压电，以驱动 MG2 并为 HV 蓄电池充电，还可作为启动机来启动发动机
	2 号马达发电机（MG2）	1.MG2 由 MG1 和 HV 蓄电池的电能驱动，产生驱动轮原动力 2. 制动期间或未踩下加速踏板时，产生高压电，为 HV 蓄电池再充电
	发电机解析器（MG1）	检测 MG1 的转子位置、转速和旋转方向
	马达解析器（MG2）	检测 MG2 的转子位置、转速和旋转方向
	发电机温度传感器（MG1）	检测 MG1 的温度
	马达温度传感器（MG2）	检测 MG2 的温度
	ATF 温度传感器	检测 ATF 的温度
	动力分配行星齿轮机构	合理分配发动机原动力，以直接驱动车辆及 MG1
	马达减速齿轮机构	根据减速齿轮的特点降低 MG2 的转速，以增大扭矩
带转换器的变频器总成	逆变器	将增压转换器的直流转换为用于 MG1 和 MG2 的交流，反之亦然（从交流至直流）
	增压转换器	将 HV 蓄电池公称电压直流 244.8 V 增至最高电压直流 650 V，反之亦然（将直流 650 V 逐步降至直流 244.8 V）
	DC/DC 转换器	将 HV 蓄电池公称电压直流 244.8 V 逐步降至约直流 14 V，以为电气部件供电，并为辅助蓄电池再充电
	MG ECU	根据接收自混合动力车辆控制 ECU 总成的信号控制逆变器和增压转换器，从而将 MG1 和 MG2 作为发电机或马达运行

（续表）

组件		功能
带转换器的变频器总成	带转换器的变频器总成的温度传感器	检测带转换器的逆变器总成部件内的温度及 HV 冷却液温度
	逆变器电流传感器	检测 MG1 和 MG2 的电流
HV 蓄电池	HV 蓄电池（蓄电池模块）	1. 根据车辆行驶状态，向 MG1 和 MG2 供电 2. 根据 SOC 和车辆行驶状态，由 MG1 和 MG2 对其再充电
	维修塞把手	拆下维修塞把手进行车辆检查或保养时，切断 HV 蓄电池的高压电路
	蓄电池智能单元（蓄电池电压传感器）	监视 HV 蓄电池的状态（如电压、电流和温度），并将该信息传输至混合动力车辆控制 ECU 总成
	HV 蓄电池温度传感器	检测 HV 蓄电池部件内的温度
	HV 蓄电池进气温度传感器	检测来自蓄电池冷却鼓风机总成的进气温度
混合动力蓄电池接线盒总成	系统主继电器	利用混合动力车辆控制 ECU 总成的信号，连接或断开 HV 蓄电池和带转换器的逆变器总成之间的高压电路
	蓄电池电流传感器	检测 HV 蓄电池的输入和输出电流
蓄电池冷却鼓风机总成		在混合动力车辆控制 ECU 总成的控制下工作，以冷却 HV 蓄电池
互锁开关（维修塞把手 / 逆变器盖）		确认已安装维修塞把手和逆变器盖
逆变器水泵总成		在混合动力车辆控制 ECU 总成的控制下运行，以冷却带转换器的逆变器总成、MG1 和 MG2
带马达的压缩机总成		由使用 HV 蓄电池电量的混合动力车辆控制 ECU 总成驱动，从而以空调放大器总成计算的速度吸入、压缩和排放制冷剂，无论发动机处于哪种工作状态，均可确保空调运行
电源电缆		连接 HV 蓄电池、带转换器的逆变器总成、混合动力车辆传动桥总成和带马达的压缩机总成
换挡杆位置传感器		将换挡杆位置转化为电信号并将其发送至混合动力车辆控制 ECU 总成
换挡锁止控制单元总成	变速器控制开关	1. 检测何时选择顺序换挡模式 2. 检测选择顺序换挡模式时换挡杆的上 / 下操作
加速踏板传感器总成		将加速踏板位置转化为电信号并将其发送至混合动力车辆控制 ECU 总成
刹车灯开关		检测踩下制动踏板
电子驻车制动开关总成	EV 行驶模式开关	驾驶员操作时，将 EV 行驶模式开关信号发送至混合动力车辆控制 ECU 总成

（续表）

组件		功能
电子驻车制动开关总成	正常模式开关	驾驶员操作时，将正常模式开关信号输出至混合动力车辆控制 ECU 总成
	运动模式开关	驾驶员操作时，将运动模式开关信号输出至混合动力车辆控制 ECU 总成
	环保模式开关	驾驶员操作时，将环保模式开关信号输出至混合动力车辆控制 ECU 总成
辅助蓄电池		为低压电气组件供电
ECM		1. 根据接收自混合动力车辆控制 ECU 总成的目标发动机转速和所需发动机原动力对发动机进行控制 2. 将各发动机工作状态信号传输至混合动力车辆控制 ECU 总成
防滑控制 ECU（带制动总泵的制动助力器总成）		1. 制动期间，其计算所需再生制动力并将其传输至混合动力车辆控制 ECU 总成 2.TRC 或 VSC 运行期间，将请求传输至混合动力车辆控制 ECU 总成以限制原动力
空调放大器总成		将各种空调状态信号传输至混合动力车辆控制 ECU 总成
空气囊 ECU 总成		碰撞过程中，将空气囊展开信号传输至混合动力车辆控制 ECU 总成
换挡杆位置指示灯		显示当前换挡杆位置
组合仪表总成	READY 指示灯	告知驾驶员车辆可以行驶
	主警告灯	根据多信息显示屏上显示的信息点亮或闪烁，且蜂鸣器可能鸣响
	故障指示灯	混合动力控制系统或发动机控制系统出现故障时点亮
	多信息显示屏	1. 显示换挡杆位置 2. 显示能量监视器 3. 显示 EV 行驶指示灯 4. 显示 EV 行驶模式指示灯 5. 显示运动模式指示灯 6. 显示环保模式指示灯 7. 显示自动滑行控制指示灯

1. 阿特金森循环发动机

以节能减排为核心的目的的混动汽车，其核心就是用更合理的动力输出方式，让发动机长期处于热效率最高的运行状态。1.8 L 的 2ZR-FXE 自然吸气四缸发动机压缩比为 13 ∶ 1，缸径为 80.5 mm，冲程为 88.3 mm，在可变进排气门正时控制之下，成为一台典型的膨胀冲程比压缩冲程长的阿特金森循环发动机（图 6-2-3）。其最大输出功率为 133 kW，峰值扭矩为 142 N · m，虽然动力毫不起眼，但毕竟其整套系统从硬件到软件的设计和标定都是追求能效，而不是追求极限驾驶性能。在日本 JC08 循环工况下能耗达到 40 km/L，相当于 2.5 L/100 km，其热效率高达惊人的 40%。

图 6-2-3　丰田 1.8 L 阿特金森循环发动机

我们平时所说的四冲程发动机，都是在进气、压缩、燃烧、排气等 4 个冲程之间循环，称为奥托循环。阿特金森就是在奥托循环的基础上，通过延迟进气门关闭时间，在压缩行程开始时往进气管排出一部分空气，实现膨胀比大于压缩比，如图 6-2-4 所示。相比于传统发动机，它能够更加充分利用气缸燃烧冲程产生的动能，使热效率明显提高，当然也会带来扭矩损失，同时对转速的响应和车速也会产生影响。不过在混动车上，电机的辅助让发动机的工作变得非常轻松。低速时以电动机为主，瞬间输出扭矩大利于起步；高速时发动机为主电动机为辅，加速性能强劲；中等转速时，发动机可以保持在最经济的转速。混动车能够节能减排，高热效率的阿特金森循环发动机是最重要的核心技术之一。

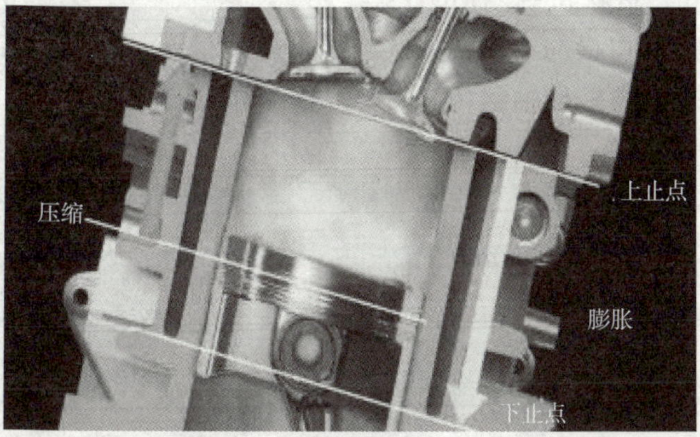

图 6-2-4　阿特金森循环特点

2. 混合动力车辆传动桥总成 ECVT（见图 6-2-5）

传动桥主要由 MG1、MG2、复合齿轮机构（由马达减速行星齿轮机构和动力分配行星齿轮机构组成）、中间轴齿轮机构以及差速器齿轮机构组成。这套装置通过行星齿轮无缝且有效地进行动力分配，齿圈连接着电动机驱动轮胎，太阳轮连接着发电机，利用发动机的动力进行发电，发动机连接于行星齿轮架，驱动齿圈和太阳轮旋转。

每个不同车速，ECU 计算出发动机需要的转速，然后再计算出 MG1 电机的目标转速，通过改变 1 号电机的转速使发动机加速或减速，从而实现像无级变速箱那样平滑地变速。MG2 电机通过减速齿轮和差速器来给车轮补充更多的扭矩驱动车辆，使丰田的 HEV 车型要比同排量内燃机车型有更好的动力表现。通过这套行星齿轮组协同两个电机各自何时作为电动机、何时作为发电机来给 HV 蓄电池充电。

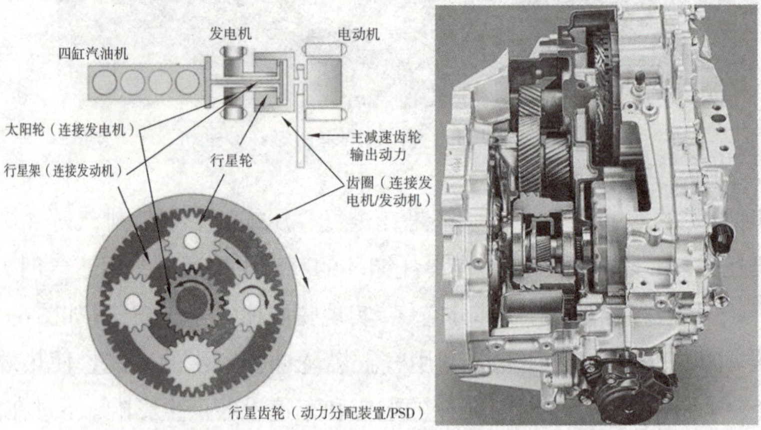

图 6-2-5　混合动力车辆传动桥总成（ECVT）结构

为了适应 TNGA 平台上诞生的所有新车，整套动力系统的体积一定要缩小。表现优异的 ECVT 变速箱被改造成平行轴结构，原来的动力系统把发动机、MG1 电机、行星齿轮组、MG2 电机一整列串起来；而新一代的普锐斯，驱动电机的减速机构，转而采用了平行轴齿轮，这就相当于 MG1 电机、MG2 电机肩并肩横向布置，如图 6-2-6 所示。现在的平衡轴结构让整个变速箱更短部件更少，摩擦更低，整体能效上升。一系列的改进，让第 4 代普瑞斯的纯电行驶极速从 70 km/h 上升至 110 km/h。

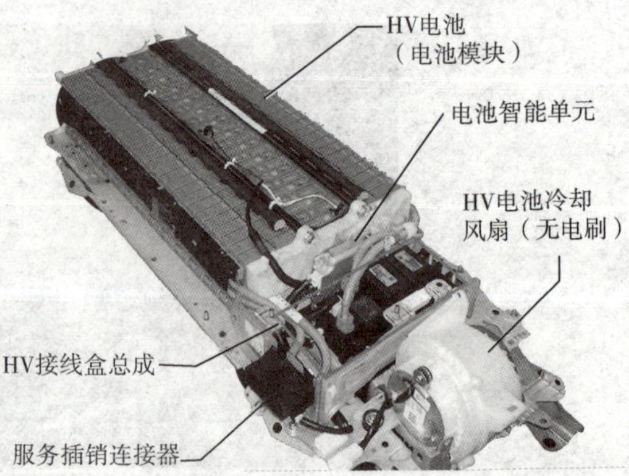

图 6-2-6　HV 蓄电池总成

3. HV 蓄电池

目前在售的第 3 代普锐斯 HV 蓄电池额定电压 201.6 V 的密封镍氢蓄电池，

采用强制风冷散热，如图 6-2-7 所示。该电池安装在后排座椅下方（图 6-2-8）。普锐斯 4 代新增锂电池，锂电池数为 56 节，体积为 30.5 L，电压为 207.2 V，容量为 3.6 Ah；镍氢电池仍为 168 节，电池体积为 35.5 L，电压为 201.6 V，容量为 6.5 Ah。

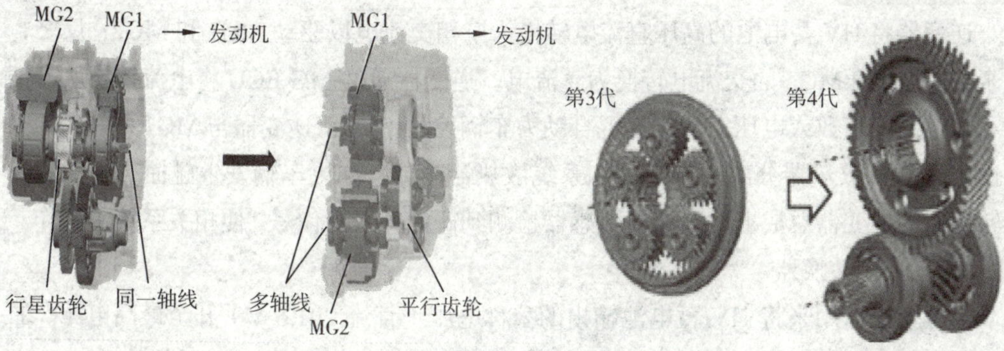

图 6-2-7　丰田电动式传动桥（ECVT）结构进化

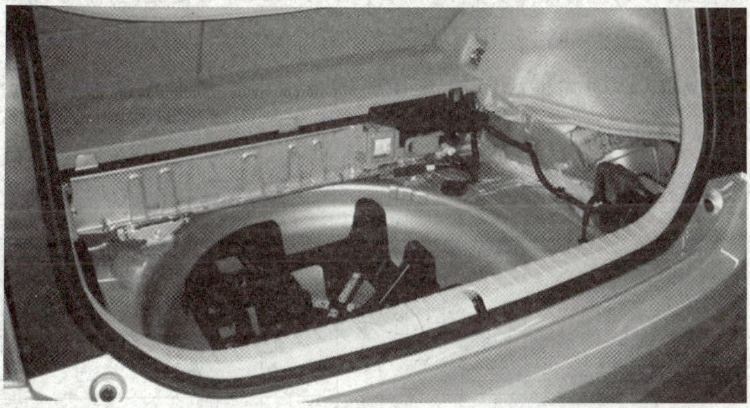

图 6-2-8　HV 蓄电池安装后排座椅下方

4. 带转换器的变频器总成

带转换器的变频器总成在卡罗拉、凯美瑞双擎车型手册中也称为带转换器的逆变器总成，控制着车辆行驶时的电动机的电流供给，实现车辆前进、加速和倒退，并且在需要时控制能量回收机构向电池充电。另外，还负责将高压直流电降为 14 V 直流电，为辅助蓄电池充电和全车低压电器供电。带转换器的变频器总成主要是由逆变器、增压转换器、DC/DC 转换器组成（见图 6-2-9）。从第 1 代到第 4 代，

图 6-2-9　带转换器的变频器总成

丰田在逐代上都进行了小型轻量化的升级，并实现了体积和质量减小一半、功率密度提升 2.5 倍的成果。另外，提高冷却性能也是丰田一直研发的核心，研发了世界首创的“直接冷却结构”。

（1）逆变器

逆变器将 HV 蓄电池的高压直流电转换为三相交流电以驱动 MG1 和 MG2；反之，将来自 MG1 和 MG2 的交流电转换为直流电。逆变器通过 MG ECU 将电流控制所需信息（如输出安培数或电压）传输至混合动力车辆控制 ECU。逆变器与 MG1 和 MG2 一起由与发动机散热器分离的专用冷却系统散热器冷却。如果车辆发生碰撞，则安装在带转换器的逆变器总成上的断路器传感器检测到碰撞并发出信号，使相关系统不工作。

（2）增压转换器

增压转换器用来将 HV 蓄电池输出的公称电压（直流 201.6 V）升至最高电压（直流 650 V），如图 6-2-10 所示。增压转换器由带一对内置绝缘栅双极晶体管（IGBT）（可执行切换控制）的增压智能电源模块（增压 IPM）和起感应作用并能存储能量的电抗器组成。增压转换器通过使用这些零部件升高电压。MG1 和 MG2 发电时，逆变器将其产生的交流电转换为最高电压 650 V 的直流电，然后增压转换器将电压降至约直流 201.6 V，从而对 HV 蓄电池充电。

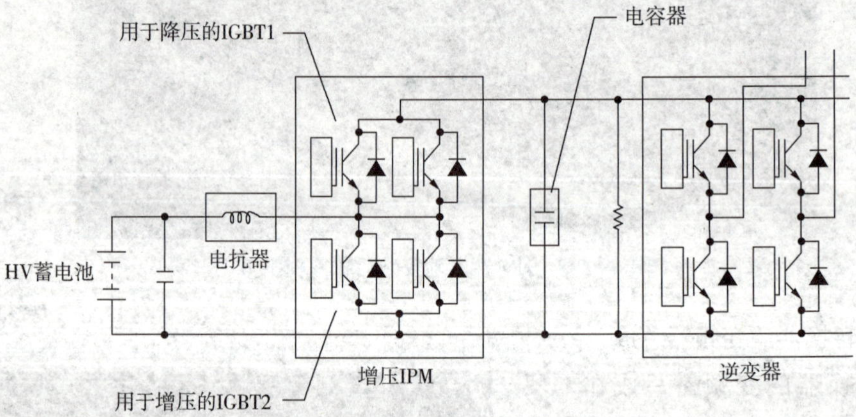

图 6-2-10　增压转换器电路原理

（3）DC/DC 转换器

DC/DC 转换器将 201.6 V 直流电降为 14 V 直流电以为辅助蓄电池充电，并为辅助系统提供动力（相当于常规车辆交流发电机的功能）。它的工作原理如图 6-2-11 所示。第 4 代丰田普锐斯的 DC/DC 转换单元相当紧凑，并且使用了铜条母线镶嵌变压器线圈工艺，大幅降低模块厚度，增强散热，降低重心，以满足紧贴变速箱安装的振动及散热要求。由于该新工艺的使用，其体积减小了 45%，同时质量也减小了 58%。同时，通过扩大输出电压范围至 11~15 V，减小了 8% 的电气损失。

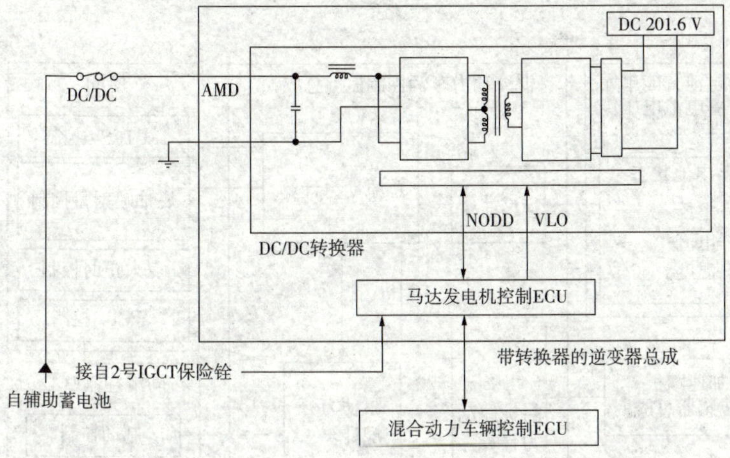

图 6-2-11　DC/DC 转换器电路原理

扫一扫

5. 丰田混合动力系统（THS-II）控制

（1）混合动力车辆控制

混合动力车辆控制 ECU 使用来自加速踏板位置传感器的信号检测踩下加速踏板的量。混合动力车辆控制 ECU 接收来自 MG2 解析器的车速信号，并检测来自换挡杆位置传感器的换挡杆位置信号。混合动力车辆控制 ECU 根据该信息判断车辆的工作情况，并对 MG1、MG2 和发动机的原动力进行优化控制。此外，混合动力车辆控制 ECU 对 MG1、MG2 和发动机的输出功率和扭矩进行优化控制，从而实现更低的燃油消耗和更清洁的废气排放。

混合动力车辆控制 ECU 根据计算出的目标原动力以及 HV 蓄电池的 SOC 和温度计算发动机原动力。目标原动力减去发动机原动力所得的值即为 MG2 原动力（见图 6-2-12）。混合动力车辆控制 ECU 发出发动机目标转速和所需的发动机原动力，发动机 ECM 通过控制 ETCS-i、燃油喷射量、喷油正时、 VVT-i 和 EGR，达到所需发动机原动力，如图 6　2-13 所示。

（2）系统监视控制

混合动力车辆控制 ECU 持续监视 HV 蓄电池的充电状态（SOC）。SOC 过低时，混合动力车辆控制 ECU 提高发动机的输出功率，使 MG1 运行对 HV 蓄电池充电。发动机停止时，MG1 运行以启动发动机，然后发动机使 MG1 运行以对 HV 蓄电池充电。如果 SOC 低或 HV 蓄电池模块、MG1 或 MG2 的温度高于规定值，则混合动力车辆控制 ECU 限制施加到驱动轮的原动力大小，直至温度或 SOC 恢复到正常值。换挡杆置于 N 位置时，切断 MG1 和 MG2。这是由于 MG2 与前轮机械相连，必须电动停止 MG1 和 MG2 切断原动力。

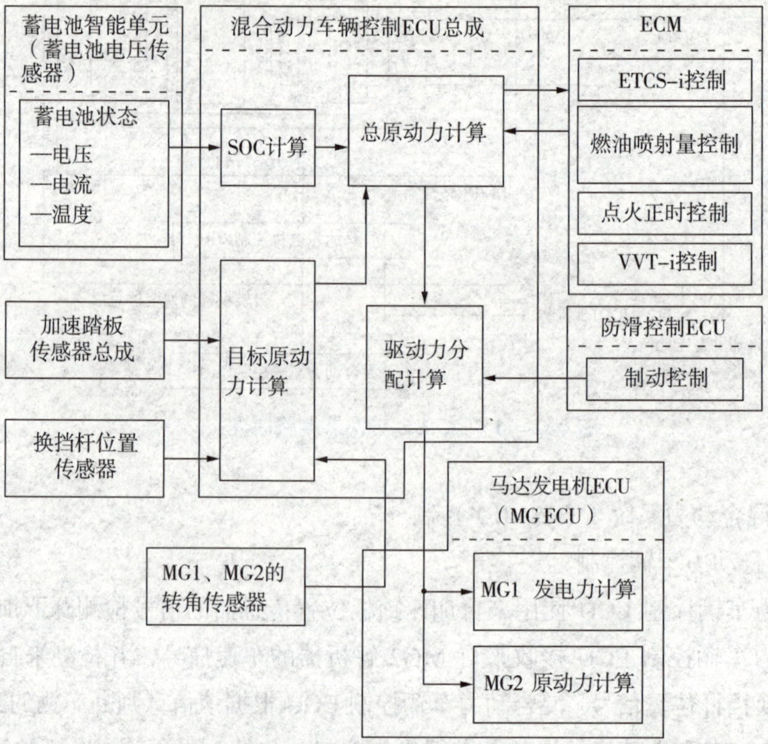

图 6-2-12　原动力计算流程图

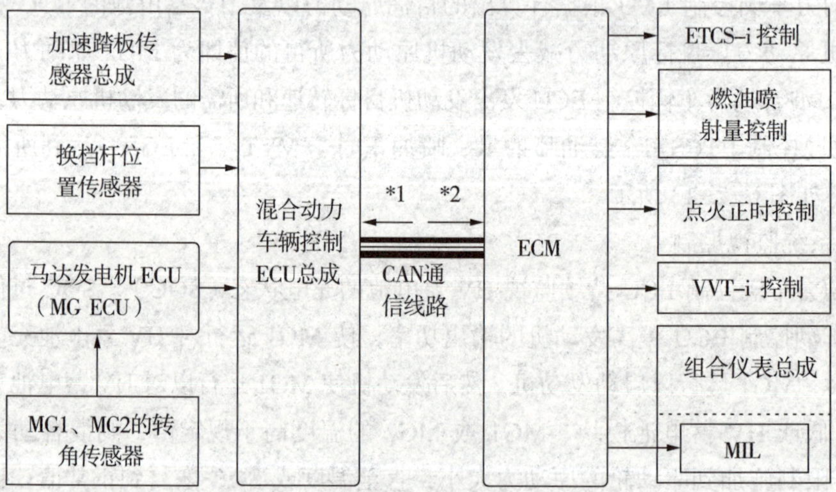

*1—发动机工作状态；*2—发动机控制请求。

图 6-2-13　发动机动力控制图

（3）丰田混合动力系统 THS 工作过程

①起步工况：当汽车启动时，充分利用电机启动时的低速扭矩，THS 仅利用动力电池向电机提供功率驱动车辆启动，此时发动机处在关闭状态，因为发动机不能在低速下输出驱动扭矩，而电机可以在低速下高效地驱动车辆起步行驶。

②中、低速行驶工况：如图 6-2-14 所示，在低速和中下车速时，由高效利用能量的电动机驱动行驶。因此，在用低速、中速行驶时，THS 混合动力系统使用动力电池的电能，驱动车辆行驶。

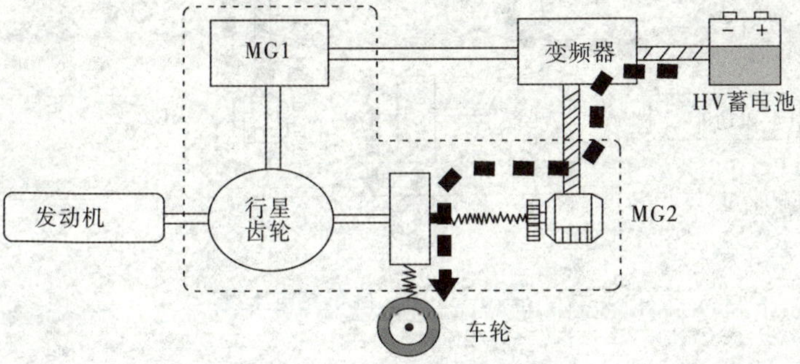

图 6-2-14　中、低速行驶工况

③正常行驶工况：如图 6-2-15 所示，正常行驶时低油耗的驾驶，使用发动机作为主要动力源，THS 混合动力系统采用发动机，使它在能产生最高效功率的速度带驱动。在这一行驶工况中，由发动机产生的动力直接驱动车轮，依照驾驶状况部分动力被分配给发电机，由发电机产生的动力用来驱动电动机和辅助发动机。利用发动机和电动机这一双重传动系统，发动机产生的动力以最小消耗驱动车辆。

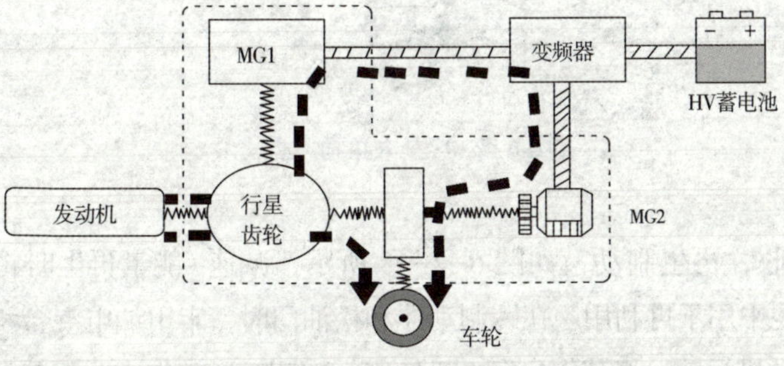

图 6-2-15　正常行驶工况

④行车充电工况：如图 6-2-16 所示，当动力电池的电量少时，发动机输出功率会被提高以加大发电量，来给 HV 蓄电池充电。一般行驶时 / 剩余能量充电将剩余能量用于 HV 蓄电池充电，因为丰田油电混合动力系统在高速运转时是采用发动机驱动，而发动机有时会产生多余的能量。多余的能量由发电机转化为电力，用于储存在蓄电池中。

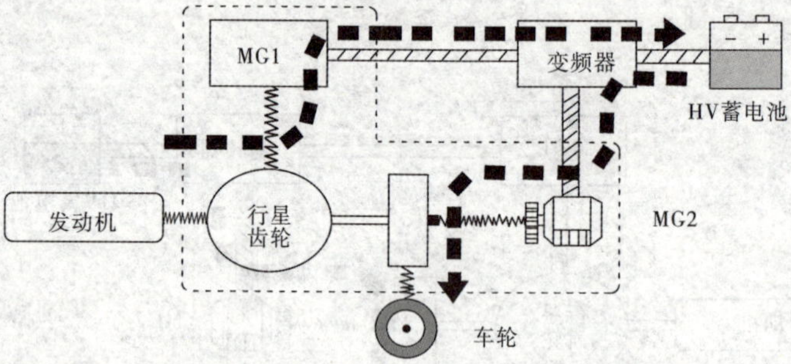

图 6-2-16　行车充电工况

⑤大负荷工况：如图 6-2-17 所示，全速开进（行驶）时利用双动力获得更强加速，在需要强劲加速力（如爬陡坡及超车）时动力电池也提供能量，来加大电动机的驱动力。

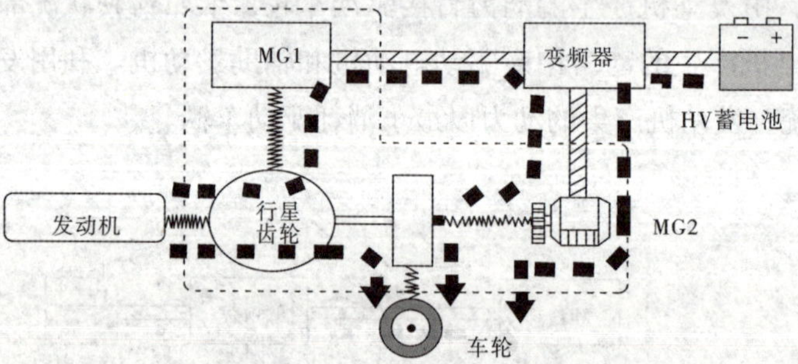

图 6-2-17　大负荷工况

⑥能量回收，再生制动：如图 6-2-18 所示，减速 / 能量再生时将减速时的能量回收到 HV 蓄电池中用于再利用。在踩制动器和松油门时，丰田油电混合动力系统使车轮的旋转力带动电动机运转，将其作为发电机使用。减速时通常作为摩擦热散失掉的能量，再次被转化为电能，回收到 HV 蓄电池中进行利用。

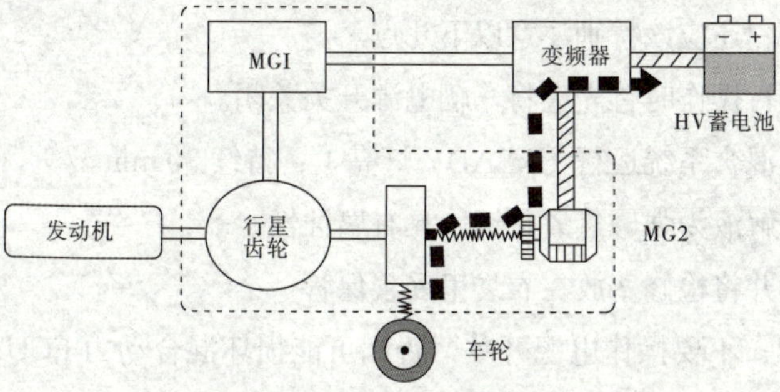

图 6-2-18　能量回收，再生制动

三、混合动力汽车保养和维修注意事项

扫一扫

1. 丰田普锐斯保养

普锐斯的电动机是不需要保养的，蓄电池保修期长达 8 年或 20 万千米。发动机按正常自然吸气的汽车保养就可以。配件的更换周期方面见表 6-2-2。

表 6-2-2　一汽丰田普锐斯车型官方保养周期表

周期 /km	机油机滤	空气滤清器	汽油滤清器	空调滤清器	刹车油	自动变速箱油	火花塞
10 000	×2	●	–		○	○	○
20 000	×2	●	–		○	○	○
30 000	×2	●	–		○	○	○
40 000	×2	●	–		●	●	○
50 000	×2	●	–		○	○	○
60 000	×2	●	–		○	○	○
70 000	×2	●	–		○	○	○
80 000	×2	●	–	每年两次	●	●	●
90 000	×2	●	–		○	○	○
100 000	×2	●	–		○	○	○
110 000	×2	●	–		○	○	○
120 000	×2	●	–		●	●	○
130 000	×2	●	–		○	○	○
140 000	×2	●	–		○	○	○
150 000	×2	●	–		○	○	○

备注：机油机滤为 5 000 km 更换一次，“–”代表不用更换
表格中 10 000 km 含两次保养

混合动力汽车具有两套动力系统（发动机和电机），在维护检修时除了遵守传统燃油车的注意事项外，还应该特别注意以下几点。

①对高压系统进行操作时首先应将车辆电源开关关闭。

②每两个月保证混合系统运行（READY 灯亮），持续 30 min。

③高压蓄电池电解液为强碱氢氧化钾，具有腐蚀性。

④拆下检修塞，并将检修塞放在衣袋里妥善保管。

⑤拆下检修塞后，不要操作电源开关，否则可能损坏混合动力 ECU；至少将车辆放置 10 min 后再进行其他操作，因为至少需要 10 min 的时间对变频器内的高压电容器进行放电。

⑥混合动力系统使用高电压，启动后系统可能变得很烫，小心高压高温。务必遵守车辆警告标签上的内容。

⑦在进行高压系统作业时，应在醒目的地方摆放警告标志，以提醒他人。

⑧不要随身携带金属物体或其他导电体，以免不小心掉落引起线路短路。

⑨拆下高压配线后应立刻用绝缘胶带将其包好，保证其完全绝缘。

⑩低压蓄电池电量耗尽，以与常规车辆相似的方式进行跨接启动。但尽量不要以相似方式跨接启动其他车辆，这样会烧毁自己或他人车上电气设备。

⑪ 电源开关在 ON 位置时，发动机自动启停，此时仪表板的 READY 灯会点亮。对发动机舱进行维护前，应将 HV 主系统关闭。

⑫ 在检查模式下，主警告灯点亮时，解除检查模式检查诊断区域。

⑬ 解除检查模式前行驶，可能会导致变速驱动桥损坏。另外，救援拖车最好保证前轮离地。

四、电池管理系统的检修

1. 系统主继电器（SMR）控制

SMR 是根据混合动力车辆控制 ECU 总成的信号连接和断开 HV 蓄电池和电源电缆（HV 地板底部线束）的继电器。共配备有 3 个继电器：SMRB 用于蓄电池正极（+）侧，SMRG 用于蓄电池负极（-）侧，SMRP 则用于预充，其位置分布如图 6-2-19 所示，控制电路如图 6-2-20 所示。

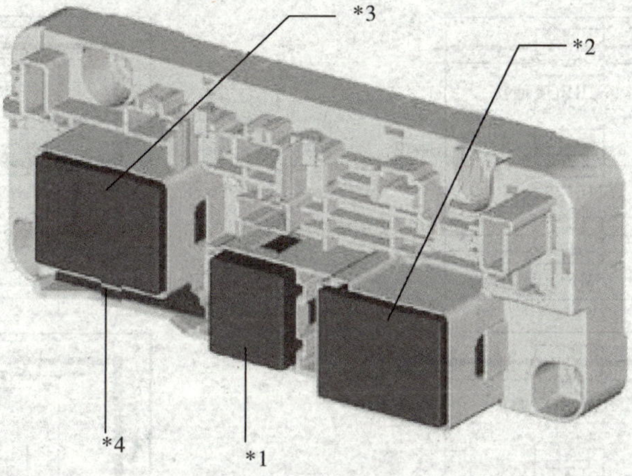

1— SMRP；2— SMRB；3— SMRG；4—预充电电阻器。

图 6-2-19　主继电器位置图

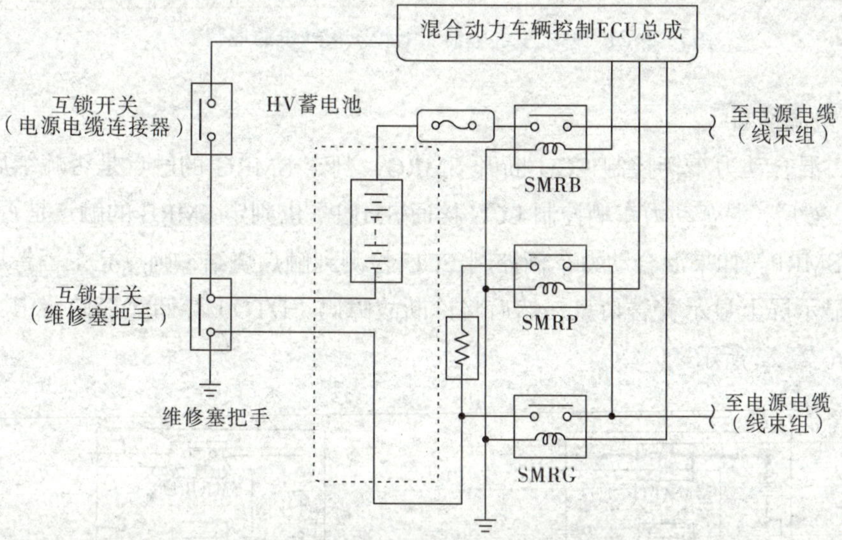

图 6-2-20　系统主继电器（SMR）控制

扫
扫

（1）电源接通

首先，混合动力车辆控制 ECU 接通 SMRB，然后接通 SMRP。混合动力车辆控制 ECU 在接通 SMRG 后，断开 SMRP。电流首先经过电阻器，从而保护了电路中的触点，避免其因浪涌电流而受损。控制过程如图 6-2-21 所示。

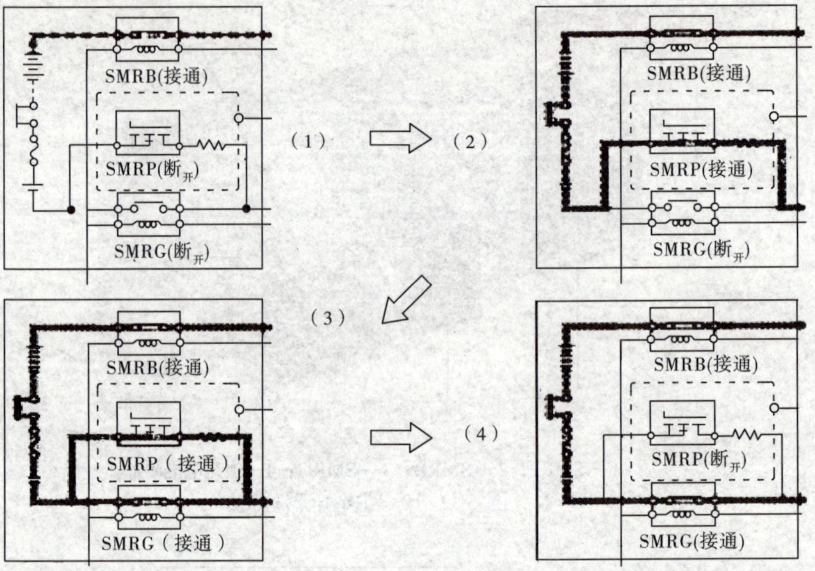

图 6-2-21　系统主继电器（SMR）接通电源控制

（2）电源切断

首先，混合动力车辆控制 ECU 断开 SMRG，判定 SMRG 的触点是否烧结后，断开 SMRB。然后，混合动力车辆控制 ECU 接通 SMRP，以判定 SMRB 的触点是否烧结，接着断开 SMRP。如果混合动力车辆控制 ECU 检测到触点烧结，则点亮主警告灯，并在多信息显示屏上显示警告信息，然后将诊断故障码（DTC）存储在存储器中。控制过程如图 6-2-22 所示。

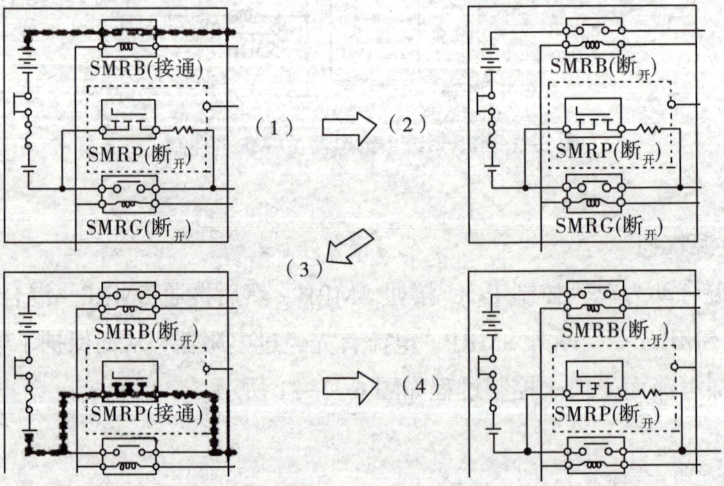

图 6-2-22　系统主继电器（SMR）切断电源控制

2. 充电状态（SOC）控制

混合动力车辆控制 ECU 通过估算 HV 蓄电池的充电和放电安培数计算其充电状态（SOC）并加以控制。这使混合动力系统根据蓄电池内存储的电力作出控制决定。车辆行驶过程中，HV 蓄电池经过反复的充电 / 放电循环，在加速过程中由 MG2 放电，在减速过程中由再生制动充电。SOC 过低时，混合动力车辆控制 ECU 总成提高发动机的输出功率以操作 MG1，从而对 HV 蓄电池充电。通过以上控制以使 SOC 保持接近目标水平约为 60%。最大值约为 80%（通常控制上限约为 75%），最小值约为 20%（通常控制下限约为 30%），如图 6-2-23 所示。

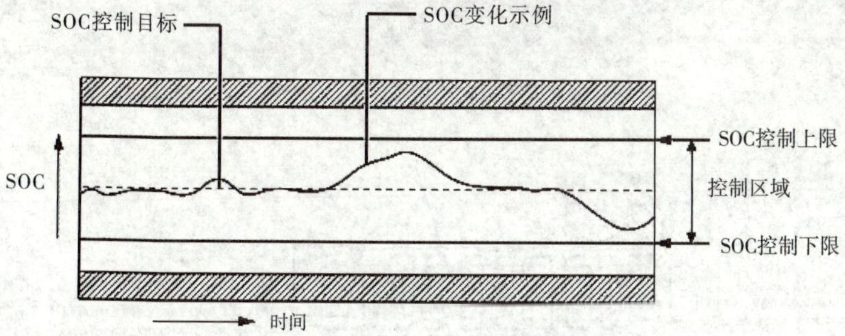

图 6-2-23　SOC 控制过程示意图

3. 蓄电池总成的温度控制

混合动力车辆控制 ECU 通过 HV 蓄电池总成内的温度传感器监视蓄电池的温度，混合动力车辆控制 ECU 使用占空比控制对冷却风扇进行无级驱动，从而使 HV 蓄电池总成的温度保持在规定范围内，如图 6-2-24 所示。

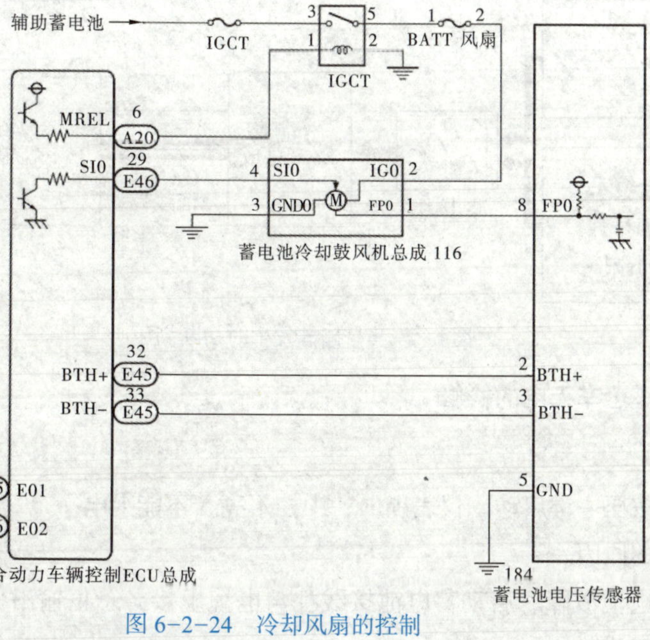

图 6-2-24　冷却风扇的控制

空气从位于左后乘坐位置下方的饰板进入，如图 6-2-25 所示，实现更为有效的冷却效果。另外，冷却空气进气外框上提供有空气滤清器。注意：如果通风口堵塞，混合动力蓄电池会过热，导致混合动力蓄电池输出降低并且会损坏。建议定期使用真空吸尘器清洁进气通风口，以防混合动力蓄电池过热。不要让水或异物进入进气通风口内，否则可能导致混合动力蓄电池短路或损坏。

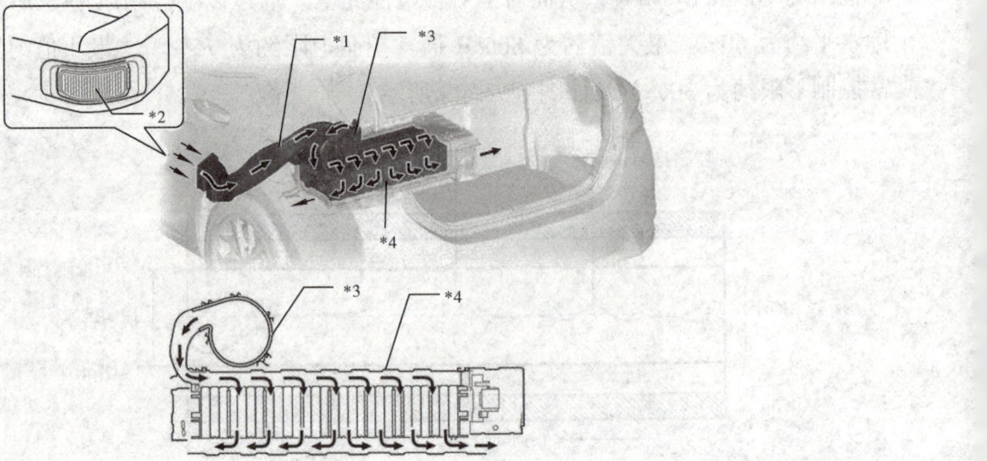

1—进气管；2— HV 蓄电池进气过滤器；3—蓄电池冷却鼓风机总成；4— HV 蓄电池总成。

图 6-2-25　风冷 HV 蓄电池

4. 碰撞过程中切断高压电路

在车辆发生正面碰撞、侧面碰撞或后面碰撞过程时，混合动力车辆控制 ECU 接收到碰撞信号通过断开系统主继电器切断电源，以确保安全，如图 6-2-26 所示。

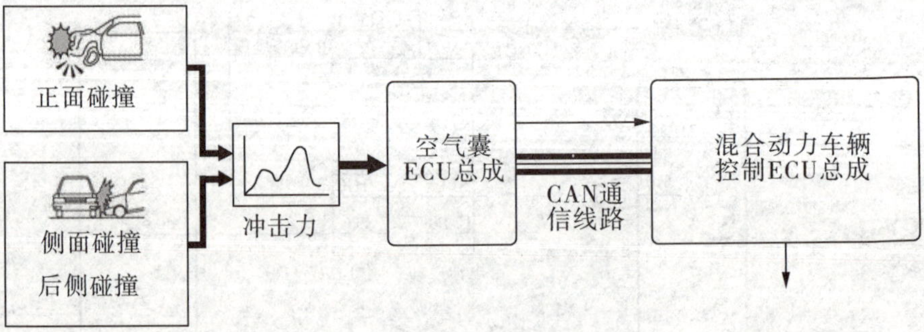

图 6-2-26　碰撞发生时切断高压

五、汽车全车无电的检修

1. 现象

踩刹车按压一键启动，仪表黑屏、中控不亮、不能上电。

2. 可能的原因

启动蓄电池故障、启动蓄电池接线柱与电缆虚接、总正输出保险损坏、总负搭铁线路及车身搭铁点故障、配电盒及相关线束故障。

注意：很多混动车型启动蓄电池在后备箱内，如图 6-2-27 所示。

图 6-2-27　装在后备箱的启动蓄电池

3. 综合分析制定策略

根据按压一键启动开关仪表黑屏中控不亮，基本范围为整车电源和配电故障。因此，本故障检测围绕启动蓄电池进行展开。首先利用万用表测电压初步判断。若亏电或无电，先充电，再用性能测试仪检测蓄电池确定是否更换。若电压正常，确认蓄电池接线柱和电缆连接情况是否正常；测量总正保险丝和总负搭铁以及配电盒是否正常。

六、驱动桥异响的检修

1. 现象

混合动力车辆传动桥发出大的"咔咔"声。

2. 可能的原因

①混合动力车辆变速器发出较大响振。

②变速器输入减震器总成故障。

③混合动力车辆传动桥总成故障。

④发动机缺火。

3. 排除方法

①检查怠速（ISC 学习）。

②检查变速器输入减震器总成。

③检查混合动力车辆传动桥总成。

④排查发动机缺火的原因。

技能实训一　更换 P410 混合动力传动桥油

准备项目	具体准备内容
防护用品准备	绝缘手套、抹布、防护镜
场地准备	理实一体化教室或实训车间
工具、材料准备	丰田卡罗拉双擎汽车、丰田原厂诊断仪、万用表、电流钳、举升机、世达 09514、内饰翘板套装

一、目的

能够对混合动力传动桥外基本检查和保养。

二、实训步骤及内容

（1）拆卸发动机 1 号底罩

（2）更换混合动力传动桥油

①确认车辆水平，举升车辆。

②用 10 mm 六角套筒扳手，从混合动力车辆传动桥总成上拆下加注塞和衬垫。

③用 10 mm 六角套筒扳手，从混合动力车辆传动桥总成上拆下排放塞和衬垫，并排放混合动力传动桥油。

④用 10 mm 六角套筒扳手，暂时将放油螺塞和衬垫安装到混合动力车辆传动桥总成上。

⑤加注混合动力传动桥油直至混合动力传动桥油位在注油螺塞开口下唇 0~10 mm（0~0.394 inch）。

⑥用 10 mm 六角套筒扳手，暂时将加注塞和衬垫安装到混合动力车辆传动桥总成上。

⑦降低车辆。

⑧将发动机置于检查模式（保养模式）。

⑨ 在电源开关转到 ON（READY）的情况下怠速运转发动机 30 s。

⑩ 将电源开关转到 OFF。

⑪ 重复步骤① ~ 步骤⑩。

⑫ 重复步骤① ~ 步骤③。

⑬ 用 10 mm 六角套筒扳手，将排放塞和新衬垫安装到混合动力车辆传动桥总成上，扭矩为 50 N · m。

⑭ 用 10 mm 六角套筒扳手，暂时将加注塞和衬垫安装到混合动力车辆传动桥总成上。

（3）添加混合动力传动桥油

①用 10 mm 六角套筒扳手，从混合动力车辆传动桥总成上拆下加注塞和衬垫。

②加注混合动力传动桥油直至混合动力传动桥油位在注油螺塞开口下唇 0~10 mm（图 6-2-28），约用 3.4 L。

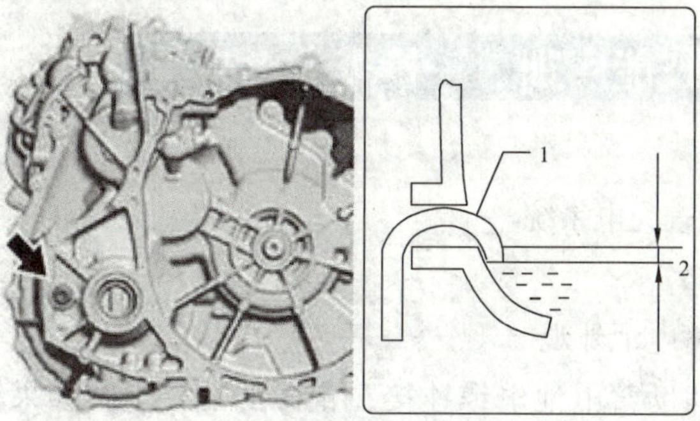

1—注油喷嘴；2— 0~10 mm。

图 6-2-28　传动桥油液液位高度示意图

③加注混合动力传动桥油后，静置 30 s 使混合动力传动桥油面再次静止，然后检查并确认混合动力传动桥油位在注油螺塞开口下唇 0~10 mm。如果混合动力传动桥油油位低，则再次添加，静置 30 s 后确认液位正常。

④用 10 mm 六角套筒扳手，暂时将加注塞和衬垫安装到混合动力车辆传动桥总成上。

（4）检查混合动力传动桥油

①用 10 mm 六角套筒扳手，从混合动力车辆传动桥总成上拆下加注塞和衬垫。

②检查并确认混合动力传动桥油油位在注油螺塞开口下唇 0~10 mm。

③用 10 mm 六角套筒扳手，将加注塞和新垫片安装到混合动力车辆传动桥总成上，扭矩为 50 N · m。

（5）检查混合动力传动桥油是否泄漏

（6）安装发动机 1 号底罩

三、注意事项

①检查混合动力传动桥油时，确保车辆水平。

②确保直接检查并确认混合动力传动桥油油位在规定范围内。

③在混合动力传动桥油不足或过量的情况下驾驶车辆，可能损坏混合动力车辆传动桥总成。

④如果更换混合动力传动桥油或加注混合动力传动桥油，则确保驾驶车辆后重新检查混合动力传动桥油油位。

扫一扫

技能实训二　检查充电系统

一、目的

能够熟练就车检查充电系统。

二、实训步骤及内容

（1）检查辅助蓄电池外观

①检查并确认辅助蓄电池电缆连接在正确的端子上。如果错误，则将其纠正。

②检查辅助蓄电池是否损坏和变形。如果发现严重损坏、变形或泄漏，则更换辅助蓄电池。

（2）测量辅助蓄电池电压

①将电源开关转到 OFF；打开远光灯 30 s，以去除蓄电池表面电荷。

②将检测仪正、负极对应接连接辅助蓄电池正、负极，测量结果为 12 V 或更大正常；若不足 12 V，则需对辅助蓄电池再充电。

（3）对辅助蓄电池再充电

将充电机正、负极对应连接辅助蓄电池的正、负极。正常充电电流应小于 5 A。

（4）检查辅助蓄电池端子、熔断丝和保险丝

①检查并确认辅助蓄电池端子无松动或腐蚀。如果端子松动，则紧固（紧固扭矩 5 N · m）；若有腐蚀则清洁端子。

②测量辅助蓄电池充电系统各熔断丝和保险丝的电阻。标准电阻应小于 1 Ω。如果结果不符合规定，则根据需要更换符合规格的熔断丝或保险丝。

（5）检查 AMD 端子

特别提醒：橙色线束和连接器表示高压电路，为防止电击，对高压系统的线束和组件进行操作时应戴绝缘手套并确保遵循修理手册中的步骤。

①拆下维修塞把手，步骤如图 6-2-29 所示。

a. 检查 DTC，确认 DTC P0AA6（混合动力蓄电池电压系统绝缘故障）未输出。如果输出该 DTC，则首先对该 DTC 执行故障排除。

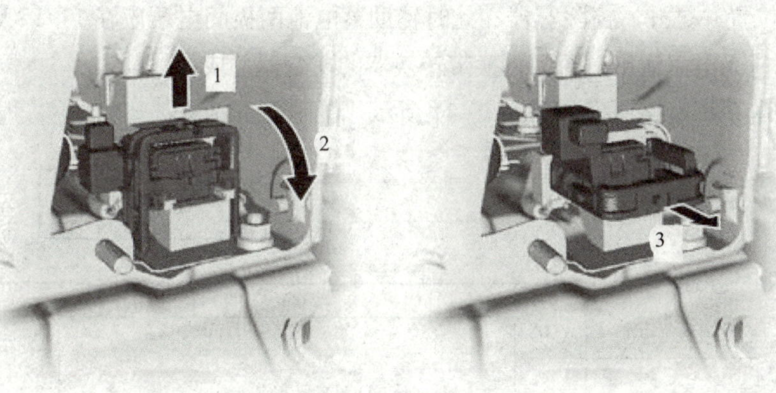

图 6-2-29　维修塞把手拆卸

b. 拆卸辅助蓄电池负极端电缆，并用绝缘胶带包扎负极柱。

c. 拆卸备胎罩。

d. 分离两个紧固件，拆下行李箱前装饰罩。

e. 用绝缘工具从 HV 蓄电池上拆下两个螺母，拆卸 HV 蓄电池遮蔽板。

f. 戴绝缘手套拆卸维修塞把手。

②检查并确认 AMD 端子牢固连接（螺栓为 8.5 N · m、螺母为 8 N · m），且无接触故障。如果有任何电弧痕迹，则更换受影响的部件。

③安装维修塞把手：戴绝缘手套时，按图 6-2-30 中箭头 1 暂时安装维修塞把手。朝向 HV 蓄电池旋转维修塞把手手柄 90°，并朝图 6-2-30 中箭头 3 方向滑动，直至听到一声“咔哒”声，维修塞把手安装完成。

④检查 DC/DC 转换器功能：将 AC/DC 400 A 探针连接到辅助蓄电池正极电缆上，测量蓄电池输出电流；将电源开关转到 ON（READY）并静置车辆，直至流入辅助蓄电池的电流变为 10 A 或更大；打开远光灯，将鼓风机马达开关切换

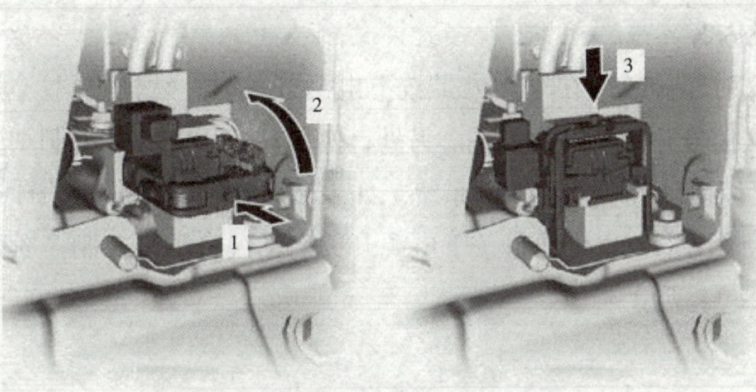

图 6-2-30　维修塞把手安装

至 HI 位置并打开后窗除雾器；此时辅助蓄电池两极间电压应在 13~15 V 且辅助蓄电池应无电流输出，否则更换带转换器的逆变器总成。

充电系统电路原理如图 6-2-31 所示。

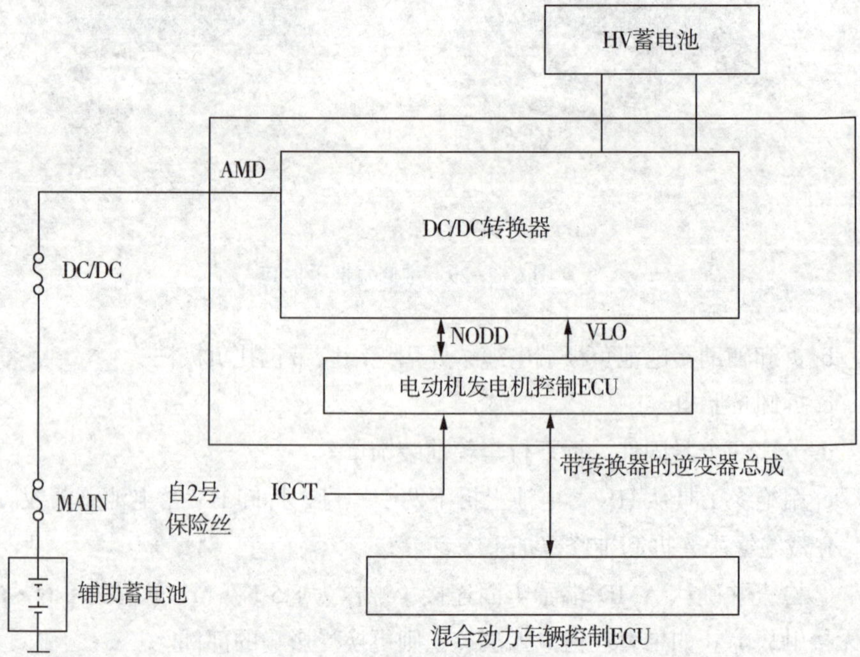

图 6-2-31　蓄电池充电系统系统原理

技能实训三　电源模式不能切换至 ON(READY)

一、目的

能够对混合动力车辆不上高压电故障进行检诊断。

二、实训步骤及内容

电子钥匙发射器分总成在车厢内且按下电源开关时，认证 ECU（智能钥匙 ECU 总成）接收信号并切换电源模式。另外，换挡杆置于 P 并踩下制动踏板时，按下电源开关可以启动混合动力控制系统。如果转向开锁，则在换挡杆置于 P 且踩下制动踏板的情况下，也可通过按下电源开关启动混合动力控制系统。启动系统原理如图 6-2-32 所示。

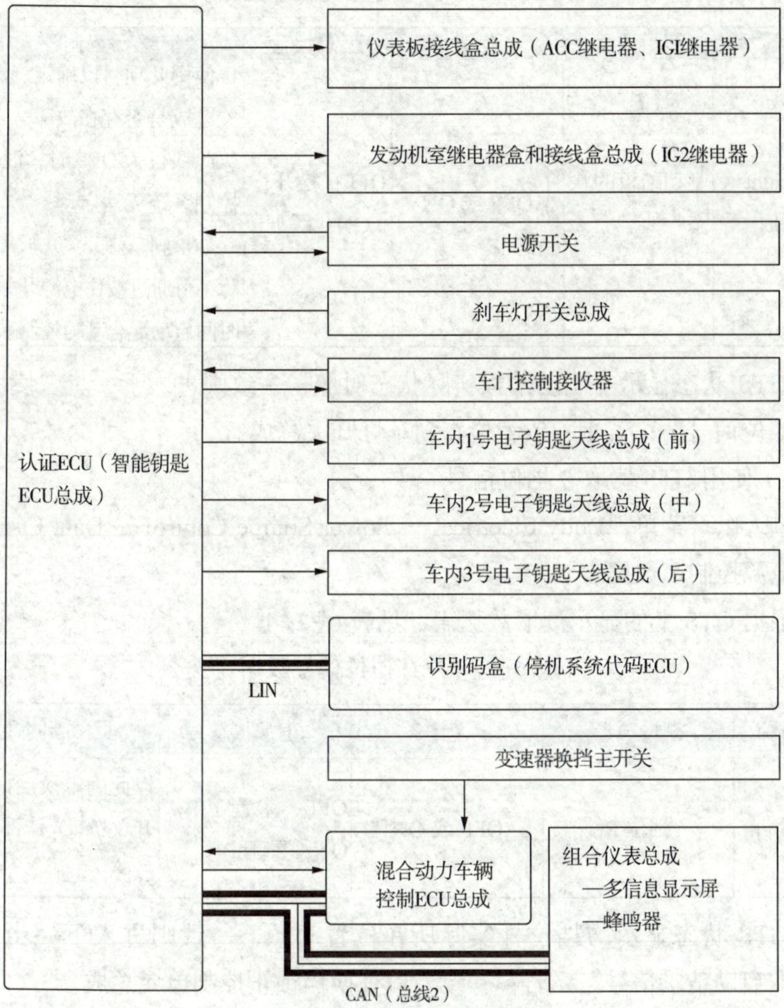

图 6-2-32 启动系统原理

（1）使用 GTS 读取值（刹车灯开关 1）

①将 GTS 连接到 DLC3，将电源开关转到 ON（IG）。

②打开 GTS，进入以下菜单：Body Electrical → Power Source Control → Data List（车身电气→ 电源控制→ 数据表）。根据 GTS 上的显示读取数据，见表 6-2-3。

表 6-2-3　刹车灯开关状态数据

检测仪显示	测量项目	范围	正常状态	诊断附注
Stop Light Switch1	制动踏板的状态	OFF 或 ON	OFF：松开；ON：踩下	1. 使用此项目以确定刹车灯开关总成是否存在故障 2. 此项目为 OFF 时，混合动力控制系统无法启动 3. 如果刹车灯开关总成出现故障，可通过按住电源开关一定的时间启动混合动力控制系统

③ GTS 状态显示与制动踏板实际状态对照，一致则进入下一步“使用 GTS 读取 P 挡位信号”；若不一致，检查刹车灯开关总成。

（2）使用 GTS 读取 P 挡位信号

①进入以下菜单：Body Electrical → Power Source Control → Data List（车身电气→电源控制→数据表）。

②根据 GTS 上的显示读取数据表，见表 6-2-4。

表 6-2-4　P 挡位信号数据

检测仪显示	测量项目	范围	正常状态	诊断附注
Shift P Sign	挡位 P	OFF 或 ON	OFF：未置于 P；ON：置于 P	以此确定换挡杆位置开关（P）是否存在故障

③ GTS 状态显示与挡位杆实际所在位置对照，一致则进入下一步“使用 GTS 读取启动请求信号”；若不一致，检查换挡锁止控制单元总成。

（3）使用 GTS 读取启动请求信号

①进入以下菜单：Body Electrical → Power Source Control → Data List（车身电气→电源控制→数据表）。

②根据 GTS 上的显示读取数据表，见表 6-2-5。

表 6-2-5　启动请求信号数据

检测仪显示	测量项目	范围	正常状态	诊断附注
Starter Request Signal	混合动力控制系统启动请求信号状态	OFF 或 ON	OFF：未按电源开关； ON：换挡杆置于 P，踩下制动，按住电源开关	由于启动请求信号故障，混合动力控制系统无法启动时，显示 OFF

③ GTS 状态显示与实际所操作行为对照，一致则进入下一步“检查认证 ECU（智能钥匙 ECU 总成）与动力管理 ECU 总成之间线束和连接器”；若不一致，检查转向锁功能。

（4）检查认证 ECU 与动力管理 ECU 总成之间线束和连接器

①断开认证 ECU（智能钥匙 ECU 总成）连接器 E31；断开动力管理 ECU 总成连接器 E23。

②根据表 6-2-6 中的值测量电阻。

表 6-2-6　认证 ECU 与动力管理 ECU 总成之间线束标准电阻

检测仪连接	条件	规定状态
E31-7—E23-4	始终	小于 1 Ω
E31-7（或 E23-4）—其他端子和车身接地	始终	10 kΩ 或更大

③记录并对照表中规定状态，一致则进入下一步“检查认证 ECU（智能钥匙 ECU 总成）”；若不一致，修理或更换线束或连接器。

（5）检查认证 ECU（智能钥匙 ECU 总成）

①连接认证 ECU（智能钥匙 ECU 总成）连接器 E31；连接动力管理 ECU 总成连接器 E23。

②根据表 6-2-7 中的值测量电压。

表 6-2-7　认证 ECU 启动请求信号电压

检测仪连接	条件	规定状态
E31-7—车身接地	踩下制动踏板时，按住电源开关 → 经过大约 3 s 后，松开电源开关	8.5 V 或更高 → 1.0 V 或更低

学后测试

①你知道的丰田混合动力汽车有哪几款？

②简述丰田混合动力系统的组成。

③简述阿特金森循环发动机的特点。

④混合动力汽车检修时需要注意哪些事项？

⑤分析电源模式不能切换至 ON（READY）的可能原因。

项目七
电动汽车车型实例

任务一 认识特斯拉电动汽车

教学目标

知识目标

· 了解特斯拉电动汽车结构特点。

· 掌握特斯拉电动汽车保养和维修操作过程。

技能目标

· 能独立描述特斯拉纯电动汽车组成及相互部件间的连接关系。

· 能独立进行特斯拉纯电动汽车的维护保养。

素养目标

· 养成严谨求实的科学态度，激发学生的求知欲望。

· 培养学生的探索精神和创新意识。

知识链接

特斯拉（Tesla）是一家美国电动汽车及能源公司，产销电动汽车、太阳能板及储能设备。

特斯拉第 1 款汽车产品 Roadster 发布于 2008 年，为一款两门运动型跑车。2012 年，特斯拉发布了第 2 款汽车产品——Model S，一款四门纯电动豪华轿跑车；第 3 款汽车产品为 Model X，豪华纯电动 SUV，于 2015 年 9 月开始交付。特斯拉的第 4 款汽车为 Model 3，首次公开于 2016 年 3 月，并于 2017 年末开始交付。2018 年 5 月 10 日，特斯拉（上海）有限公司成立。2019 年 1 月 7 日，位于上海东南的两港西大道与正嘉路交叉口，特斯拉超级工厂一期开工建设。按照规划，该工厂一期年产能为 25 万辆纯电动整车，包括 Model 3 等系列车型。特斯拉超级工厂是上海迄今最大的外资制造业项目，也是特斯拉在美国之外的首个超级工厂，2019 年 1 月开工建设。

一、特斯拉纯电动车的主要功能特点

得益于特斯拉独特的纯电动动力总成，Model 3 Performance 版（见图 7-1-1）搭载双电机全轮驱动、19 英寸轮毂和高级制动系统，悬架高度更低，在绝大部分天气条件下都拥有极佳的操控体验；碳纤维扰流板可提升高速行驶时的稳定性，使 Model 3 的加速性能达到 百千米每时仅用时 3.4 s。

图 7-1-1 Model 3

Autopilot 自动辅助驾驶旨在提升行车安全性和便利性，帮助车主应对枯燥重复的操作环节，从而更好地享受驾驶乐趣。特斯拉续航里程达 600 多千米，采用了双电机全轮驱动技术，与传统的全轮驱动系统不同，全轮驱动版搭载两台独立式电机，可精准地分配前后轮扭矩，操控性和牵引力控制更为出色。每台电机都能独立运转，在行驶途中，即使其中一台发生故障，另一台电机也可单独为车辆提供驱动力。

Model 3 是一款纯电动车，只需夜晚在家中充电，第二天即可满电出行。长途驾驶时，可通过公共充电站或特斯拉充电网络补充电量。

Model 3 的内部设计十分独特。可通过 15 英寸触摸屏操控车辆，也可使用智能手

图 7-1-2 特斯拉汽车底盘结构

机作为车钥匙，并访问触摸屏内的所有驾驶控制选项。全景玻璃车顶，整块玻璃从前舱盖根部一直延伸至车顶，使前后排乘客都拥有开阔的视野。

安全性是 Model 3 整体设计的重中之重。车身架构采用钢铝混合金属材质，保证各部位的支撑强度。在一次内部翻滚测试中，Model 3 在配置全景玻璃车顶的情况下，仍成功抵御了 4 倍于其自身质量的重压，相当于两头成年非洲象的质量。

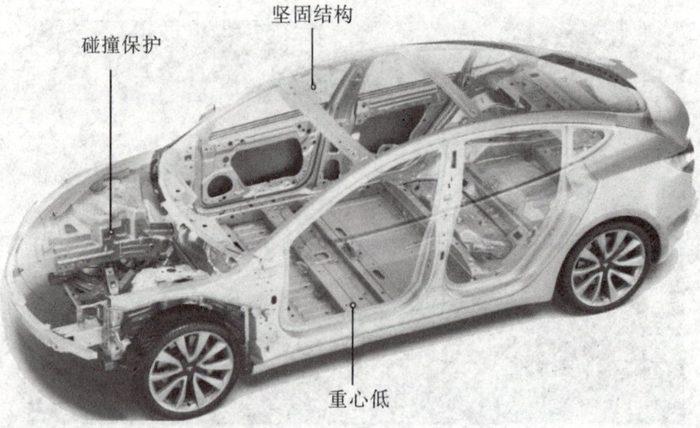

图 7-1-3 Model 3 车身架构

二、特斯拉纯电动汽车的电池技术

纯电动汽车对电池的要求是单次充电续航里程大、性能稳定可靠、安全系数高并且可循环充电次数多。

1. 特斯拉纯电动车电池

特斯拉是唯一一家直接采用 18650 型三元锂电池的公司。以特斯拉 Model S P85 为例，电机的最大输出功率为 310 kW，由三元锂电池提供，储能系统由 7 104 节 18650 串并联组成，74 并联 96 串联，电池组规格为电压 345.6 V（96 节 ×3.6 V），容量 251.6 Ah（74 节 ×3.4 Ah），因此储能为 345.6 V×251.6 Ah，约等于 85 kW·h。96 串电池组放电电流 867 A（310 kW÷345.6 V），每节 18650 放电电流 12.12 A（867 A÷74 节），相当于 3.6 V、3 400 mAh 的 18650 电池为 3.6*C* 的倍率放电。

特斯拉公司承诺为 Tesla Model S 电池组提供 8 年或是 10 万英里（1 英里 ≈1.609 km）的质量保证，汽车其他部件提供 4 年或是 5 万英里的质量保证。最近更是推出一项免费服务计划，特斯拉将为因保养不善而遭到损耗的电池组提供保修，并将为客户免费更换相同质量或性能更好的电池。

图 7-1-4 特斯拉纯电动汽车动力电池

18650受体积限制，容量普遍为2.2~3.6 Ah。于是，通过增加体积提高能量密度的21700电池成为特斯拉的策略。特斯拉与松下联合研制的新型21700电池，是目前可量产电池中能量密度最高且成本最低的电池。在现有条件下，21700电池系统的能量密度在300 Wh/kg左右，比18650电池系统的约提高20%。单体容量提升后，PACK所需配件数同比减少带动PACK成本下降。从18 650型号切换至21700型号后，电池单体电池容量可以达到3~4.8 Ah，提升35%，同等能量下所需电池的数量可减少约1/3，特斯拉Model S电动汽车使用7104节18650电池串并联成电池组，而在新款Model 3电池节数将大幅减少。

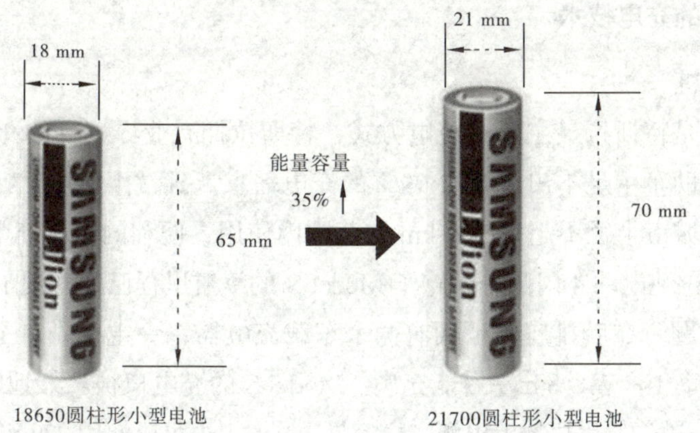

图 7-1-5　特斯拉纯电动汽车单体电池

2. 特斯拉纯电动车电池管理系统（BMS）

特斯拉将众多小电池单体组成电池组，将会大幅增加电池单体之间的不一致性，导致单体温度、电荷、电压出现不平衡现象，引起个别电池过充、过放并产生静电反应，进而降低电池组寿命以及安全性。所以，需要强大的电池管理系统来管理众多的电池。

电池管理系统是特斯拉技术的核心。电动汽车电池管理系统（Battery Management System）是连接车辆动力电池和电动汽车的重要纽带，主要功能包括电池物理参数实

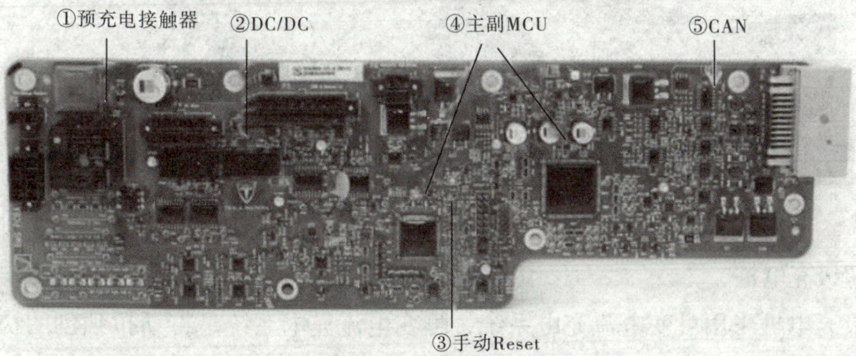

图 7-1-6　特斯拉电池管理系统 BMS 实物图

时监测，电池状态估计，在线诊断与预警，充、放电与预充控制，均衡管理和热管理等。

特斯拉电池管理系统 BMS 采用了主从架构设计，主控制器（BMU）负责高压、绝缘检测、高压互锁、接触器控制、对外通信等功能。从控制器（BMB）负责单体电压、温度检测，并上报 BMU。主控制器具备主、副双微型单片机（MCU）设计，副 MCU 可检测主 MCU 工作状态，一旦检测其失效，可获得控制权限，进一步提高安全性。比较幽默的是，BMU 上居然有一个手动 RESET 的按钮，刚看到时简直不敢相信这是汽车产品级 ECU，更像是一个计算机主板。把过强电电流的预充电接触器直接放在 BMU 上，也是一个大胆的设计。

三、特斯拉的充电技术

1. 家用充电桩

家用充电桩是特斯拉最主要的充电方式，特斯拉拥有业界第一的 95% 超高家用充电桩安装率，帮助车主足不出户解决 99% 的充电需求。日常生活中，特斯拉车主 99% 的出行需求是在城市半径不超过 100 km 的范围内使用，便利的家用充电方式完全可以满足，而且特斯拉纯电动 4 门豪华轿跑车 Model S 的续航里程已经达到了 480 km，短途出行完全不成问题。在后排座椅下面有两个车载充电器，一主一副。主充电器属于默认开放使用，功率 10 kW，8 h 左右能充满。Model S 的充电口被巧妙地隐藏在尾灯上，采用了电磁开关，就像给手机插上电源一样容易。同时，也可以使用 220 V 家用插座充电，充电功率 3 kW 左右，充满电大概需 30 h。把充电器放在车上，即使到了完全没有充电基础设施的地方也能利用普通家用插头充上电。

图 7-1-7　特斯拉家用充电桩

2. 超级充电桩

超级充电桩采用可变电流充电系统，可变电流充电系统是特斯拉独创的快速充电方式。它采用了三段式充电方法，以最大的效率、最快的速度把电池电量完全充满。

超级充电桩 20 min 就可为 Model S 充满 50% 电量。超级充电桩可直接输出 120 kW 对 ESS 进行充电，1 h 内能充满。

图 7-1-8　特斯拉超级充电桩

四、特斯拉的电机及电控技术

特斯拉汽车的动力系统主要由储能系统（Energy Storage System，ESS）、功率电子模块（Power Electronics Module，PEM）、电动机（Electric Motor，EM）、顺序手动变速箱（Sequential Manual Transmission，SMT）组成。ESS 输出直流电，输出的直流电经过 PEM（逆变器）逆变成交流电，为交流电动机供电。

特斯拉在后轮驱动 Model S 的基础上，在前轮加装了一台电机，使之成为双电机全轮驱动的 Model S。特斯拉采用三相四极交流感应电动机、铜转子，具有变频驱动功能的驱动逆变器与动能再生制动系统，不仅体积小、质量小，而且可以瞬时输出到最大扭矩，并在全寿命内基本不用保养。特斯拉目前使用的是感应电机。

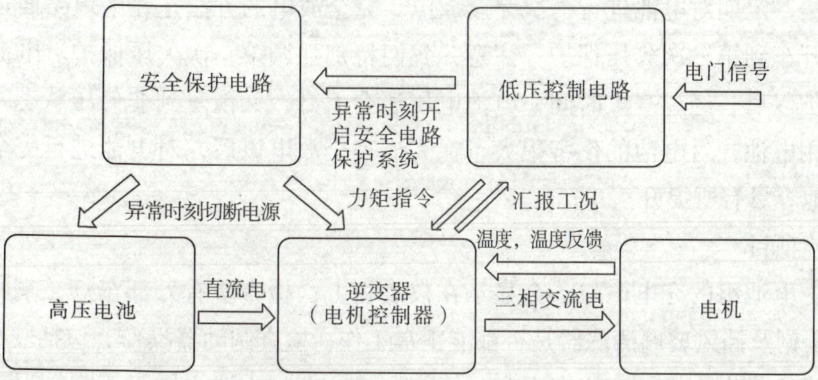

图 7-1-9　特斯拉动力系统电控系统组成

Model S 采用特斯拉与我国台湾富田公司共同研制的三相交流感应电机，并且将电机控制器、电机以及传动箱集成为一体，尤其是将电机控制器也封装成圆柱形，与电机互相对应，看上去像是双电机。设计上来看，集成度高，对称美观。中间的传动箱采用了固定速比方案，85 kW · h 版本电机峰值功率为 270 kW，扭矩为 440 N · m。电池、电机、逆变器以及固定齿比的变速箱集成了 Model S 的动力总成。电流逆变器将电池组的直流电转换为交流电，输入感应电机；而感应电机的动力则通过一个 9.73 ：1 的固定齿比变速箱，将动力传送至轮端。

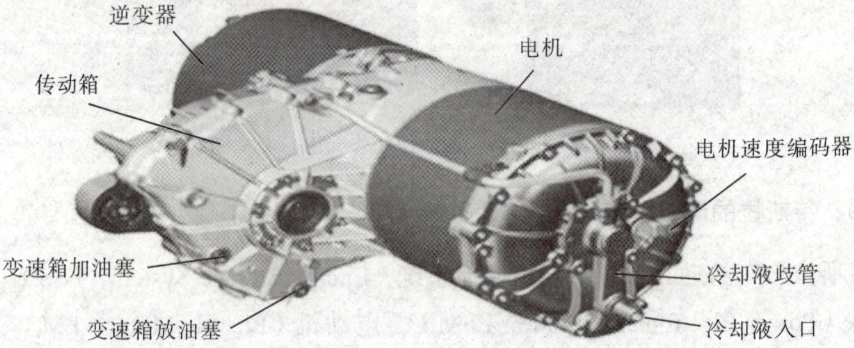

图 7-1-10　特斯拉电动汽车电机

五、特斯拉的保养

众所周知，车辆的定期保养是持续确保可靠性和高效性的关键。新能源汽车也和燃油车一样，需要定期保养维护。电动汽车的保养方式又不同于传统的燃油汽车。通常，电动车的保养只是更换一些易损件如刹车片、雨刮器等，以及一些液体如玻璃水、制动液等，再加上系统升级。

电池定期进行一次深放电也有利于“活化”电池，可以略微提升电池的容量。一般的方法是，定期对电池进行一次完全放电。完全放电的方法是在平坦路面正常负荷的条件下开车到第一次欠压保护。注意，我们特别强调第一次欠压保护。电池在第一次欠压保护以后，经过一段时间，电池电压还会上升，又恢复到非欠压状态。这时，如果再使用电池，对电池的伤害很大。在完成完全放电以后，对电池进行完全充电，会感觉电池容量有所提升。

1. 日检项目

检查主电池组的充电电量，会显示在仪表板上；检查所有外部车灯、喇叭、转向信号灯、雨刷及挡风玻璃清洗器是否都能正常工作；检查制动器操作，包括驻车制动；检查座椅安全带操作；检查汽车下方是否有漏液，有一小滩水属于正常情况（由空调系统除湿过程所致）。

2. 月检项目

检查行驶里程，以确定是否需要轮换轮胎（每 8 000 km），并检查每个轮胎的状况和气压；检查雨刷清洗液液位，如果有必要，可将其加满；检查空调系统是否正常工作。

3. 加液周期项目

切勿擅自更换或重新加满电池组冷却液或制动液。制动液：每 2 年或每 40 000 km，以先到者为准；电池冷却液：每 4 年或每 80 000 km，以先到者为准。同时，定期把车送到特斯拉服务中心进行维修保养（每 12 个月或每 20 000 km，以先到者为准）。

4. 电动汽车保养注意事项

在使用过程中，应根据实际情况准确把握充电时间，参考平时使用频率及行驶里程情况，把握充电频次。正常行驶时，如果电量表指示红灯和黄灯亮，就应充电了；如只剩下红灯亮，应停止运行，尽快充电，否则电瓶过度放电，会严重缩短其寿命。充满电后运行时间较短就充电，充电时间不宜过长，否则会形成过度充电，使电瓶发热。过度充电、过度放电和充电不足都会缩短电瓶寿命。一般情况下，蓄电池平均充电时间在 10 h 左右。充电过程如电瓶温度超过 65℃，应停止充电。

任务二　认识比亚迪 e6 纯电动汽车

教学目标

知识目标

· 了解比亚迪 e6 纯电动汽车结构特点。

· 比亚迪 e6 纯电动汽车保养和维修注意事项。

技能目标

· 能独立描述比亚迪 e6 纯电动汽车组成及相互部件间的连接关系。

· 能独立进行比亚迪 e6 纯电动汽车的维护保养。

素养目标

· 养成严谨求实的科学态度，激发学生的求知欲望。

· 培养学生的探索精神和创新意识。

知识链接

比亚迪是一家中国汽车厂商，创立于1995年，主要生产商务轿车、家用轿车和电池。比亚迪由20多人的规模起步，2003年成长为全球第二大充电电池生产商，同年组建比亚迪汽车。比亚迪汽车遵循自主研发、自主生产、自主品牌的发展路线，立志打造真正物美价廉的国民用车，产品的设计既汲取国际潮流的先进理念，又符合中国文化的审美观念。在汽车领域，凭借技术研发和创新实力，比亚迪已经掌握电池、电机、电控等新能源车核心技术。自2008年推出全球首款量产的插电式混合动力车型以来，比亚迪陆续推出e6、秦、唐、宋等多款新能源车型，并获得市场的认可，公司于2015—2017年连续3年斩获全球新能源乘用车年度销量冠军。

一、比亚迪 e6 纯电动车的主要功能特点

比亚迪e6是一款纯电动四驱轿车，是比亚迪继F3DM之后再次打造的第2款新能源车型。其车身尺寸为4 554 mm × 1 822 mm × 1 630 mm，轴距达到2 830 mm。比亚迪e6最高车速可达每小时160 km以上，而百千米能耗约为20度电，只相当于燃油车1/3~1/4的消费价格，续驶里程超过300 km。

图 7-2-1　比亚迪 e6 纯电动车

e6最大的亮点是其动力电池和启动电池均采用比亚迪自主研发生产的ET-POWER铁电池，不会对环境造成任何危害，含有的所有化学物质均可在自然界中以无害的方式分解吸收，能够很好地解决二次回收等问题，是真正绿色环保的电池。比亚迪e6采用了自主研发的铁电池，同时装配了终身免维护的永磁电动机，功率达到75 kW，相当于1.6 L排量的汽油车，由于电动机的扭力大，加速方面不逊色于燃油车。官方公布的0~100 km/h加速时间在10 s以内，最高车速被限制在140 km/h。

二、比亚迪 e6 纯电动汽车的电池技术

动力电池作为提供整车动力能源的设备，根据电池种类的不同分为锂电池、镍氢电池和铅酸类电池。比亚迪e6采用磷酸铁钴锂电池 $LiFePo_4$。磷酸铁锂电池是用磷酸铁钴锂材料作为电池正极的锂离子电池，是锂离子电池家族的新成员。

每个单体标称电压为3.3 V，终止充电电压为3.6 V，终止放电电压为2.0 V。电池包标称电压为316.8 V，容量为210 Ah，一次充满耗电61度。

比亚迪 e6 的 $LiFePo_4$ 电池有以下特点。

①高效率输出：标准放电为 2~5 *C*，连续高电流放电可达 10 *C*，瞬间脉冲放电（10 s）可达 20 *C*。

②高温时性能良好：外部温度为 65℃时，内部温度则高达 95℃，电池放电结束时温度可达 160℃，电池的结构安全、完好。

③即使电池内部或外部受到伤害，电池不燃烧、不爆炸，安全性最好。

图 7-2-2　比亚迪 e6 纯电动汽车动力电池安装位置

④极长的循环寿命：国家要求电池循环 500 次以上，保证电池容量 80% 以上。比亚迪动力电池经 4 000 次循环，其放电容量仍大于 75%。

⑤过放电到 0 V 也无损坏。

⑥可快速充电。

⑦低成本。

⑧对环境无污染。

图 7-2-3　比亚迪 e6 纯电动汽车 $LiFePo_4$ 单体电池

⑨电池寿命满足电动车行驶 60 万千米，使用 10 年。

⑩ e6 先行者电池具有 8 重全面防电：地板屏蔽、漏电保护器、高压线自屏蔽、电泡包自密封、电泡锁止机构、强撞击自动断电、异常状态监视报警系统、防短路散压阀及紧急开关自熔保险，保证消除漏电隐患，保证电动车安全品质。

三、比亚迪 e6 纯电动车电池管理系统（BMS）

电池管理单元作为监控电池包，保证电池包体正常工作的监控单元，主要目的是保证每节串联电池的电压、电流等各项性能指标的一致性。由于木桶效应，某一节电池短板的话，所有电池性能都将按照这一节的性能计算。这对电池可靠性提出及其高的要求，为了防止过充、过放、过温等一系列影响单节电池性能的问题出现，通过电池管理单元进行监控，实时保证电池工作。

在正常工作状态下动力电池管理器是e6动力控制部分的核心，负责整车电动系统的电力控制并实施监测高压电力系统的用电状态，采取保护措施，保证车辆安全行。BMS（动力电池管理系统）通过对接触器的控制实现动力电池组的充电与放电管理，主要作用有动力电池状态监测、充放电功能控制、预充控制。

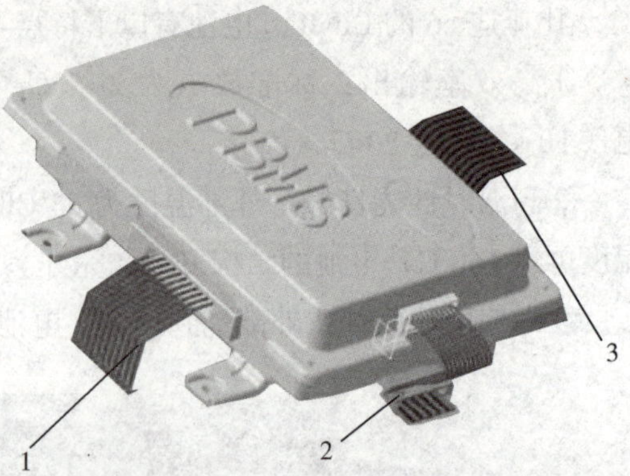

1—电压采样线；2—与整车通信口；3—温度采样线。

图7-2-4　比亚迪e6电池管理系统BMS实物图

四、比亚迪e6的充电技术

1. 交流充电桩

（1）定义

交流充电桩是给电动汽车提供交流电源的充电装置。

（2）基本组成

包括继电器（接触器）、控制器引导电路、漏电保护电路、过压保护电路。充电桩由桩体、电气模块、计量模块等部分组成，桩体包括外壳和人机交互界面；电器模块包括接触器、控制引导电路、充电插座、电缆转接端子排、安全防护装置等。

（3）容量分类

主要分类为A 10 A 220VAC（便携式）、A 16 A 220 VAC、A 32 A 220 VAC（市场主流）、A 63 A 220 VAC。

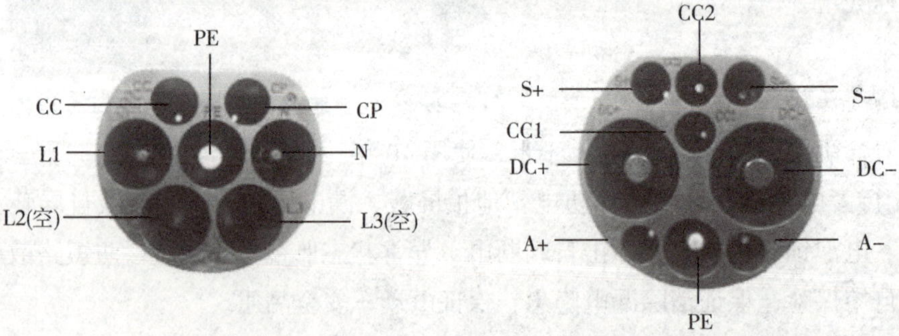

CP：充电控制
L1：火线
N：零线
PE：地

直流充电枪：CC1：车身地
CC2：直流充电感应信号
S+：充电网CAN-H
S−：充电网CAN-L
DC+：充电枪输出电源正
DC−：充电枪输出电源负
A+：低压辅助电源正
A−：低电辅助电源负
PE: 地

图7-2-5　比亚迪e6交直流充电枪说明

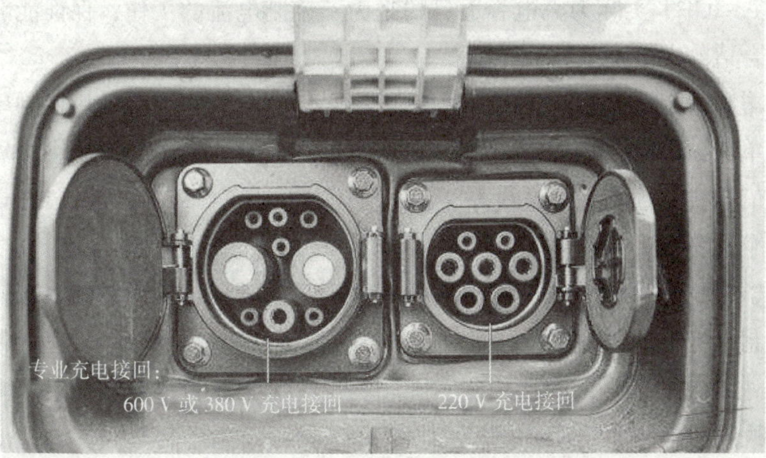

图 7-2-6 比亚迪 e6 交直流充电口

2. 直流充电桩

直流充电桩是通过内部 AC/DC 充电模块，将交流电转换为直流电，给电动汽车的动力电池进行充电。

充电枪的分类（枪的数量 / 功率）：单枪，30 kW/60 kW/120 kW；双枪，120 kW（60 kW+60 kW）。

五、比亚迪 e6 的驱动电机控制器系统

驱动电机控制器系统主要是由高压配电箱、控制器、驱动电机及相关的传感器组成，核心为驱动电机控制器。驱动电机控制器类型为电压型逆变器，利用 IGBT 将直流电转换为交流电，主要功能是控制电动机和发电机等根据不同工况控制电机的正反转、功率、扭矩、转速等，即控制电机的前进、倒退及维持电动车的正常运转，关键零部

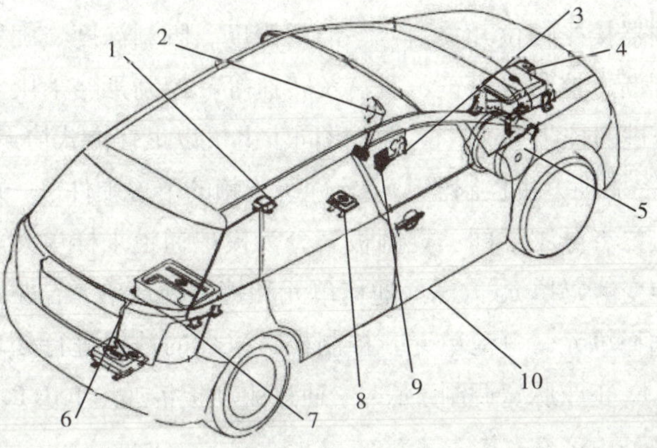

1—P 挡控制器；2—制动踏板；3—油门踏板；4—驱动电机控制器；5—动力总成（MG2）；6—电池管理器；7—高压配电箱；8—主控制器；9—挡位控制器；10—动力电池。

图 7-2-7 比亚迪 e6 汽车主要部件

件为 IGBT。IGBT 实际为大电容，目的是为了控制电流的工作，保证能够按照我们的意愿输出合适的电流参数。

驱动电机控制器总成包含上、中、下三层，上、下层为电动机控制单元，中层为水道冷却单元，总成还包括信号接插件（包含 12 V 电源、CAN 线、挡位油门刹车、旋变、电机过温信号线、预充满信号线等）、两根动力电池正负极接插件、3 根电机三相线接插件和两个水套接头及其他周边附件。

驱动电机控制器的主要功能包括控制电机正向驱动、反向驱动、正转发电、反转发电；控制电机的动力输出，同时对电机进行保护；通过 CAN 与其他控制模块通信，接收并发送相关的信号，间接控制车上相关系统正常运行；制动能量回馈控制；进行自身内部故障的检测和处理。

图 7-2-8　比亚迪 e6 驱动电机控制器实物

驱动电机控制器接受挡位开关信号、油门深度、脚刹深度、旋变信号，经过一系列的逻辑处理和判断，控制电机正、反转及转速等。控制策略采用了经典的电机控制器理论并加入了先进的控制算法，驱动永磁同步电机以最佳方式协调工作（见图 7-2-9）。核心 ECU——驱动电机控制器上层软件所依赖的下层硬件——电路包括控制电路板和驱动电路板，二者分工不同：控制板又分为模拟通道采样单元、模拟转换单元、DSP 处理单元、旋变解码单元、CAN 通信单元和挡位处理单元，驱动板包括信号隔离单元、保护信号选择单元、电池单元。控制板对采样的数据进行处理，计算机出所需占空比，产生 PWM（正弦脉宽调制）信号，通过驱动板传递给 IGBT，供驱动电机工作。

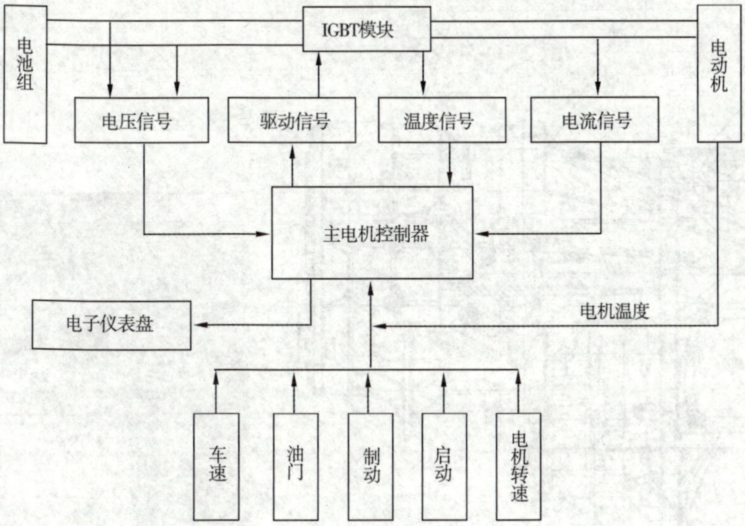

图 7-2-9　比亚迪 e6 驱动电机控制器简图

六、比亚迪 e6 的动力总成

动力总成由动力电机和变速箱组成。

动力电机根据冷却形式分为风冷和水冷，根据结构分为直流有刷电机和直流无刷电机以及交流电机。比亚迪电动车现在使用的电机为交流无刷永磁同步电机，永磁同步电机具有高密度、小型轻量化、高效率、高可靠性、高耐久性、强适应性等特点。通过采集电机旋变信号进行工作：当车辆要行驶时，电机通过旋转变压器检测到电机的位置，位置信号通过控制器的处理，发送相关信号给控制器 IGBT，逻辑信号控制 IGBT 开断，控制器输出的近似正弦波交流电。

动力电机额定功率为 75 kW，最大功率为 120 kW，电机由外圈的定子与内圈的转子组成，是汽车的唯一动力源，可向外输出扭矩，驱动汽车前进后退；同时，也可以作为发电机发电（如在高坡下滑、高速滑行以及刹车制动过程中把势能或者动能通过电机转化为电能存储）。

电机定子的三相绕组在 E 弦绕组下形成圆形的旋转磁场，驱动电机转子旋转，在旋转的过程中，旋转变压器作为速度及位置检测，可以反馈给控制器进行监测，准确地控制电机的转速及位置。

旋变变压器（简称旋变）是一种输出电压随转子转角变化的信号元件。当励磁绕组以一定频率的交流电电压励磁时，输出绕组的电压幅值与转子转角成正比、余弦函数关系，这种旋变变压器又称为正余弦旋变变压器。

旋变变压器用于运动伺服控制系统中，作为角度位置的传感和测量用。

永磁交流电动机的位置传感器，原来是以光学编码器居多，近年来迅速地被旋转变压器代替。

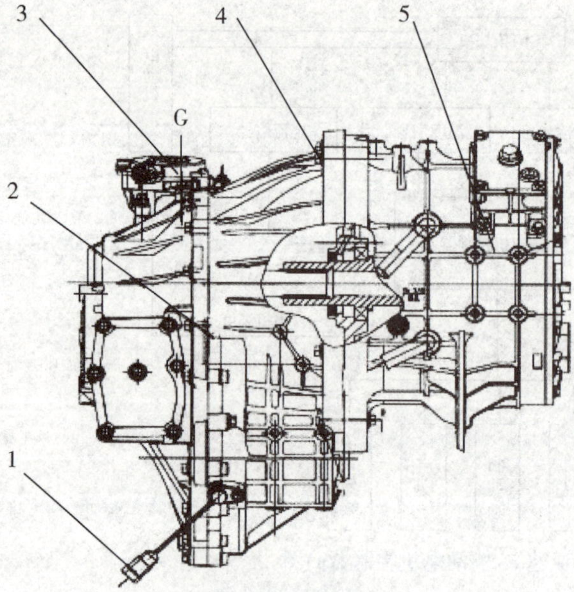

1—速度传感器；2—前驱变速箱总成（两驱）；3—P 挡电机；
4—法兰面螺栓 M12 × 1—25 × 55；5—动力电机 75 kW。

图 7-2-10　比亚迪 e6 动力总成简图

图 7-2-11　比亚迪 e6 电动汽车电机

图 7-2-12　比亚迪 e6 旋变转子总成

七、比亚迪 e6 的高压配电箱

通过配电箱对电池包体中巨大的能量进行控制，相当于一个大型的电闸，通过接触器（继电器）的吸合控制电流通断，将电流进行分流等。关键零部件为接触器，为了控制如此大的电流通过整车，需要通过几个接触器并联工作，这也对接触器工作一致性和可靠性提出了严苛的要求。

整车高压用电都是通过高压配电箱进行分配的，电池管理器内也存在高压电。“先行者”纯电动车 MG2 高压配电箱、动力电池、DC/DC、空调压缩机、主电机控制器、PTC 制热模块等的工作电压高达 316 V 以上，均超过人体安全电压。

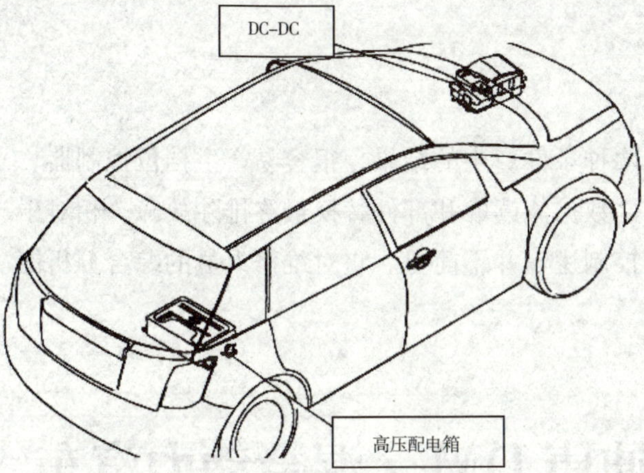

图 7-2-13　比亚迪 e6 高压配电箱位置

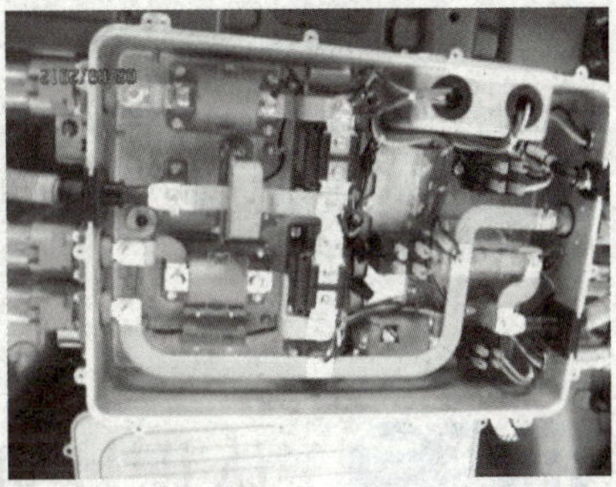

图 7-2-14　比亚迪 e6 高压配电箱内部结构

八、比亚迪 e6 的保养

比亚迪 e6 的保养，请参照本项目任务一中“五、特斯拉的保养”。

九、比亚迪 e6 不能正常上电故障检修

1. 故障描述

一辆行驶里程约 5 万千米的 2016 款比亚迪 e6，客户反映该车无法上电，但挂入 N 挡后可以正常上电。

2. 原因分析

①挡位控制器故障。

②挂挡机构故障。

③相关线路故障。

④防盗认证故障。

3. 维修过程

（1）上电测试确认故障现象，在 P 挡无法上电。挂入 N 挡可以正常上电，一切恢复正常，其他挡位可以正常操作。排除上电其他条件问题。初步判断是挡位控制器有问题。

（2）用 VDS2000 检测挡位控制器、挂挡机构、前电控挡位信号显示情况，相关模块在 P 挡显示时确实无法上电。也没有相关故障码。

（3）重新编程挡位控制器、挂挡机构、前电控，故障依然没有排除。

（4）根据上电条件，分析应该是前电控接收不到挡位信号导致无法上电，尝试倒换电控测试在电控密码清除时出现情况，进入清除执行界面后显示：电机控制器无法连接，加密界面显示同样问题，因前电控数据可以正常读取，不存在通信问题，判断前电控内部问题，尝试更换前电控测试，故障排除。

4. 确认故障

前电控内部故障。

5. 维修小结

结合上电的控制逻辑，对比分析两种条件产生的结果，很容易产生挡位控制器、挂挡机构故障的判断。结合编码操作、数据流读取和部件替换最终排除故障。相对于传统燃油车，电动汽车的结构简单但控制逻辑并不简单。它对维修人员的综合分析能力提出更高要求。

任务三 认识比亚迪唐 DM-i 混合动力汽车

教学目标

知识目标

· 了解比亚迪混动系统的特点。

· 掌握 DM-i 混合动力系统的组成和工作原理。

技能目标

· 能正确识别比亚迪唐 DM-i 混合动力汽车关键部件。

· 会分析比亚迪插电混合动力汽车常见故障。

素养目标

培养学生的爱国精神，提升学生的民族自豪感。

知识链接

比亚迪集团董事长兼总裁王传福曾经表示：“DM-i 超级混动是比亚迪厚积薄发的力作，将扮演燃油汽车颠覆者的角色”。如今距离比亚迪的超级混动技术发布才一年多的时间，搭载了 DM-i 混动技术的一系列产品已经在各细分市场占据了绝对的主导地位。2022 年 11 月 16 日，比亚迪第 300 万辆新能源汽车下线发布。从“第 1 辆新能源汽车到第 100 万辆新能源汽车”用时 13 年，从“100 万到 200 万”用时 1 年，从“200 万到 300 万”仅用时半年，比亚迪在新能源赛道上演全新“加速度”，领跑整个新能源汽车市场，推动中国汽车的崛起与全球绿色出行的加速变革。DM-i 车型为何能备受青睐呢？

一、比亚迪唐 DM-i 整车介绍

比亚迪唐 DM-i 采用了骁云 1.5TI 发动机和 E-CVT 变速器。豪华型搭载 145 kW 电机，尊贵型和尊贵型为 160 kW 电机。性能方面：豪华型百公里加速为 8.7 s，尊贵型为 8.5 s。

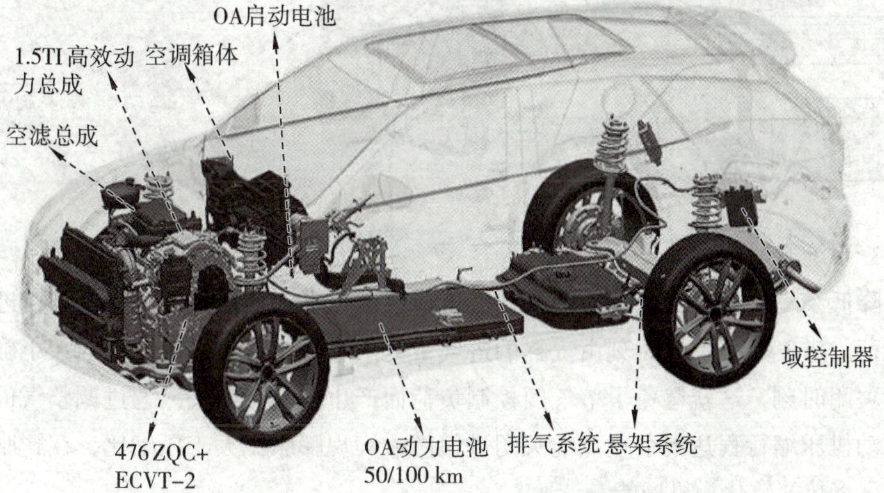

图 7-3-1　比亚迪唐 DM-i 整车构造

纯电续航方面：豪华型配备 9.98 kWh 刀片电池，纯电续航 52 km；尊贵型配备 21.5 kWh 刀片电池，纯电续航 112 km。

其他配置方面，唐 DM-i 全系车型标配 6 个安全气囊、ESP、陡坡缓降、坡道辅助、胎压监测、电子驻车、AUTO HOLD 等丰富的安全装备；全系还配备了 DiPilot 智能驾驶辅助系统，包括全速自适应巡航、交通拥堵辅助、弯道车速控制、前方碰撞预警、车道保持、智能远近光、交通标志智能识别等驾驶辅助设备。除此之外，四门车窗一键升降、自动折叠后视镜、蓝牙 /NFC 钥匙、手机无线快充、整车 OTA、行车记录仪等实用配置。

二、BYD476ZQC 发动机——高效率发动机介绍

1. 系统功能

如图 7-3-2 所示，发动机系统包括曲柄连杆机构、配气机构、正时系统、进排气系统、供油系统、冷却系统、润滑系统、点火系统、起动系统、油气分离系统、缸体、缸盖等，其基本功用是将燃料的化学能转换成机械能并通过飞轮传递出去。

2. 开发范围

使用米勒循环，优化进排气系统、燃烧室、配气机构、冷却系统、润滑系统等手段以提高其热效率，降低燃油消耗率，同时对其 NVH 性能进行优化。

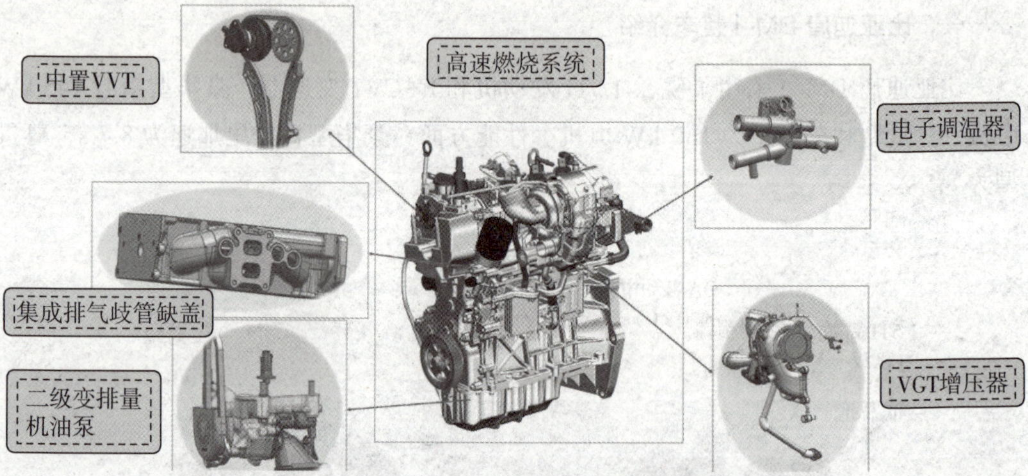

图 7-3-2　高效率发动机

3. 系统原理

降低泵气损失，提升有用功。在低负荷区域，米勒循环发动机可以利用进气门控制负荷。进气门早关的时刻由气缸的进气量需求来决定，即根据负荷的大小确定进气门的关闭时刻，这就避免了节气门控制负荷而产生泵气损失。通过调整气门正时，在发动机压缩行程达到下止点前关闭进气门，实现膨胀比大于压缩比，在膨胀行程最大程度将热能转化为机械能。

三、EHS——混合动力专用变速箱

1. EHS——系统组成

EHS 机电耦合单元采用双电机设计，其中一个电机为驱动电机，另一个电机为发电机。该机电耦合单元能够实现发动机动力和驱动电机动力的串联或并联输出。驱动电机最高转速可达 16 000 rpm，最高效率达到 97.5%，效率大于 90% 的区间占比为 90.3%。油冷技术的使用提升了电机散热能力，使电机的功率密度达到 44.3 kW/L。EHS 的组成如图 7-3-3 所示。集成在 EHS 上的电机驱动单元采用了比亚迪自主研发的

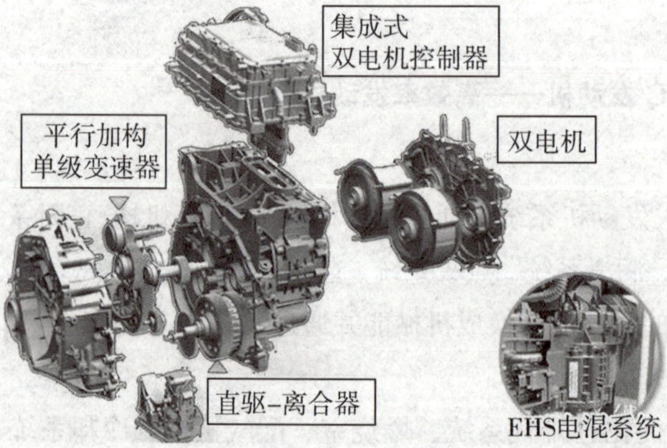

图 7-3-3　EHS 的组成

IGBT 4.0 功率半导体器件，电控综合效率达到 98.5%。EHS 总成重量为 143.2 kg；变速箱润滑油量：更换时为 3.3+0.1L，大修时为 3.6+0.1L；变速箱润滑油类型为 EHSF-1。

2. EHS——工作模式

纯电模式（离合器脱开）如图 7-3-4 所示。

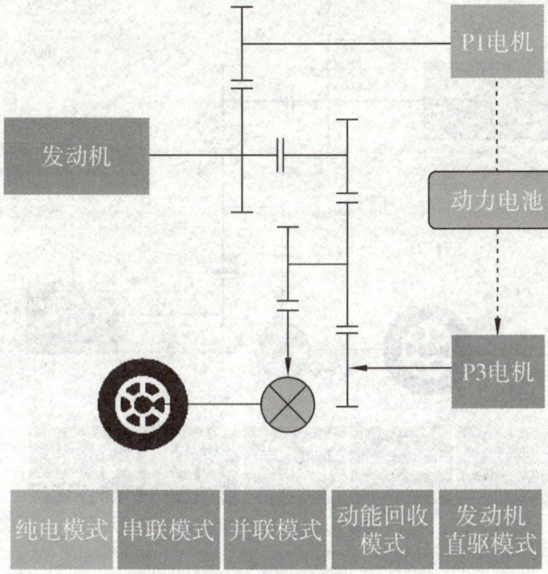

图 7-3-4　纯电模式

动力源：驱动电机（P3 电机）；传递路径：动力电池→双电控→驱动电机（P3 电机）→车轮。

串联模式（离合器脱开）如图 7-3-5 所示。

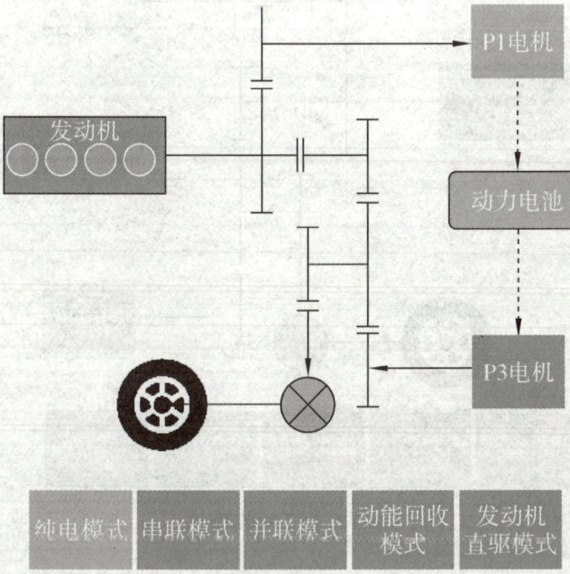

图 7-3-5　串联模式

动力源：发动机＋发电机（P1 电机）＋驱动电机（P3 电机）；传递路径：发动机→发电机（P1 电机）→双电控→驱动电机（P3 电机）→车轮。

并联模式（离合器结合）如图 7-3-6 所示。

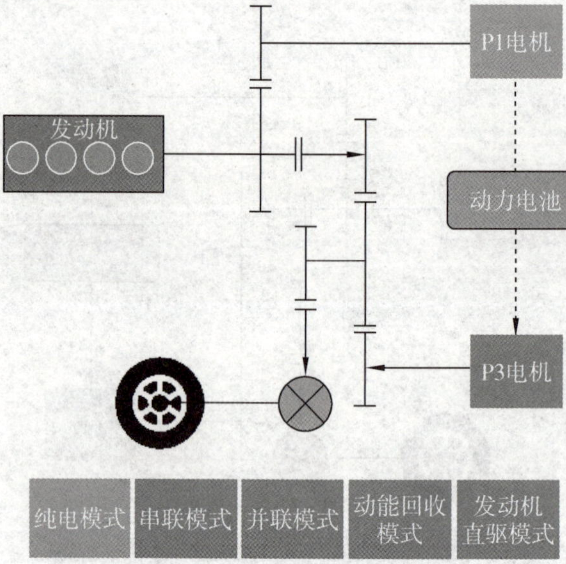

图 7-3-6　并联模式

动力源：发动机＋发电机（P1 电机）＋驱动电机（P3 电机）；传递路径：发动机→车轮；动力电池→双电控→驱动电机（P3 电机）→车轮。

动能回收模式（离合器脱开）如图 7-3-7 所示。

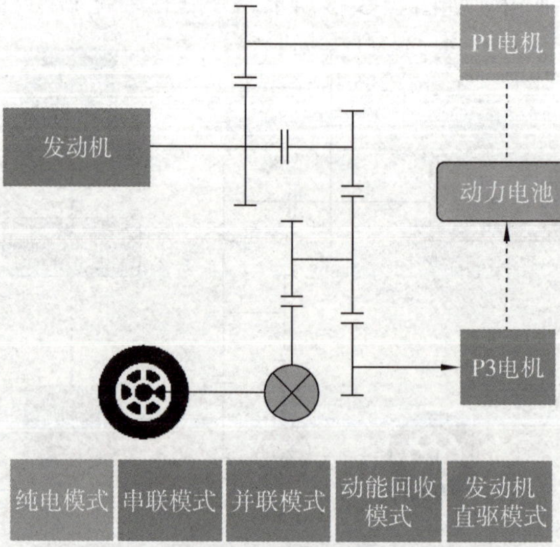

图 7-3-7　动能回收模式

动力源：车轮；传递路径：车轮→驱动电机（P3 电机）→双电控→动力电池。

发动机直驱模式（离合器结合）如图 7-3-8 所示。

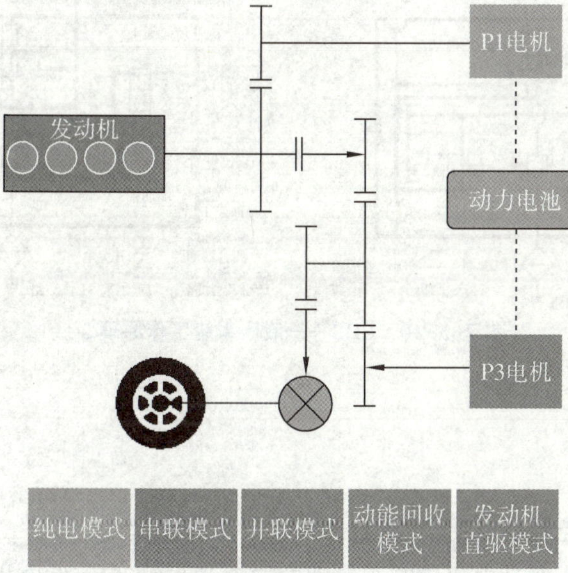

图 7-3-8　发动机直驱模式

动力源：发动机；传递路径：发动机→车轮。

3. EHS——液压系统工作原理（图 7-3-9 和图 7-3-10）

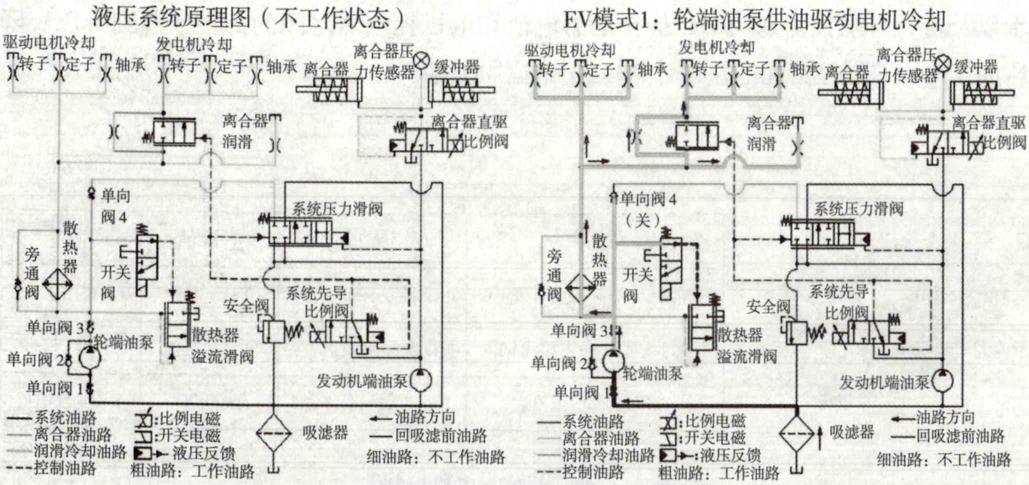

图 7-3-9　EHS——液压系统工作原理 1

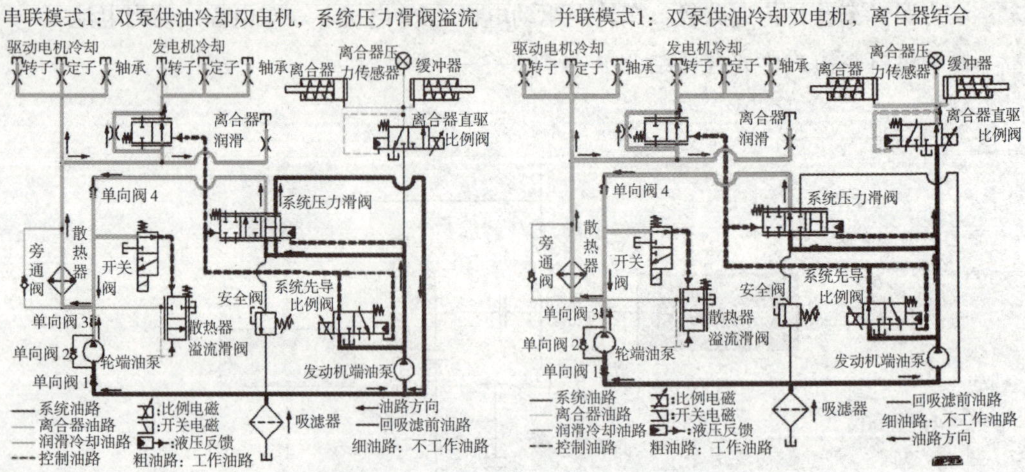

图 7-3-10　EHS——液压系统工作原理 2

三、高压电器

1. 集成双电机控制器（图 7-3-11）

发电机控制器 + 驱动电机控制器 + 双向 DC+ 配电接口，发电机控制器是由输入输出接口电路、控制电路和驱动电路组成，主要功能是驱动发电机发电，同时包括 CAN 通信、故障处理、在线 CAN 烧写、与其他模块配合完成整车的工作要求以及自检等功能。驱动电机控制器是控制动力电池与电机之间能量传输的装置。它是由输入输出接口电路、控制电路和驱动电路组成，主要功能是控制驱动电机，使其驱动车辆行驶，同时包括 CAN 通信、故障处理、在线 CAN 烧写、与其他模块配合完成整车工作的要求以及自检等功能。双向 DC 是在动力电池和电机控制器之间的部件，起到升压、降压的作用；双电控给配电盒设计了一路高压供电接口。

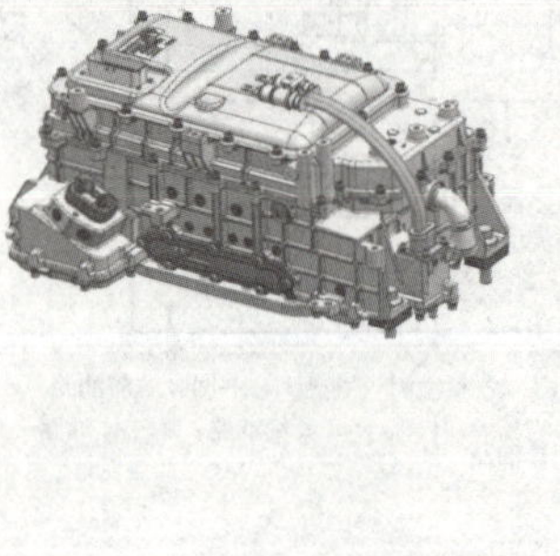

端子	万用表连接	正常值	备注
三相线A/B/C→直流母线正极	正极表头→负极表头	0.31 V 左右	万用表挡位正常
直流母线负极→三相线A/B/C	正极表头→负极表头	0.31 V 左右	—▷|—
三相线与车身地阻抗	正极表头→负极表头	兆欧级	参照绝缘阻值

图 7-3-11　集成双电机控制器

电路原理如图 7-3-12 所示。

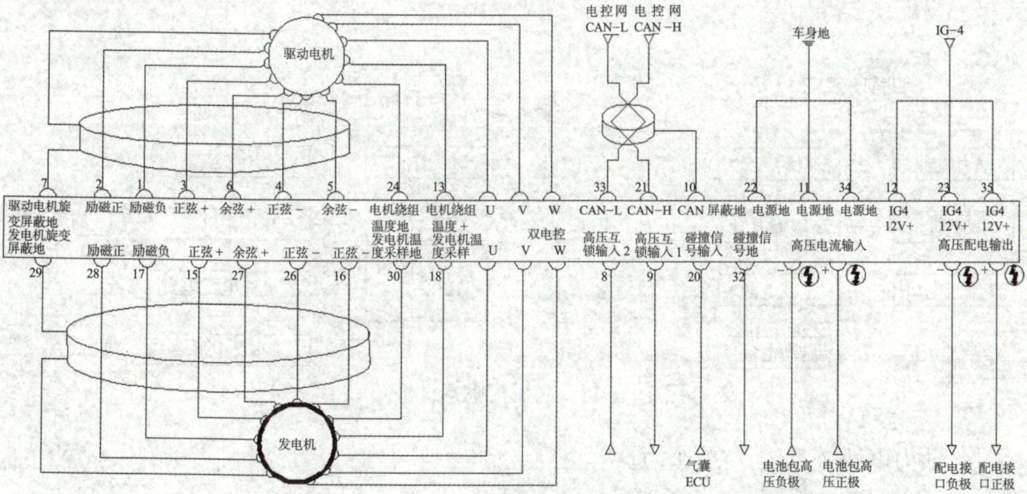

图 7-3-12 双电机控制器控制电路

2. 双向车载电源系统

双向车载电源系统框图如图 7-3-13 所示。

便携式充电连接装置，可直接借助于家用的 220 V 插座进行对车辆充电。

3.3 kW/6.6 kW 交流充电，在家里和配置有交流充电桩的场所（如办公地点、超市和公共停车场）方便补电；最大 25 kW 直流充电（仅支持 700 V 以上的直流充电桩），112 千米版整车常温 30% 充电至 80% 约需 30 min。

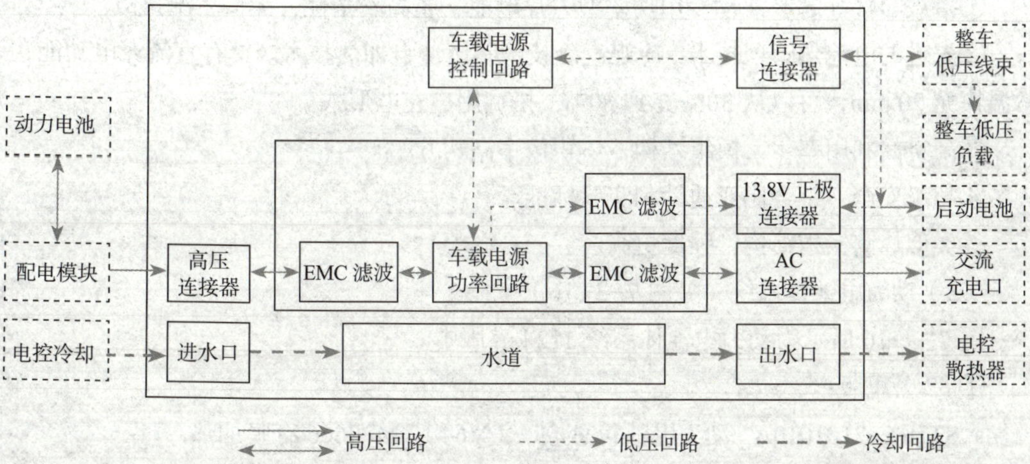

图 7-3-13 双向车载电源系统框图

3. 高压配电系统

高压配电系统框图如图 7-3-14 所示。

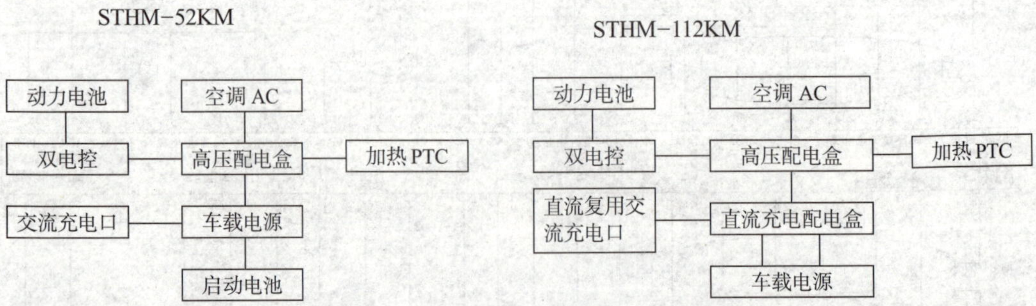

图 7-3-14 高压配电系统框图

4. 动力电池（见图 7-3-15）

图 7-3-15 DM-i 专用动力电池包

（1）技术特点

①搭载 DM-i 超级混动专用功率型刀片电池，超高安全性，无惧工况挑战。

②先进的电池热管理技术：冷媒直冷技术 + 脉冲自加热技术。具有直流充电功能，常温快充 30 min，可以从 30% 充到 80%，拓宽用户充电形式。

③高空间利用率：无模组结构，体积效率高达 65%。

④超级安全：符合比亚迪针刺实验标准。

⑤类似蜂窝铝板结构，强度更高。

（2）动力电池体系统（见图 7-3-16）

图 7-3-16 所示为动力电池体系统 112 km 版本。

① 52 公里版：

a. STHM-2101010A_ 动力电池包总成 -（V64）_M00666 有膜加热。

b. 包体重量：120 kg ± 3%。

c. 标称容量为 26 Ah，12 PCS 额定电压为 384 V 。

d. 含 12 个锂电池组，一套采集器总成，高压配电箱（含高压监控模块、总正继电器、总负继电器、预充电阻、预充继电器等部件）、电控插件及其他相关零部件。

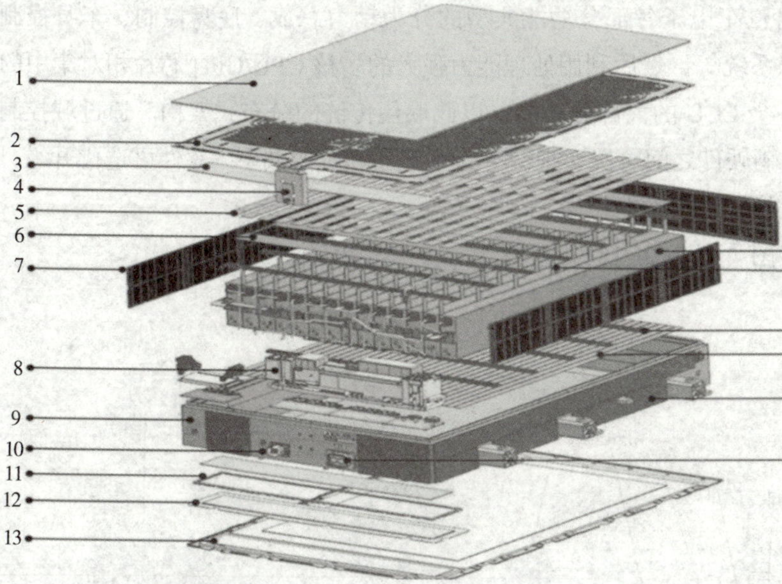

序号	描述
1	顶部保温棉
2	直冷板
3	PEF棉
4	直冷转接块
5	导热结构胶
6	发热片
7	塑胶支架
8	配电箱
9	托盘
10	低压接插件
11	密封圈
12	维修盖
13	护板+底部保温棉
14	BC+蓝膜
15	电芯间结构胶
16	PET片
17	底部结构胶
18	侧面保温棉
19	高压接插件

图 7-3-16　动力电池体系统

② 112 公里版：

a. STHN−2101010A_ 动力电池包总成 −（V68）_M00666 有膜加热。

b. STHN−2101010_ 动力电池包总成 −（V68）_M00666 无膜加热。

c. 包体重量：216 kg ± 3%（含护板），不含护板为 203.5 kg ± 3%。

d. 标称容量：40 Ah，14 PCS 额定电压为 537 V。

e. 含 14 个锂电池组，一套采集器总成，高压配电箱，电控插件及其他相关零部件。

四、低压电器

1. 车身域控制系统（图 7-3-17）

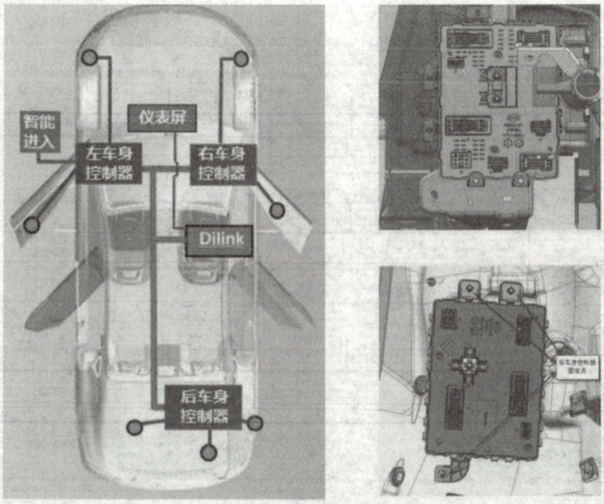

图 7-3-17　车身域控制系统

域控制器可以将汽车电子各部分功能典型的分为动力总成、底盘控制、车身控制器、智能驾驶、娱乐系统等，然后利用处理能力强大的多核 CPU/GPU 芯片相对集中的控制域内原本归属各个 ECU 的大部分功能，以此取代传统的分布式架构。通过域控制器的整合，分散的车辆硬件之间可以实现信息互联互通和资源共享，软件可迭代升级，硬件和传感器可以更换和进行功能扩展。

2. 低压电器位置图（图 7-3-18）

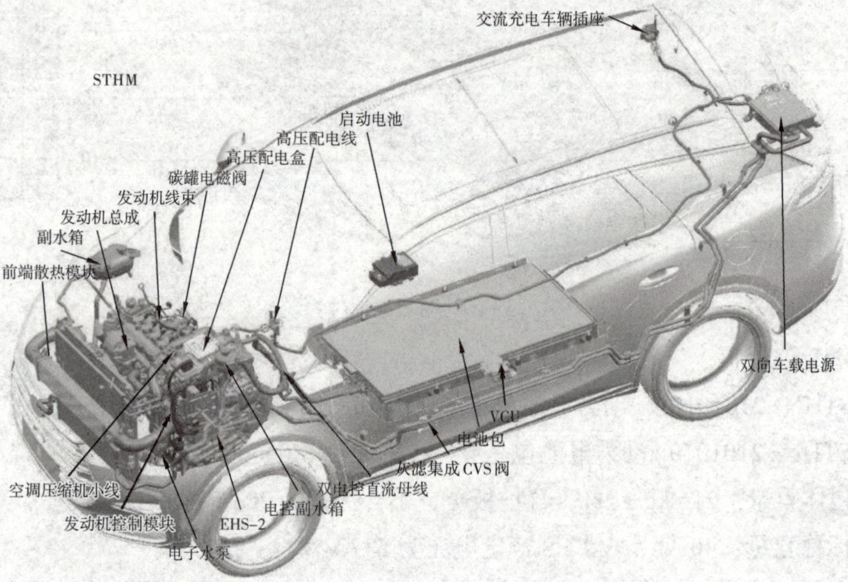

图 7-3-18　低压电器位置图

3. 拓扑图

拓扑图如图 7-3-19 所示。

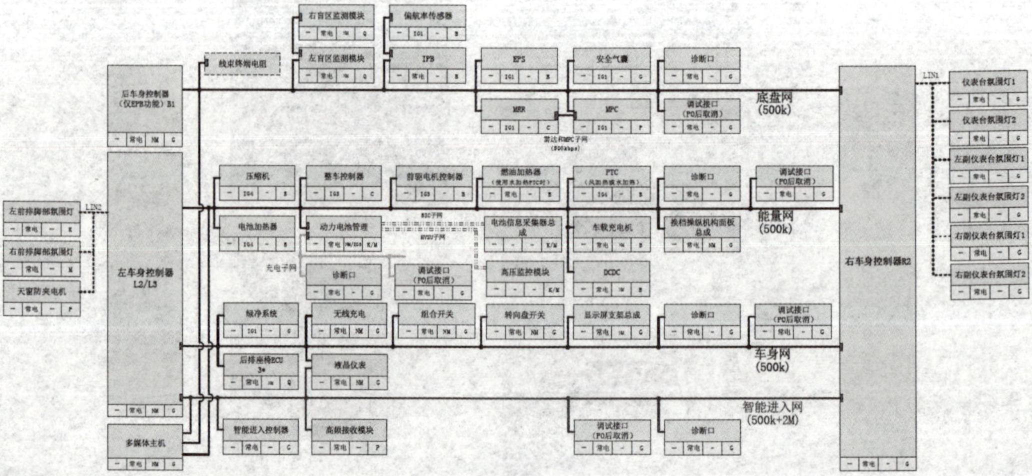

图 7-3-19　拓扑图

①组成：底盘网、ECM 网、能量网、车身网、智能进入网（IA 网）。

② CAN−L：1.5~2.5 V。

③ CAN−H：2.5~3.5 V。

④终端电阻：60~70 Ω。

⑤智能进入网电阻：40 Ω。

五、阅读拓展

DM−i 混合动力系统对于比亚迪乃至中国汽车界来说都是一项非常重磅的技术，其包含的电池、电机、发动机以及电控技术都是业界领先的存在。搭载 DM−i 混合动力系统的车型具备了优于同级别燃油车的动力性能和节油表现、支持快充技术，同时其售价将进一步下探至与燃油车看齐。这一方面在推动着中国汽车行业的技术升级，另一方面也是在为我国能源结构的变革贡献力量。可以预见，中国的传统燃油车的市场将进一步被压缩，混合动力汽车的占比将稳步攀升。技术革命必将导致市场重新洗牌，或许只有像比亚迪这样注重技术研发、走在时代前沿的企业才能在市场上立于不败之地。习近平总书记指出：“关键核心技术是要不来、买不来、讨不来的。”“我国发展必须依靠创新。掌握核心技术的过程很艰难，但这条道路必须走”，鼓励科研人员继续发扬“十年磨一剑”“梅花香自苦寒来”的艰苦奋斗精神。青年一代有理想、有本领、有担当，科技就有前途，创新就有希望。

六、故障案例——比亚迪唐 DM−i 电量过低发动机无法启动故障检修

1. 故障现象

仪表提示“电量低动力受限”。

2. 原因分析

变速器系统故障、发动机系统故障、整车控制器故障、离合器压力传感器故障、相关线路故障。

3. 维修过程

①车辆进店报修电量持续下降不发电，仪表提示“电量低动力受限请安全停车并联系服务店”，仪表 SOC 电量只剩 7% 由于当前电量过低测试原地和行驶中发动机不会启动，测试原地发电功能也无法使用仪表提示“车辆原地发电功能不可用”发动机不会启动，查看车辆 SOC 目标电量设置为 51% 强制保电模式，车辆熄火重新启动发动机会启动发电一段时间后，发动机熄火仪表提示故障，有时会一直启动正常发电。

②读取相关模块故障码：整车控制器报 P176100，离合器无法分离（当前），P2B5F17：离合器压力传感器电压过高（当前），发动机系统无故障码。查看整车控制器数据流离合器状态“分离”，ECVT 故障状态显示“离合器阀对地短路故障，功率驱动供电故障”，离合器目标压力 69 kPa，离合器实际压力 2 133 kPa（异常），查看

离合器压力传感器电压为 4 787 mV（异常）。

③综合故障码和整车控制器数据流初步判断该问题为离合器压力传感器电压异常导致：接下来测量离合器压力传感器 A28 接插件 3 根线信号（后端引线测量）、电源、搭铁正常，又测量了整车控制器到传感器间的线束导通电阻正常，检查相关接插件针脚未见退针等现象，线路无磨损短路现象，根据测量结果线路都正常。怀疑离合器压力传感器本身故障导致电压高，倒换传感器后试车故障排除。

4. 确认故障

离合器压力传感器本体故障。

5. 维修小结

针对该问题先了解故障现象，偶发故障最好先掌握故障发生频率以便维修后根据之前的故障发生频率来试车确认故障是否排除，通过故障码结合数据流初步分析问题所在通过检查逐一排查缩小范围最后确认故障点。测量离合器压力传感器信号时需要注意 A28 接插件连接情况下从后端引线测量，离合器压力传感器还没有单独配件更换。

学后测试

①比亚迪超级混动系统的组成和特点？

②遇到高压电气事故应如何应对？

③分析唐 DM-i 无法充电可能的原因。

④拆装车载充电机需要注意哪些？

任务四 认识增程式电动车

教学目标

知识目标

· 了解增程式电动汽车的概念和增程式电动汽车的发展史。

· 掌握增程式电动汽车结构和工作模式。

· 了解理想 one 智能电动车。

技能目标

· 能够描述增程式电动汽车汽车各部件间的作用判断连接关系。

· 认识增程电动车工作原理，能够分析动力系统故障。

素养目标

能用发展的眼光辩证的思维看待问题。

知识链接

新能源汽车发展基本方向是电动化，2017 年中国新能源汽车产销量已经接近 80 万辆规模，纯电动汽车占比已经超 90% 以上。纯电动汽车目前仍不尽如人意，如用户里程焦虑、安全焦虑、充电焦虑、价格焦虑、电池焦虑等，因此增程式电动汽车被推到大众视野。全国政协副主席、中国科协主席万钢 2022 年在《人民日报》撰文提到“应及时推动插电式混合动力向增程式混合动力发展”。中国工程院院士杨裕生在多个场合提及增程式电动汽车，也在《中国汽车报》上撰文呼吁发展增程式电动汽车。他认为增程式电动车并不是“向纯电动汽车的过渡”，而是未来车辆的主力。

一、增程式电动汽车的概述

1. 增程电动汽车

增程式电动动力的概念源自 2007 年雪佛兰 Volt 概念车。它是一种在纯电动汽车基础之上另加增程器延长其续驶里程的一种新型汽车。在短距离行驶时与纯电动汽车类似，处于纯电动运行模式，所消耗的电能源于公共电网；当行驶里程较长时增程器开始工作，增程器通过消耗燃油来发电，补充车辆行驶所需的电能或对动力电池充电，提高了电动车的续驶里程。这种汽车可以降低汽车对石油的依赖，并有效的降低排放保护环境。

2019 年 1 月 10 日起施行的《汽车产业投资管理规定》中，按照“发动机是否驱动汽车”进行汽车项目投资审批的分类基准，插电式混合动力汽车被划归为燃油车，新建产能被严格限制。

2. 增程式电动汽车的发展

（1）增程式电动汽车在国外的发展

2007 年 8 月雪佛兰 Volt 概念车在底特律举办的北美车展亮相。沃蓝达（Volt）通过独创的 Voltec 电力驱动技术，在标准的 220 V 普通家用电源上（有接地线即可）为其 T 型 16 kW · h 的锂离子电池充电 6.5 h，Volt 就可以纯电驱动方式行驶 80 km，这满足了绝大多数日常行驶需求。如果在电量不足情况下也有行驶需求，其 1.41 发动机将启动，发动机不直接输出机械转矩，而是驱动发电机产生电能供给电动机。这样约 35 L 的油箱容积可以把 Volt 再送出约 490 km 的里程。依照美国环保署（EPA）专为插电式电动车制定的燃油经济性测量标准，在城市路况下的百公里油耗为 1.2 升。2017 年 4 月 18 日通用别克增程电动车 VELITE 5 正式上市，它搭载了别克全新智能电驱系统，百千米综合油耗仅 0.9 L。

2011 年 9 月法兰克福国际车展上，BMW i3 首发，配备了 19 kW · h 的锂离子电池组，电动机采用了宝马 e-Drive 技术，带有集成功率电子装置的混合动力同步机、充电器和用于动能回收的发电机功能，最大输出功率达到 125 kW，最大扭矩达到 250 N · m；其中动能最大能够回收 50 kW。增程版还配备了一个 0.647 L 的直列双缸汽油发动机，最大输出功率达到了 28 kW/5 000 rpm、峰值扭矩达到了 56 N · m/4 500 rpm；变速箱类型为自动变速箱，拥有单级固定传动比。i3 增程版 0~100 km/h 的加速为 7.9 s；最高行驶速度 150 km/h。综合续航里程 285 km。

（2）增程式电动汽车在国内的发展

2010 年在深圳第二十五届世界电动车大会上，奇瑞增程式电动车 S18D-REEV 亮相，它配备了 8 kW 自动开启的增程器，续航里程可达 300 km。

2012 年吉利在北京车展展出了 EC7 混动版，该车是以帝豪 EC 系列车型为基础研发的插电混动车型，采用串联模式，使用输出功率为 50 kw 的 1.0 L 直列 3 缸发动机，匹配最高输出功率为 70 kW 的电机以及 336 V 电压 40 Ah 容量的磷酸铁锂电池，纯电续驶里程为 60 km。

2013 年广州车展，江淮汽车在同悦的基础上推出 i-REV，匹配了一台 35 kW，85 N · m 的发动机，同时搭载两台永磁电动机，电动机总功率为 91 kW，总扭矩为 276 N · m，采用 12 kW · h 的磷酸铁锂电池。

2016 年 3 月 1 日，第 86 届日内瓦国际车展，中国首款超跑泰克鲁斯 · 腾风亮相，这是一款微型燃气轮机与电动汽车结合的航空动力增程式电动汽车，它搭载了转速高的燃气轮机，可用 80l 燃料为汽车实现约 2 000 km 的续航里程；高效的燃烧性能可以使其尾气排放水平成倍低于现存的活塞内燃机。

2018 年 10 月 18 日理想汽车正式发布首款增程式智能电动车——理想 one，并全力研发比燃油车更完善的智能电动车。理想 one 搭载前后双电机四驱系统，双电机系统的最大输出功率为 240 kW（326 PS），峰值扭矩为 530 N · m，官方 0~100 km/h 加速时间 6.5 s。其配备的电池包为三元锂离子电池，由宁德时代提供。据了解其电池组容量高达 40.5 kW · h（可用容量 37.2 kW · h），增程器不介入的情况下纯电续航约为 180 km，综合工况续航里程可超 800 km。

增程式电动车有很多可取之处，至少在城市、中低速等大多数的工况下能量使用率是比较高的，另外，它也不惧怕长途旅行，在用油与充电两者之间可以根据情况自行选择。在高速、急加速等状态下，插电混动则更有优势。但不论如何，插电混动在明年不能上新能源车牌，增程式电动车则肯定会迎来快速的增长期。虽然增程式电动汽车燃油经济性较佳而且还拥有纯电动汽车目前无法企及的续航里程但是也并非没有缺点，由于发动机和发电机并不直接驱动车轮造成了这部分功率的浪费况且发动机和发电机带来的重量也并不少。另外，增程式电动汽车既需要发动机、电机，还需要动力电池，所以在生产成本和售价上要比纯电动汽车还高。最后，由于增程式混合动力增加了一步油转电的过程，转换本身损失了一部分能量，所以在高速行驶时，如果电量不足需要依靠发动机充电，油耗反而要比在城市路段更高。

二、理想增程式电动汽车的结构及工作原理

1. 增程式电动汽车的结构

从汽车工程学来说，增程式电动汽车的基本构成是一套发电系统＋纯电动汽车系统。车内有一套电力驱动系统，包括电机、控制电路、电池。电动机直接驱动车轮，发动机则用来驱动发电机给电机、电池提供电能。发动机转速和车轮转速、汽车速度并没有直接关系，发动机可一直工作于“最佳转速”来发电。电机还可以回收车辆制动和下坡的能量，减少能量损失。与纯电汽车相比增程式电动汽车的增程器可以随车行驶为动力电池充电大大增加了车辆的续航里程。我们在这里选择 2020 年取得中国新能源 SUV 市场销量冠军的理想 one 为列子进行讲解。

理想 one 增程系统（见图 7-4-1）是由发动机、发电机、高压蓄电池、前后双电机组成。

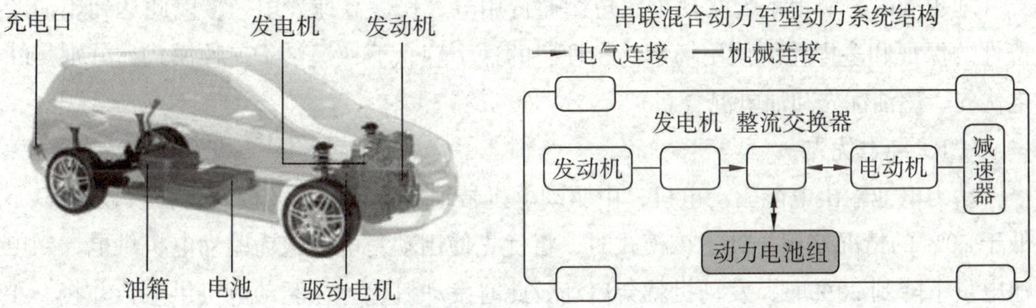

图 7-4-1　理想 one 增程混动系统动力系统的组成

（1）发动机：1.2 T 三缸涡轮增压发动机（东安动力），额定功率为 85 kW，最大扭矩为 174 N·m。不直接参与驱动，仅通过发电机为驱动电机或者电池单独或一起供电。

（2）电驱动系统：前电动机是来自联合电子（集成了 GKN 变速器），100 kW/136 Ps/240 N · m；后电机是来自博格华纳 eDM 电驱动桥（集成了电机和减速器），140 kW/190 Ps/290 N · m，增速齿轮速比为 4.0；发电机（联合电子）100 kW 峰值功率，100 N · m 峰值扭矩；动力系统总扭矩为 530 N · m。最高车速可以达到 172 km/h，0~100 km/h 加速时间为 6.5 s。

（3）电池包：CATL/NCM523 三元锂电芯（水冷），355 V，110 Ah，电池容量为 40.5 kW · h，可用容量为 37.2 kW · h，PACK 总重量为 249.5 kg，能量密度为 170 W · h/kg，如图 7-4-2 所示。

图 7-4-2　理想 one 动力电池包

油箱容积为 45 L。在 NEDC 标准之下，标定的总续航里程为 800 km，由电池提供 180km 续航里程，增程器提供 620 km 续航里程。在更加贴近真实用车环境的 WLTP 标准下，理想 one 续航里程为 690 km。

2. 理想 one 增程系统的工作模式

理想 one 的增程系统实现了“短途通行用电，长途高速发电”，以此达到燃油经济性的保证和多样化的使用场景。在理想的这个理念下，提供了三种模式，分别是纯电优先、燃油优先和油电混合。

（1）纯电优先

动力电池输出电能驱动电机，由驱动电机带动车辆行驶，此模式仅在表显 SOC 不低于 70% 的情况使用。处于该模式时，将优先使用动力电池包为驱动电机供电，当电池电量下降到 20%时，发动机就会启动，此时发动机优先为驱动电机供电，并将一小部分发电量给电池包充电，让电池包的电量一直维持在 20%。直到石油用完，它才会再被电驱动，如图 7-4-3 所示。

（2）燃油优先

该模式下增程系统会尽量维持电池电量在高位，一般在电量低于 70%时发动机就会开始工作进行发电，此时将会优先维持电池的电量，继而再保证驱动电机的输出，该模式适合几乎不充电的用户使用。增程器发电驱动模式，如图 7-4-4 所示。

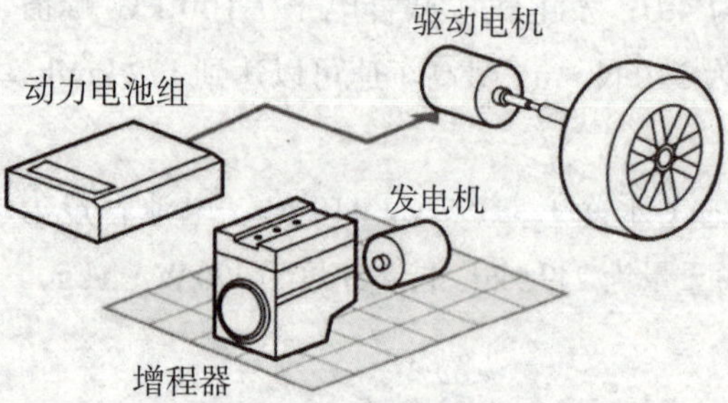

图 7-4-3　纯电优先模式

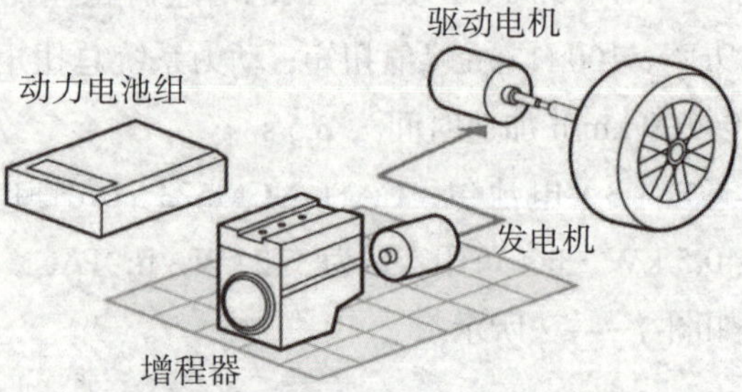

图 7-4-4　燃油优先模式

（3）油电混合

在超车、爬坡等需要大功率的情况下，增程器启动为驱动电机进行供电，同时电池组也为驱动电机供电，发挥电机的最大功率。此模式下，电池电量消耗会很快，如果动力电池电量小于60%，电池就会停止输出。油电混合（HEV）模式如图 7-4-5 所示。

（4）制动能量回收模式

当驾驶者踩下刹车时，系统会根据踩刹车深度控制电机反扭距工作，提供相应的制动力并回收能量。当需要的刹车力度超过一定限值，传统的液压机械刹车也会参与工作提供更强的制动力，这是为了保障驾驶安全性。也就是说，理想 one 的刹车是一套混合系统。在理想 one 上，你不必改变驾驶习惯，需要减速时踩刹车就好了，回收能量的事情交给双轴制动能量回收系统（CRBS）。制动能量回收模式，如图 7-4-6 所示。

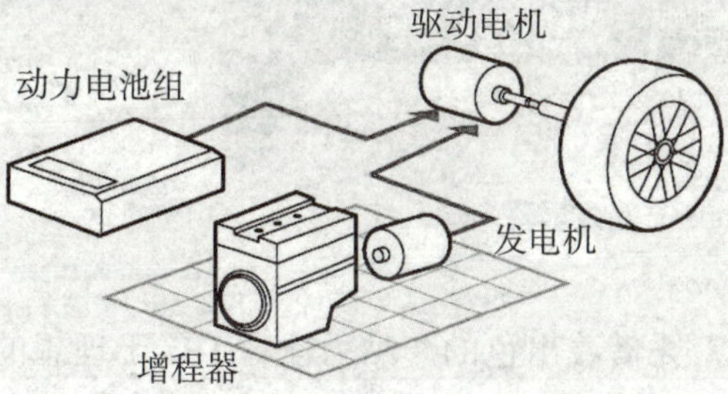

图 7-4-5　油电混合（HEV）模式

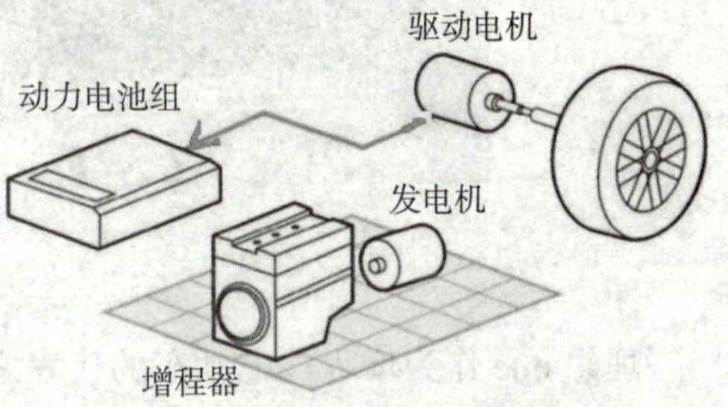

图 7-4-6　制动能量回收模式

理想 one 搭载自研增程电动系统，提供了和燃油车一样的补能体验以及远超燃油车的驾乘体验，真正做到了里程更自由。凭借这一优势自然成为消费者争先选择的对象，尤其是理想 one 作为这一细分市场的代表者，更是深受欢迎。从上市前到上市后，热度从未减退，一直都是热议的对象，在不断刷新自身销量成绩的同时，让理想汽车的品牌形象深入人心。理想汽车特立独行，敢于创新，用不一样的思维精准定位，凭借着理想 one 单枪匹马成为造车新势力中首款单车销量过万的车型，也是首家单款产品突破十万辆生产的造车新势力。

三、智能化配置

理想汽车致力于为家庭打造更安全、更便捷、更舒适的智能电动车。智能车辆就是在一般车辆上增加了先进的传感器（如雷达、摄像头等）、控制器、执行器等装置，通过车载环境感知系统和信息终端，实现与人、车、路等的信息交换，使车辆具备智能环境感知能力，能够自动分析车辆行驶的安全及危险状态，并使车辆按照人的意愿到达目的地，最终实现替代人来操作的目的的汽车。

座舱方面，标配车联网系统，车内搭载 4 块可交互式屏幕（图 7-4-7）。其仪表和功能控制屏采用 Linux 系统运行；中控大屏和副驾娱乐屏采用 Android 系统运行，内置的高通骁龙 820 A 处理器；语音系统则由腾讯叮当提供数字仪表盘。众多的屏幕设计不仅大幅整合了车内物理按键，节约空间，同时也令整车前排座舱有了同级产品无法比拟的科技感和娱乐性。两套操作系统也避免了某些“黑屏”状况给车主带来的无处下手的困扰。

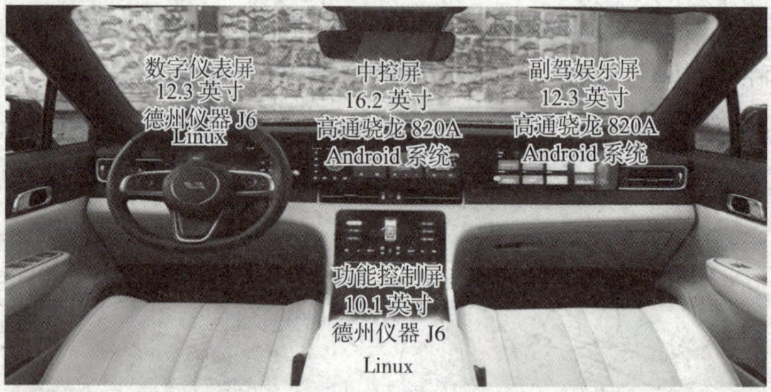

图 7-4-7 理想 one 交互式屏幕

理想 one 作为增程式电动车的代表之一，凭借着出色的产品力诠释了属于理想的豪华理念，改变了国人对于造车新势力的认知。其智能座舱除了在空间、舒适性上表现优异，在智能化配置方面也很出色。四屏交互颇具革新意义，它重新定义了座舱中控的每个功能分区，数字仪表屏幕服务主驾，清晰展现驾驶员需要的驾驶信息，中控屏集成导航、音乐等丰富的功能，可以从多角度照顾每位驾乘人员。尤其是语音交互方面，不论年龄大小都可以进行轻松对话，甄别有用信息，在新势力造车中处于名列前茅的位置。

2020 年以来，理想已进行过多次 OTA 升级。这些升级内容不仅包含中控操作部分，甚至还涵盖自动驾驶辅助、充电功能优化等核心操作功能。

硬件方面，老款理想 one 使用 Mobile EyeQ4 的自动驾驶芯片，新款车型用上了两块地平线的征程 3 芯片。Mobile EyeQ4 单片芯片算力为 2.5TOPS，使用的是 28 nm 工艺生产。征程 3 单片芯片算力为 5TOPS，使用的是 12 nm 工艺生产。更换上征程 3 芯片后驾驶辅助系统的综合算力会更高，能够处理的信息和场景也会更为丰富。伴随着芯片更新的还有单目摄像头以及毫米波雷达。位于挡风玻璃上方的单目摄像头更换为 800 万像素，毫米波雷达从原来的 1 个（位于车头中部）升级为 5 个（前三后二），并且还加入了高精地图。理想 one 的硬件水平在同级产品中算的上用料十足。而这些也足以为其实现封闭道路和城市道路更为轻松的驾驶。

软件方面，当前理想 one OTA 3.0 版本在智能驾驶部分将可开启导航辅助驾驶功能、自动紧急制动，优化了摄像头与毫米波雷达的探测融合能力，提升了自动紧急制动功能的性能，适应更多危险驾驶场景。

四、诊断增程器发电系统异常

1. 故障现象

车主反映车辆主屏突然显示“增程器发电系统诊断异常。”

2. 原因分析

①保养不足，积碳严重；车辆使用油品差。

②点火系统故障、供油系统故障、进气系统漏气、排气系统阻塞。

③发动机机械问题（点火正时不正确，配气正时不正确，58 X 齿盘加工及安装问题，气门漏气，VVT 工作异常、发动机缸体内部损伤等）。

3. 诊断过程

①是否存在车辆使用油品差，保养不足，积碳严重。

②连接诊断仪，读取保存故障码，启动车辆运行并读取发动机数据流，观察发生失火现象时是否有系统控制断缸喷油现象。

③发动机机械问题（点火正时不正确，配气正时不正确，58X 齿盘加工及安装问题，气门漏气，VVT 工作异常，发动机缸体内部损伤。曲轴位置传感器是否安装不正确，重新做齿讯学习。

4. 总结归纳

增程器是增程式电动汽车驱动系统的关键部件，由发动机，发电机控制器等构成。增程器故障多为发动机故障，其诊断方法与电控发动机故障诊断基本相同。

学后测试

①名词解释：增程式电动车、智能电动车。

②简述增程式电动车的结构组成。

③简述增程式电动车的优点。